U0721220

美学概论

（插图典藏本）

王朝闻 主编

青岛出版集团 | 青岛出版社

图书在版编目（CIP）数据

美学概论：插图典藏本 / 王朝闻主编 . -- 青岛：青岛出版社，2024. -- ISBN 978-7-5736-2606-6

Ⅰ. B83

中国国家版本馆 CIP 数据核字第 2024FK2772 号

MEIXUE GAILUN（CHATU DIANCANGBEN）

书　　名　美学概论（插图典藏本）
主　　编　王朝闻
出版发行　青岛出版社（青岛市崂山区海尔路 182 号）
本社网址　http://www.qdpub.com
责任编辑　唐运锋　梁　娜　刘　怿
特约编辑　侯俊智
封面设计　刘　僮
照　　排　青岛新华出版照排有限公司
印　　刷　青岛名扬数码印刷有限责任公司
出版日期　2024 年 11 月第 1 版　2024 年 11 月第 1 次印刷
开　　本　16 开（710mm × 1000mm）
印　　张　22.5
字　　数　450 千
书　　号　ISBN 978-7-5736-2606-6
定　　价　98.00 元
编校印装质量、盗版监督服务电话　4006532017　0532-68068638

王朝闻在黑龙江镜泊湖修改《美学概论》（1979 年）

王朝闻（前排左四）与《美学概论》编写组在中央党校招待所合影（1961 年）

王朝闻（左二）在敦煌研究所的座谈会上（1963 年）

出版说明

1961 年 6 月，由周扬领导的“全国统编大学文科教材编写组”成立，王朝闻担任《美学概论》的主编。1964 年 6 月完成初稿。

1979 年 8 月，教育部高教司决定由王朝闻和原编写组的曹景元、刘纲纪、刘宁完成初稿的修改工作。1980 年 6 月，王朝闻会同曹景元、刘纲纪对书稿进行第二次修改，1981 年 6 月由人民出版社出版。

在本次编辑过程中，以 2019 年人民出版社与我社联合出版的《王朝闻全集》第八卷为校对底稿。书中对个别人名、标点符号及字词用法进行了更新，同时在不影响读者阅读的前提下尽量维持原状。

目录

绪论

美学这门科学的渊源，可以追溯到古代奴隶制社会。古代思想家对于美与艺术问题的哲学上的探讨，对于艺术实践经验的研究、总结，可以看作是美学理论的萌芽和起点。

绪论

美学作为一门独立的科学，则是近代的产物。在18世纪资产阶级哲学和科学蓬勃发展的时期，美学在德国古典哲学中作为一个特殊部门开始确立起来。鲍姆加登在1750年第一次用“美学”（Ästhetik）这个术语（其含义是研究感觉和感情的理论），并把美学看作哲学体系的一个组成部分。随后，康德、黑格尔等赋予美学以更进一步的系统的理论形态，使之在他们的哲学体系中占有重要地位。19世纪一些资产阶级美学家在实证主义精神的支配下，力图使美学摆脱哲学而成为所谓“经验的科学”。当然，以所谓“经验的科学”自命的实证美学，并没有也不可能脱离哲学的支配，但美学在这一时期是更加广泛地和独立地发展了。

马克思主义哲学的产生，给美学研究提供了真正科学的世界观和方法论，改变了美学研究的面貌。马克思主义的经典作家们也提出了许多重要的原则性的美学观点，然而他们没有来得及使之系统化。因此，建立科学的马克思主义美学体系仍是一个有待努力完成的任务。应该说，运用马克思主义观点来研究美学，至今还处于探索阶段。

一、美学研究的对象

美学作为一门专门的学科，当然有自己的特殊的研究对象。然而从美学史上看，各个时代的美学家们对于美学研究范围的看法是并不一致的；而且直至目前，关于美学的对象问题，国内外学术界都仍在讨论中。这种状况，一方面反映了不同派别的美学家在美学基本观点上的分歧，另一方面也反映出美学这门科学还在形成和不断发展中；它所研究的各种问题的内在联系，它与其他科学（特别是艺术理论）的联系和区别还没有充分揭示出来。

毛泽东同志指出："科学研究的区分"，是"根据科学对象所具有的特殊的矛盾性。因此，对于某一现象领域所特有的某一种矛盾的研究，就构成某一门科学的对象。"① 为了揭示某门科学研究领域中的矛盾的特殊性，比较那些与它接近的科学部门矛盾的共性与个性、联系与区别，是一个重要方法。

美学属于社会历史科学的范围，美学与哲学、心理学以及其他社会科学（如教育学、伦理学等）、特别是艺术科学之间，既有密切的联系，又有确定的区别。

美学与哲学有着最为直接的联系。美学的基本问题——美的本质、审美意识与审美对象的关系问题是哲学基本问题在美学中的具体表现。美学是哲学性质的科学；是作为人们世界观组成部分的审美观、艺术观的系统化和理论化的学说。但是，哲学的一般原理不能代替美学的具体研究。哲学以整个客观世界作为它的对象，它研究自然界、社会和人类思维的最一般的规律，而美学研究的只是社会现象中的一个领域的特殊规律。哲学为美学提供世界观和方法论的基础，而美学研究的成果又反过来丰富哲学的内容。

美与善有着内在的联系，这决定了美学与伦理学的密切关系。启蒙主义时期一些美学家把美学等同于伦理学固然是错误的，但有些资产阶

① 毛泽东：《矛盾论》，《毛泽东选集》第 1 卷，第 284 页。

级美学家把美学与伦理学割裂和对立起来，则更是有害的。在社会主义条件下，现实生活中美与善的高度统一，艺术的道德教育作用的加强，使美学与伦理学的联系日益密切。但是美学毕竟具有不同于伦理学的对象和内容。伦理学研究在社会实践基础上形成的人与人之间的伦理关系，以社会的、阶级的道德规范指导人的行动；美学则研究在社会实践基础上产生的客观现实的美和人对现实的审美关系的反映，揭示审美活动的普遍规律。

美学与心理学的关系也是十分密切的。人对客观世界的美的主观反映，即审美意识，是一种特殊的心理活动。对于这种特殊的心理活动的研究丰富了心理学的内容，而美学在这方面的研究也必须借助于心理学的科学成果。中国美学思想关于艺术创造和艺术欣赏、品评的心理特征，有过许多细致的观察和精辟的分析。18 世纪英国经验派美学开创了从心理学的角度研究审美现象的途径。黑格尔以后 19 世纪资产阶级的美学对美感、艺术创造和艺术欣赏等心理学方面的研究，也积累了不少值得重视的材料。但是，既不能把美学问题的心理学方面等同于一般心理学，更不能把美学研究的范围归结为心理现象。所谓“心理学的美学”把美学的研究归结为纯粹心理学的研究是完全错误的。当然，忽视美学与心理学的联系，也不利于美学的发展。

美学与艺术理论有着特别密切的关系。弄清二者之间的关系，对于认识美学的对象特别重要。美学的研究对象包含客观世界的美和人对客观世界的美的反映的全部领域，它把艺术作为审美意识的集中表现来研究其本质和一般规律。艺术理论以各门不同艺术的特殊性、具体的创作规律、欣赏规律为研究对象，直接为指导各门艺术的实践活动服务。美学是哲学性质的科学，它对各门艺术理论的研究具有方法论的意义，同时各门艺术理论的研究成果又能够反过来丰富和推动美学的研究。由于艺术是审美意识的集中表现，艺术理论与美学理论之间常常是彼此渗透和相互转化的。关于艺术本质规律的某些直接探索，常常也就是美学理论。

从历史上看，虽然古代早已产生了美学思想的萌芽，但是作为较系统化的独立形态的美学的建立却晚于艺术理论。当美学还没有成为一门独立的科学的时候，关于某一部门的艺术理论却早已从其他科学中独立出来了。西方古代有亚里士多德的《诗学》，中国古代有儒家的《乐记》，这样的著作所研究的是一个部门或主要是一个部门的艺术理论。后来随着艺术的发展，有关艺术的创造和欣赏批评的专著不断出现，虽然它们所研究的只是属于一个艺术部门的理论问题，但却具备了美学的意义。艺术理论之所以较早地取得了一门独立的科学的地位，主要是因为艺术作为一种社会意识形态明显地具有不同于其他社会意识形态的特点，同时艺术实践本身的发展要求从理论上概括艺术家的创作经验，和提出社会对艺术的批评的准则。只要艺术家的创作实践经验积累到了一定的程度，社会对艺术的需要发展到了一定的程度，有可能和有必要对艺术家的创作经验、对人们的审美需要加以总结和确立艺术批评的准则，对于艺术理论的独立的研究自然就产生了。至于美学研究，却存在着较为复杂的情况。在古代的条件下，人们对美的认识常常和真、善还没有明确地区分开来，而且美的研究与哲学、伦理学、心理学等科学关系很密切，也必须以这些科学有一定程度的发展为基础。所以，在古代科学还没有充分分化和发展的情况下，美学完全独立出来是不可能的。同时，美学作为一门概括性更大的科学，它也有待于具体艺术理论提供更多的思想材料。因此美学还不可能像艺术理论那样很快地独立起来。只是随着整个社会精神文化的发展，审美活动在社会的精神生活中的独立的意义越来越显著，加上各门科学不断分化和发展，美学才逐渐具备了成为一门独立科学的条件。

在美学与艺术理论的关系问题上，我们既不赞成那种把美学等同于艺术理论的观点，也不赞成把美学研究与艺术理论研究脱离开来的观点。

把美学研究的范围局限于艺术，否定美的研究的理论意义，从而把美学与艺术理论等同起来，或者说美学就是艺术理论，这种看法是片面的。一方面，我们认为，美学的研究对象既包括艺术美，又包括现实美；而艺术美不过是现实美的集中反映。如果把现实美排除在美学研究的范围之外，那就既不能弄清美的本质，也不能正确认识艺术美的来源。从另一方面说，艺术是一个复杂的社会现象，对于它的研究可从各个不同侧面去探讨；然而归根到底，使艺术区别于哲学、科学、道德、宗教等等的本质的东西，在于它能够引起人们的审美感受，在于它是作为人们的一个审美对象而发挥它所特有的社会作用。因此，对于艺术区别于其他社会意识的一般本质的探讨，当深入到问题的实质中去以后，必然要涉及美的本质问题。不理解美的本质，也就不能认识艺术之所以为艺术的特殊性。

把美学研究与艺术理论割裂开来，使美学研究脱离艺术的实践及其理论概括，这种看法也是片面的。因为艺术既是社会的审美意识（包括审美感受、审美趣味、审美理想等等在内）的集中表现，又是比现实生活本身更便于把握的、更有普遍性的审美对象，它对于形成和发展社会的审美意识起着积极的作用，社会的审美意识对社会的实践斗争的反作用和艺术的创造与欣赏密切相关；美的研究如果离开了艺术，就会局限在单纯从哲学上和心理学上对美的本质、审美感受、审美趣味等等作抽象分析，使美的研究失去丰富具体的社会历史的内容，既无从真正认识美和审美感受、审美趣味等等的本质，又无从积极作用于艺术的发展，最终导致美学与社会实践相脱离。

那么，究竟应当怎样规定美学的研究对象呢？这个问题的真正解决，必须与对美的本质问题的科学解释联系起来。在这里简单地谈一下我们的看法。

我们认为，美是社会实践的产物；人们的审美意识是为人们的社会实践所决定的对于客观世界的美的反映，同时它又反作用于社会实践。艺术作为审美意识的集中表现，同样是对客观世界的审美的反映。艺术和人们在日常生活中对客观世界的审美感受的区别，一方面在于艺术对客观世界的审美反映较之于日常生活中的审美感受更为集中地表现了一定社会、一定阶级的审美意识，另一方面在于这种反映获得了物质的体现，成为社会的普遍的审美对象；因此，艺术能够积极地影响人们对社会生活的认识，形成人们对待事物的特定的情感态度，最为有力地发挥审美意识对社会实践的反作用。总的说来，社会实践在客观方面产生了客观世界的美，在主观方面产生了人对客观世界的审美意识，艺术则是审美意识的物质形态化了的集中表现。这就是我们对美与艺术对客观世界的关系以及美与艺术两者的关系的基本理解。

根据这个观点，具体地分析起来，美学的研究对象包含以下几个相互联系的方面：(1)从客观方面研究审美对象，阐明美的本质和根源，研究美丑的矛盾发展，美的各种存在形态以及崇高、滑稽、悲剧、喜剧等的本质特征和相互联系。(2)从主观方面研究作为审美对象的反映的审美意识，阐明它的本质、反映形式的特征及其历史发展的规律性。(3)研究作为审美意识的物质形态化了的集中表现的艺术，阐明艺术的本质、内容与形式、种类，以及艺术创造活动的规律性和作为这种创造成品的反映、评价的艺术欣赏、艺术批评等问题。

上述各个方面在美学研究中，构成一个相互联系的有机的整体。但是各个方面的问题又各有其相对的独立性，特别是有关美的研究和有关艺术的研究各有其相对的独立性，而且对上述各方面的研究有一个长期的历史发展过程，因此在不同的历史时期，随着社会实践和艺术实践所提出的要求和需要的不同，研究者可以突出地、集中地研究其中某一方面的问题。不过，作为一门完善的科学来要求，美学应该包括所有这些方面的内容。

二、美学研究的任务和方法

美学作为一门有其独立的研究对象的科学，一方面依赖于人们的审美活动、艺术活动的实践，从理论上概括社会的审美经验，另一方面又能够反过来指导和影响社会的审美意识的发展，推动艺术实践的发展。以马克思主义观点为指导，力求系统地研究客观现实的美的产生发展的规律、人对现实的审美的反映和作为这种反映的集中表现的艺术的规律；从理论上概括和总结艺术发展的丰富经验，特别是社会主义艺术的经验，科学地阐明艺术的一般规律和社会主义艺术发展的特殊规律，用以帮助和推动社会主义艺术的发展。这应该是我们的美学研究的重要任务。

前面我们说过，建立以马克思主义观点为指导的美学体系还有待完成，这意味着要实现上述美学研究的任务，还需要进行艰苦的学习和探索。在这里，方法问题特别重要。只有掌握和运用正确的方法，才能解决我们的美学研究所面临的任务。

一般说来，马克思主义哲学为一切科学研究提供了根本的方法论。现在的问题是如何把它具体地运用到美学研究中去。这是需要在科学研究的实践过程中逐步解决的。我们认为，要正确运用马克思主义的观点、方法，有两点需要强调一下。

（一）理论与实践相结合的方法

在美学研究中要以马克思主义哲学的基本观点为指导，从审美与艺术的实践、美学思想斗争的实际出发，详细占有材料，在对大量事实的研究中形成观点，找出规律，用以指导审美与艺术实践。既不应该从抽象的概念、定义出发，脱离审美与艺术实践的实际，也不能停留于经验现象的罗列，而要从对于审美和艺术现象的经验的观察、分析、概括上升到理论，再通过审美和艺术实践以检验和发展美学理论。

（二）历史与逻辑相统一的方法

美学是一门研究在社会实践基础上历史地变化着的审美现象的科学。美学中的各个范畴和规律是随着现实生活和艺术的发展而历史地产生和形成的。即令是同一个范畴和规律，在不同的历史时期也有着不同的意义。因此，美学研究必须把历史的方法和逻辑的方法统一起来。如果美学研究不把逻辑的方法和历史的方法统一起来，而是单纯从逻辑上进行研究，那就很容易陷入抽象空洞的概念和推理之中。历史上的所谓"先验的美学"和"经验的美学"，都是片面地把理论与实践、逻辑与历史割裂与对立起来，因而不可能得到真正科学的成果。在美学史上，黑格尔由于运用了历史与逻辑相统一的方法而取得了值得重视的研究成果。但是由于黑格尔是从他那唯心主义哲学基本观点出发来研究美学的，因而颠倒了历史与逻辑的正确关系，造成了对于历史的唯心主义的歪曲和虚构。

这里需要说明，我们虽然认识到理论与实践相结合、逻辑与历史相统一这些根本方法的重要性，并力图运用它，但并不是说在本书中已经很好地贯彻了这种方法；实际上，在我们的意图与实践之间还存在着相当的距离，尚有待于不断地探索前进。

第一章 审美对象

客观世界中的许多事物，经常给人以审美感受。例如自然界的山水花鸟，社会生活中的人物事件，多种多样的艺术作品。凡是客观上与人构成一定的审美关系，能引起人的审美感受的事物，总称为审美对象。审美对象是指各种美的对象，也就是广义的美，它包括现实美、艺术美；包括崇高、优美、悲剧、喜剧（滑稽）等等形态。审美对象是社会实践的产物。它随着社会历史的发展，具有丰富的内容。审美对象的多种多样，促使人们探索它们的共同根源和一般本质。

第一节 美的本质

人们很早就探索什么是美这个问题。中国古代如孔子、老子、墨子、孟子、庄子、荀子等，西方古代如赫拉克利特、毕达哥拉斯、德谟克利特、苏格拉底等，都或多或少、直接间接地谈到美，涉及过美的本质，提出了美与善（如“美善相乐”等）、美与恶（如“知美之为美斯恶已”等）、美与自然或人工（如“无伪，则性不能自美”等）种种与美的本质有关的问题。柏拉图在他的《对话录》中，强调区分了“什么是美的东西”与“美是什么”，明确地提出了各种审美对象的共同本质的问题，要求寻求“一切美的事物有了它就成其美的那个品质”①，将审美对象提到哲学问题上加以探讨。特别是在近代德国古典唯心主义哲学家那里，美的本质问题成为他们唯心主义哲学体系的一个组成部分，从而使得这个问题与哲学基本问题的联系更加明显和紧密起来。

由于与哲学基本问题的密切联系，美的本质问题成为美学领域的基本理论问题。一般说来，唯心主义者总是把美归结为精神的产物（或者

① 柏拉图：《大希庇阿斯篇》，《柏拉图文艺对话集》，朱光潜译，人民文学出版社1963年版，第192页。

《先师孔子行教像》（拓片）

是主观的愉快，或者是绝对精神的外化等），而唯物主义者却肯定美的客观性，认为美是客观事物本身的属性。

美的本质问题的解决，是解决美学中其他问题的基础和前提；它决定了作为它的反映形态——审美意识的本质特征的解决。因为属于审美意识的一系列复杂的现象，只有在正确解决美的本质问题的基础上，才能真正找到科学地解释这些现象的理论基础。同时，科学地解释美的本质问题，对于理解艺术创作、艺术欣赏领域内许多具体复杂的问题具有理论的指导作用。

一、美学史上探索美的本质问题的基本途径

首先需要说明一下，由于中国美学史的资料尚待整理和研究，这里暂就西方美学史上有关这个问题的探讨作一些概述。

在西方美学史上，关于美的本质的唯心主义美学观点的最著名的代表有柏拉图、普罗丁、康德、黑格尔、叔本华、克罗齐等，与此相对立的，是亚里士多德、狄德罗、柏克、车尔尼雪夫斯基等人的唯物主义美学观点。

柏拉图是古代希腊唯心主义美学的代表。他认为美的本质是理念，只有这种美的理念才是真正的、永恒的美。这种美的理念是不依赖具体的美的事物的所谓"美本身"，而一切具体的美的事物却要依赖这个"美本身"（即美的理念）才能成为美的。柏拉图说："一方面我们说有多个的东西存在，并且说这些东西是美的，是善的等等。""另一方面，我们又说有一个美本身，善本身等等，相应于每一组这些多个的东西，我们都假定一个单一的理念，假定它是一个统一体而称它为真正的实在。"[①]"这美本身，加到任何一件事物上面，就使那件事物成其为美，不管它是一块石

① 柏拉图：《理想国》，北京大学哲学系编译：《古希腊罗马哲学》，生活·读书·新知三联书店（以下简称"三联书店"）1957 年版，第 178 页。

头，一块木头，一个人，一个神，一个动作，还是一门学问。”[①] 实际上，所谓“美本身”“美的理念”只能是人们对现实和艺术中各种美的事物进行抽象概括的结果，是客观存在的美的事物的本质在人们头脑中的主观反映。但是，柏拉图却硬要颠倒物质与意识的关系，把人们意识中的概念绝对化、实体化，反过来把它们说成是具体事物之所以具有美的性质的根源。正如列宁所指出，“原始的唯心主义认为：一般（概念、观念）是单个的存在物。这看来是野蛮的、骇人听闻的（确切些说：幼稚的）、荒谬的。”[②] 这种关于美的本质的哲学观点完全否定了美的现实根源，是柏拉图整个客观唯心主义的哲学体系的具体表现。柏拉图关于美的理论在美学中影响很大，现代资产阶级美学仍然经常奉他为宗师，把他推崇为美学史上最伟大的美学家。

亚里士多德批判了柏拉图理念说的哲学观点，指出“理念说”丝毫也不能说明“理念”为什么和如何创造了具体事物，永恒不变的“理念”如何与运动变化着的具体事物相联系等问题。亚里士多德指出，一般不能离开个别而独立存在，“同单一并列和离开单一的普遍是不存在的”[③]。由于坚持了个别与一般的这种唯物主义观点，亚里士多德实质上否定了柏拉图从“美的理念”来寻求美的根源的唯心主义路线，而认为美的本质就在感性事物本身。例如，他认为“美的主要形式‘秩序、匀称与明确’”[④]，认为“一个美的事物……不但它的各部分应有一定的安排，而且它的体积也应有一定的大小；因为美要依靠体积与安排”[⑤]。这说明了亚里士多德在哲学上虽然经常动摇于唯物主义与唯心主义之间，但在美的问题上，

---

① 柏拉图：《大希庇阿斯篇》，《柏拉图文艺对话集》，朱光潜译，第 188 页。

② 列宁：《哲学笔记》，《列宁全集》第 38 卷，第 420 页。

③④ 亚里士多德：《形而上学》，商务印书馆 1959 年版，第 157、265—266 页。

⑤ 亚里士多德：《诗学》，罗念生译，人民文学出版社 1962 年版，第 25 页。

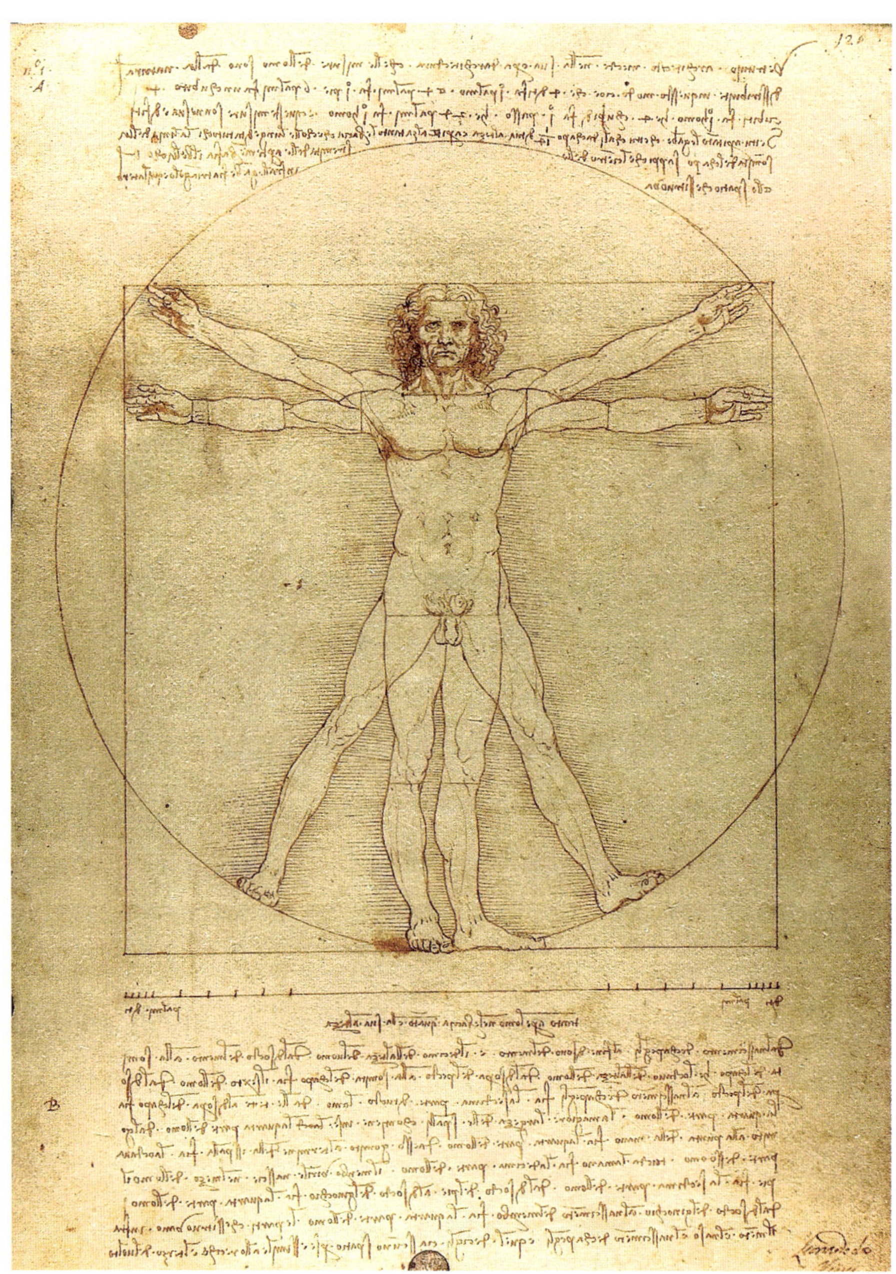

达・芬奇《维特鲁威人》

他却基本遵循当时希腊朴素的唯物主义观点。这种观点正确地抓住了美必须具有特定的感性形式，并努力在客观事物中去发现它们，对艺术实践产生了很大的影响，从中世纪、文艺复兴到十七八世纪，一直为许多美学家、艺术家所信奉。

与此相对立，继承着柏拉图唯心主义路线的普罗丁，却反对美在物体的感性形式的唯物主义见解。他认为，从比例、对称中见出的美，原因并不在于比例、对称，"物体之所以美，由于它分有了来自神的理性"[①]。普罗丁认为，神将"理式"赋予物质，使杂乱的物质凝为和谐的整体，才有美的事物。普罗丁贬低感性世界，并且否认理智认识，将柏拉图的"理念说"更加神秘化，强调真、善、美统一于神，这是彻底的唯心主义观点。但是他不满足于将美的本质归结为自然的感性形式，企图从内容方面寻求更根本的东西，却是值得注意的。

跟这种唯心主义相反，从文艺复兴到18世纪的许多美学家、艺术家（如达·芬奇、荷加斯等）仍然继续从事物的自然形式方面去探求美的本质和规律。法国著名的唯物主义哲学家狄德罗，提出了"美是关系"的论点。他说："我把一切本身有能力在我的悟性之中唤醒关系概念的东西，称之为在我身外的美；而与我有关的美，就是一切唤醒上述概念的东西。'美'是随关系而开始、增长、变化、衰落、消灭的。"[②]它包括客体对象本身形式方面的秩序、对称等安排的关系（狄德罗称之为"实在美"），也包括对象与其他事物相比较、联系等关系（狄德罗称之为"相对美"），而构成艺术美的想象、虚构的关系则是现实关系的反映。狄德罗在论证中一再指出，美是现实事物本身的客观关系，是不依存于人们的主观意识的："我说一个存在物，由于我们注意它的关系而美，我并不是说由我们的想

① 普罗丁：《九卷书》，第1部分卷6。

② 狄德罗：《美之根源及性质的哲学的研究》，《文艺理论译丛》1958年第1期，第18、22页。

象力移植过去的智力的或虚构的关系，而是说那里的实在关系”，“我的悟性没有给事物添一点东西进去，没有去掉一点东西。不管我想到或一点也没想到卢浮宫的门面，其一切组成部分照旧有这种或那种形式，其各部分间也照旧有这种或那种安排，不论有人无人，卢浮宫的门面并不减其美。”[①] 应该承认，狄德罗的“关系”概念仍然带有机械的性质。但是，他肯定了美是客观的，存在于现实事物的关系中，并且开始意识到了这种关系不仅包含自然形式的关系，而且包含具有社会内容的种种关系，这就从亚里士多德以来（认为美在自然形式关系中的观点）向前跨进了一大步，表现出企图从社会生活的关系中来把握美的本质的趋向。

美的本质问题的探讨，在英国经验主义哲学家那里，得到了另一方面的发展。他们从审美对象和主体的感受的关系出发，认为美的对象必须给人一种特殊的愉快，从而对这种愉快的特点和引起这种愉快的对象的特点，作了心理学和生理学的研究，在这些经验主义者中，对美的本质问题，仍然有唯物主义和唯心主义两种不同的路线。唯心主义路线以休谟为代表，他认为美只是一种主观的愉快，并没有客观的标准。唯物主义路线则主要以柏克为代表[②]。柏克从对人们的审美感受的生理学的解释出发，认为“美大半是借助于感官的干预而机械地对人的心灵发生作用的物体的某种品质”[③]。这种品质作用于人们的感官，引起神经、筋肉的松弛舒畅，而获得愉快感受。同时，柏克又着重提出：美的对象给人的愉快，与欲望对象给人的愉快有本质的不同。柏克肯定了美是事物本身的客

① 狄德罗:《美之根源及性质的哲学的研究》,《文艺理论译丛》1958年第1期，第24、19页。

② 柏克的美学著作是他年轻时的作品。其后柏克成了一个反动的贵族资产阶级的诡辩家和政客。

③ 柏克:《关于崇高与美的观念的根源的哲学探讨》,《古典文艺理论译丛》第5辑，人民文学出版社1963年版，第55页。

观性质，但这性质并不是如传统所认为的比例，比例“是理智的产物，而不是作用于感觉和想象力的最根本原因。我们发现一个物体美，并不是靠长时间的注意和探究，美不需要借助于我们的推理”①。柏克着重从客观物质的直接诉诸感官的各种因素——小的体积、光滑的表面、逐渐的变化、娇柔的外貌、洁净明快的色彩来规定美的本质。这在揭示美的丰富多样的感性特征方面，特别是将这些特征与人们的情感和感受联系起来，注意主体方面的特点，有合理的地方。但是，柏克仅从主体的被动感受中探求和规定美的本质，因而他的论证具有很大的感觉主义的片面性和形而上学的缺点。

德国古典唯心主义美学，特别是康德、黑格尔，从他们的哲学体系出发，利用了唯物主义关于美的经验分析，深入地探讨了美的本质问题。康德在他的《判断力批判》中从质、量、关系和方式等四方面规定美的本质，企图调和理性主义和经验主义的矛盾。康德发展了经验主义的美学理论，认为审美判断只是把对象的表象联系到主体的快与不快的情感，而并不涉及对象的客观存在，所以它与观念无关，是没有任何利害的。康德说：“凡是我们与对象存在的表象联系起来的快感，谓之利害关系……说一个对象是美的……不在于对象的存在，而在于自己从对象的表象中看出什么来”，“趣味是以完全无利害的快感或不快感来对一个对象或一种表象方式加以判断的能力。这种快感的对象就称为美的。”② 康德一再指出，“美本身只涉及形式”，“美是对象的合目的性的形式，当感知它并不呈现任何目的的表象的时候”。③ 但是康德并不认为美在物体的形式本身，相反，只有当这种没有目的而又合目的性的形式，符合主观认识功能（想象力与理解力），引起它们的和谐活动，从而产生一种愉快，它才是

① 柏克：《关于崇高与美的观念的根源的哲学探讨》，《古典文艺理论译丛》第5辑，人民文学出版社1963年版，第39页。

②③ 康德：《判断力批判》，宗白华译，商务印书馆1964年版，第2、5、17节。

美的。康德又继承并发展了理性主义美学，认为趣味判断具有没有概念的普遍必然性，认为对美的判断是想象力趋向于不确定的悟性概念。于是，与经验主义强调美引起主观愉快不同，康德强调了美的愉快像知识判断一样是具有普遍必然性的；同时，与理性主义把美归结为朦胧的知识不同，康德又强调美的判断不是知识判断，它是没有确定的概念的，带有主观情感的性质。可以看出，康德企图克服在他之前的美的理论的片面性，从感性和理性、主体和客体的相互关系中阐述美的本质，揭示美的内在矛盾，将经验主义美学所发现的美的感性形式特征与理性主义美学强调的美的理性内容结合起来，这具有合理的因素。但是由于康德先验哲学的根本错误，一方面，仅从主观方面来把握美的本质，把它归结为审美的形式特征；另一方面，又仍用神学残余的目的论来规范美的本质，美又只是向神秘的目的论的过渡，从而这种主客体的关系实际上是彼此矛盾和完全对立的，根本上仍然具有形而上学和唯心主义的性质和特点。

康德

黑格尔摆脱了康德的偏重审美分析的缺点，从彻底唯心的理性主义立场上系统地、详细地论证了“美是理念的感性显现”。黑格尔说：“美是理念，即概念和体现概念的实在二者的直接的统一，但是这种统一须直接在感性的实在的显现中存在着，才是美的理念。”[①]“感性的客观的因素在美里并不保留它的独立自在性，而是要把它的存在的直接性取消掉（或否定掉），因为在美里这种感性存在只看作概念的客观存在与客观性相。”[②] 在他看来，美是感性与理性、形式与内容的统一，在这统一中，感性形式从属于理性内容，是理性内容（在他看来就是绝对精神）的显现。所以，这种统一只有在经过艺术家心灵创造的艺术美中才能真正达到，因为“只有心灵才是真实的，只有心灵才涵盖一切，所以一切美只有在涉及这较高境界而且由这较高境界产生出来时，才真正是美的”[③]。黑格尔强调了人的主观能动性和创造活动与美的深刻联系，明确提出了把美的本质与“自然的人化”联系起来的思想。他看到人与自然的对立统一的辩证关系，认为在这一关系中，人不是消极地而是积极地能动地对待世界，改变世界，以实现自己的目的，于是，人在外界世界中打下了自己的意志和心灵的印记，从而认识自己。他说：“只有在人把他的心灵的定性纳入自然事物里，把他的意志贯彻到外在世界里的时候，…… 只有通过这种实现了的活动，人在他的环境里才成为对自己是现实的，才觉得那环境是他可以安居的家”[④]，又说：“就在这种自我复现中，把存在于自己内心世界里的东西，为自己

黑格尔

①②③④ 黑格尔：《美学》第1卷，商务印书馆1979年版，第145、138、3、318页。

也为旁人，化成观照和认识的对象”，“在事物的形状中他欣赏的只是他自己的外在现实”[1]等等。黑格尔猜测到了美是人们劳动、创造的结果。美的对象是人们能够从其中看到自己，看到自己的意志、心灵的对象，美的对象是人“自己的外在现实”。但是，他的这一切论断都是头足倒立的。因为所谓作为客体的自然，在黑格尔那里不过是“绝对精神”的外化；所谓人的活动、劳动，在黑格尔那里也主要只是人的意识的活动、精神的劳动。因此，他的这种自然的人化、改变世界等等，实质上只是意味着一种意识的过程和思辨的产物，而不是真正感性现实的实践活动，不是客观物质的活动。所以在这里，归根结底，美的本质，即使作为“自然的人化”的结果，仍然是来自心灵、理念、绝对精神，而不是来自社会现实生活，不是来自客观的物质实践活动。黑格尔的客观唯心主义的根本哲学观点，在美的本质问题上也是贯彻始终的。

黑格尔以后，在资产阶级美学领域内，关于美的本质的哲学探讨开始衰落，各种有关艺术的心理学和社会学的研究风行起来。从哲学上来研究美的本质有较大影响的，有叔本华、克罗齐等人。与哲学上把世界的本质归结为反理性主义的意志相适应，叔本华的美学观是他的悲观主义的意志哲学的一部分。他认为，审美静观是对流转不息的盲目意志的暂时逃避。在审美时，对象成为意志客观化的理念，主体成为无意志的纯粹认知，主客体合而为一，对象也就成为美了。所以他说：“当我们称某一事物为美的东西的时候，我们也就是说它是我们审美观察的对象，这有双重的意义：一方面，它意味着事物的视象使我们客观化，也就是说，当我们直观它的时候，我们不再意识到自己是个体，而是纯粹的、无意志的认识主体；另一方面，这意味着我们在对象中认识的不是个别事物，而是一个理念……”[2]叔本华把美的本质归结为意志的暂时休歇，取决于审

① 黑格尔：《美学》第1卷，商务印书馆1979年版，第37页。

② 叔本华：《世界作为意志和观念》，第41节。

美把握的直观方式，看作是逃避现实寻求解脱的避难处所，充分暴露了处于没落阶段的资产阶级美学思想的腐朽反动的实质。在现代资产阶级各派美学理论中，可以看到叔本华这种观点的广泛影响。现代资产阶级美学中另一具有代表性和广泛影响的观点，是克罗齐的“美即直觉即表现”的理论。克罗齐以主观唯心主义哲学为基础，将美的本质说成是心灵的表象，亦即心灵能动地作用于质料以获得直觉即表现的结果。他说：“我们觉得以‘成功的表现’作‘美’的定义似很稳妥；或者更好一点，把美干脆地当作表现。”“美不是物理的事实，它不属于事物，而属于人的活动，属于心灵的力量。”[①] 克罗齐这种将美的本质归结为非理性的直觉创造的谬论，适应着帝国主义时代资产阶级的需要，在美学上起了明显的反动作用。叔本华和克罗齐都完全抛弃了黑格尔的辩证法，或公开地或隐蔽地用康德来修改黑格尔，他们都是从右边来批判黑格尔的。

与此相反，唯物主义者费尔巴哈从人本主义立场批判了黑格尔哲学的唯心主义，从感性的人的本质出发，来理解美和艺术在当时起着巨大的进步作用。特别是车尔尼雪夫斯基，站在革命民主主义的立场上，依据费尔巴哈的唯物主义哲学观点，发展了费尔巴哈思想的革命性的方面，从左边批判了黑格尔关于美的理论。他揭露了黑格尔关于美的本质的唯心主义观点，提出了必须从生活出发来研究美的原则，提出了“美是生活”这个著名的论点。他说：“美包含着一种可爱的、为我们的心所宝贵的东西……在人觉得可爱的一切东西中最有一般性的，他觉得世界上最可爱的，就是生活……所以，这样一个定义：‘美是生活’；‘任何事物，凡是我们在那里面看得见依照我们的理解应当如此的生活，那就是美的；任何东西，凡是显示出生活或使我们想起生活的，那就是美

① 克罗齐：《美学》，《美学原理》，朱光潜译，第7、37、90页。

的’……”[①]。车尔尼雪夫斯基把自己的唯物主义观点与黑格尔的唯心主义观点对立起来：“在通常的概念中，主要的是观念；在我们的概念中，主要的是生活；就审美范围而言，别人把生活了解为仅仅是观念的表现，而我们却认为生活就是美的本质。”[②] 车尔尼雪夫斯基的观点不但与轻视现实的唯心主义美学正相敌对，而且也与偏重客观事物的自然形式的一般旧唯物主义美学不同，他开始抓住了问题的关键，从客观的人类社会生活中来追究美的根源。

但是，由于车尔尼雪夫斯基的哲学思想基本上仍是费尔巴哈的人本主义，不理解社会实践是人类生活的基本内容和实质，因此他还不可能从历史唯物主义出发来解释生活。“生活”在车尔尼雪夫斯基那里，就正如“人”在费尔巴哈那里一样，是缺乏具体科学内容的抽象。“生活”究竟是什么？生活的本质、规律是什么？车尔尼雪夫斯基还认识得很不明确。这使得车尔尼雪夫斯基必须用“依照我们的理解应当如此的生活”来加以解释，但这在理论上便与美是生活的定义造成了一定的矛盾。在这一点上，普列汉诺夫曾正确地指出：“所谓依照我们，是依照谁呢？”“我们”是随着时代、阶级的不同而各不相同的，“我们”对“应当如此的生

车尔尼雪夫斯基

① 车尔尼雪夫斯基：《生活与美学》，人民文学出版社1957年版，第6页。

② 车尔尼雪夫斯基：《美学论文选》，人民文学出版社1957年版，第64页。

活”的理解也是各不相同的，从而“美是生活”在这里就变成美是符合不同的人们的不同的生活理想的东西，于是，由于不能正确理解社会生活的本质，使车尔尼雪夫斯基的“美是生活”的定义具有不可调和的内在矛盾。“依据车尔尼雪夫斯基的见解，那就是：一方面，现实中的美的事物自身就是美的；但是另一方面，他自己又说明，我们觉得美的，仅仅是符合于我们关于‘美好的生活’，关于‘应当如此的生活’的观念的事物。因此，事物自身不是美的”①。这个矛盾是因为车尔尼雪夫斯基的观点还没有达到历史唯物主义的水平，对社会生活的客观规律还没有科学的理解的缘故。“车尔尼雪夫斯基和杜勃罗留波夫的美学理论本身就是现实主义与理想主义的一种独创的结合，这个美学理论在阐明生活现象的时候，不满足于检验现在存在的东西。而且——甚至于是主要的还是——指出应该存在的东西。它否定现存的现实……但是它不善于……跟俄国社会生活发展的客观过程联系起来。简而言之，它不善于给予它以社会学的基础。它的主要缺点就在这点。但是，停留在费尔巴哈的观点上，那就去除不了，甚至看不出来这个缺点。这只有从马克思的学说的观点上看来才是显然可见的。”②

总括上面关于美的本质的各种意见，可以看出美学史上关于这个问题的理论，尽管各种各样，归纳起来，大致不出两种：第一种是从精神世界出发去探求美的本质，把美的本质最终或者归结为客观理想、绝对精神，或者归结为主观意识、审美感受。虽然它们在注意主观因素和揭示美的社会性能方面有某些合理的因素，但是它们在哲学根本观点上颠倒了物质与意识的关系；实际上，正如马克思所指出的，它们“抽象地发展

①② 普列汉诺夫：《车尔尼雪夫斯基的美学理论》，《文艺理论译丛》1958年第1期，第142—143页。

了”主观能动的方面，“不知道真正现实的、感性的活动本身”①，把能动的方面归结于精神、意识的能动活动，从而在美学上认定美的本质在于意识或意识作用于物质的结果。这条途径，是唯心主义的。第二种是从客观世界的自然特征出发来探求美的本质，认为美的本质就在对象的自然的物质形式中，美是事物的某种属性或性质之间的某种关系，从而着重在事物的感性特征和自然形式、结构、性能中去寻找美的本质和规律，把美的本质最终归结为自然事物本身的某种性能或属性。这派理论肯定美在客观事物本身，有其正确的方面。但由于它们一般都离开了人的社会性，“对事物、现实、感性，只是从**客体**的或者**直观**的形式去理解，而不是把它们当作**人的感性活动**，当作**实践**去理解”②，不懂得“社会生活在本质上是**实践的**”③这一根本道理，离开了人的社会生活、实践，从而在美学上便多半只从事物、现实、对象的感性特征和自然性质方面来探求美的根源，不能从主客体的辩证关系中来规定美的本质，带着明显的直观缺陷。这条途径是形而上学唯物主义的。此外，还有一些人企图在这两者中间采取某种折中的办法。或者认为有自然本身的和心灵创造的两种美，或者认为美是主观意识加上客观自然条件所形成，等等；其结果大都走向唯心主义的道路，也就是在根本上仍然不出上述的第一条途径的范围。由上述这许多不同观点和倾向中，不难看出，美是客观的还是主观的，美的根源是在现实事物之中还是在人们意识之中，这在美学史上始终存在着尖锐的分歧和激烈的争论。尽管肯定美的客观性的唯物主义的见解在与唯心主义的斗争中，不断地向前发展和深入，例如，由肯定美在事物形式（如亚里士多德）到指出美是关系（如狄德罗），到规定美是生活（如车尔尼雪夫斯基），显示它日益接近真理，它们在局部的范围和片面的形态上

①②③ 马克思：《关于费尔巴哈的提纲》，《马克思恩格斯选集》第1卷，人民出版社1972年版，第16、16、18页。

也的确暴露了美的本质问题所包含的种种复杂矛盾，提出某些有合理因素的见解。但是，由于它们哲学观点的根本缺点，特别是由于缺乏辩证法，便不可能科学地解决美的本质问题，而经常为狡诈的唯心主义所击败。美的本质问题的理论历史，突出地要求这个问题在一个新的唯物主义哲学基础上来加以解决。

二、美的本质问题的初步探讨

马克思主义的哲学——辩证唯物主义与历史唯物主义给美的本质问题的探讨提供了唯一科学的理论基础。现在我国学术界一般都承认必须根据马克思主义哲学的基本原理来解决美的本质问题，但是如何具体地运用马克思主义的观点和方法去分析和解决美学问题，则还有待于进一步地探讨和研究。这里只是提出我们的一些初步看法。

马克思主义关于社会现象的基本观点就是社会存在决定社会意识。马克思不是用抽象的人的本质去说明各种社会现象，相反，他指出人的

马克思与恩格斯

本质存在于现实社会的矛盾之中，是“一定社会关系的总和”。马克思揭示了“社会生活在本质上是实践的”这一真理，指出人不仅认识世界，更重要的是改造世界。社会实践就是人类改造世界的过程。它是人类有意识、有目的的生活活动，是主观见诸客观的实际行动，是改造世界的能动的斗争过程。我们认为，应该遵循这一基本观点，从实践对客观世界的能动改造中，来探究美的本质。

生产斗争是人类最基本的社会实践。人们在生产中按照社会生活的需要去改造自然，这是一种有意识的能动性活动。人们总是按照自己的目的、理想去改造世界，然而“‘客观世界’‘走着自己的道路’，人的实践面对着这个客观世界，因而在‘实现’目的时就会遇到‘困难’，甚至会碰到‘无法解决的问题’”[①]。人们为要实现自己的目的、理想，就必须深入掌握客观世界的规律，使自己的目的、理想符合客观世界的发展规律，并在实践中克服一切不利于实现自己的目的、理想的条件，发展和创造有利于实现自己的目的、理想的条件，为此进行艰巨的斗争，最后使自己在和自然的对抗中处于主导的地位，成为自然的主宰。就是在这个斗争过程中，人表现出合目的性与合规律性相统一的能动创造性。人和动物根本不同。动物只是消极地、被动地适应自然，它自身就纯然是自然的一部分；“人自身作为一种自然力与自然物质相对立”[②]，积极地、能动地改造自然，使之适应于人类生活的需要，并且在这同时创造着自己的生活，改造自身。恩格斯指出：“人是唯一能够由于劳动而摆脱纯粹的动物状态的动物——他的正常状态是和他的意识相适应的而且**是要由他自己创造出来的。**”[③] 所以马克思说，这种“生产生活”是“创造生命的生活”。

① 列宁：《哲学笔记》，《列宁全集》第38卷，第231页。

② 马克思：《资本论》，《马克思恩格斯全集》第23卷，第202页。

③ 恩格斯：《自然辩证法》，《马克思恩格斯全集》第20卷，第535—536页。

就是在这种“实际创造一个对象世界，改造无机的自然界”之中，“人才实际上确证自己是类的存在物”[①]。在这里，人们看到了自己的理想向现实的转化，看到了自己的无限创造的能动性，看到了自己的实践、生活在现实中获得了积极的肯定，从而产生无比的热爱、喜悦和快慰。“我的劳动是生活的自由表现，因而我享受了生活的愉快”[②]。这时，生产活动就不仅是人们改造自然的手段和过程，而且也成为人们的一种精神享受的对象——美的对象。古代神话《后羿射日》《女娲补天》《愚公移山》等，就是人们对生活的美的最初感受和幻想的“纪录”。

人们变革世界的能动性和创造性，不但直接表现在斗争过程中，同时还以对象化的形态表现在斗争成果上。

马克思说：“在劳动过程中，人的活动借助劳动资料使劳动对象发生预定的变化。过程消失在产品中。它的产品是使用价值，是经过形式变化而适合人的需要的自然物质。劳动与劳动对象结合在一起。劳动物化了，而对象被加工了。在劳动者方面曾以动的形式表现出来的东西，现在在产品方面作为静的属性，以存在的形式表现出来。”[③] 人对自然的能动改造，使自然不再是和人无关的独立自在的东西，而是和人类发生密切联系的东西。这种联系，首先表现为对象成为满足人的物质需要的有用的对象，具有使用价值。其次，根据马克思多次表述过的劳动是生活的表现的思想，根据劳动产品是人类生活的对象化的论断，可以认为：劳动作为人类能动创造的生活实践，产生了对象的审美价值。劳动成果体现着人们的创造力量，人们创造活动中的无比的智慧、崇高的理想、坚

① 马克思：《1844年经济学—哲学手稿》，刘丕坤译，人民出版社1979年版，第50—51页。

②《十九世纪四十年代马克思恩格斯经济学说发展概论》，三联书店1958年版，第90页。

③ 马克思：《资本论》，《马克思恩格斯全集》第23卷，第205页。

强的意志和充沛的热情。高尔基实际上也表达过这一思想。他在谈语言问题的时候说："我所理解的美是各种材料——也就是声音、色彩和语言的一种结合体，它赋予艺人的创作——制造品——以一种能够影响情感和理智的形式，这种形式就是一种力量，能唤起人对自己创造的才能感到惊奇、骄傲和快乐的力量而作用于感性和理性。"[①]这里虽然着重指的是艺术形式的创造，但是对于了解作为人们劳动创造成果的美，也具有普遍性的意义。

在生产过程中，人们结成一定的生产关系，并由此产生其他多种形式的社会关系。随着生产力的不断发展，人们的生产关系也必须进行相应的革命改造，全部社会关系也都必须进行相应的革命改造。在阶级社会里，代表新的生产力的先进阶级对阻碍生产力发展的反动阶级的斗争，是人民群众对反动统治阶级的革命。这一革命包括经济的、政治的、思想的各个方面。先进阶级、人民群众的革命斗争，最集中最强烈地表现了他们同旧世界的对抗，表现了他们对新的理想世界的革命创造性，它具有一种激动人心、感奋人心的力量，成为一个美的对象。同生产斗争的成果一样，新的社会生活作为社会革命的成果也是"物化"着革命实践的能动创造，也成为一个美的对象。从现象上看，美的事物给人以特定的审美感受，它能引起人们一种特定的情感反应。中外古今许多美学家都这样那样地说明过美与情感的特殊联系，但他们都不能科学地解释美的事物为什么能引起这种审美感受的根本原因，不能解释美的事物究竟是如何和为什么会具有一种这样能唤起人们情感的特殊性能。唯心主义者经常停留在人们主观感受的领域，在人"心"中去寻找根源，不肯承认这种情感在客观对象上的根据。形而上学的唯物主义者则经常把这种客观根据归结为一种生物学、生理学的自然本能或对生活、生命的

---

① 高尔基：《文学论文选》，第263页。

抽象的爱，如车尔尼雪夫斯基便是如此。他认为美的事物所以能引起我们的愉快的情感，就因为它是生活，而人总是爱生活的。我们以为，美的对象、美的事物，例如自然界的雄伟的山峰，澎湃的海洋，明媚的花鸟；社会生活中的豪迈的劳动场面，英勇的战斗情景，英雄的崇高形象，之所以无不给人以或壮美或优美的种种情感感受，正在于它们是人们的社会实践的具体的生活体现。正是由于在各种实践斗争中，或经由这种斗争，为一定社会阶级的人们所改造了的客观世界与主观世界，以其感性现实的存在形象，对他们呈现为一种创造活动或表现为这种活动的作品，呈现为一定社会阶级的生活的现实表现和物质确证，呈现为对人们的社会实践的积极肯定，因而它就必然会引起作为一定社会阶级的人们的一种共同喜悦。正是因为一定社会阶级的人们在作为客观现实的生活、实践中，以及与它们有关的各种社会事物和自然对象中，看到了自己（社会、阶级）的实践、生活的能动创造的革命力量，看到了自己的实践、生活的对象化，于是才会产生这种特定的审美感受的情感愉快。普列汉诺夫在论证猎获物的美的时候说："当狩猎的胜利品开始以它的样子引起愉快的感觉，而与有意识地想到它所装饰的那个猎人的力量或灵巧完全无关的时候，它就成为审美快感的对象，于是它的颜色和形式也就具有巨大的和独立的意义。"① 这里，普列汉诺夫表明了美的事物的两个互相联系的方面：其一，对象的美是和事物的"样子"，即事物的具体形象分不开的；其二，事物的美首先在于它所包含的社会生活的内容，尽管这种内容已不必是欣赏者"有意识地"想到的，所以美作为一个感性具体的存在，是一个具有特殊规定性的内容和形式的统一体。在这个统一体中，内容处处表现于感性具体的形式之中，不能脱离感性具体的形式而存在。劳动对象的美是这样，生活过程的美也是这样。

① 普列汉诺夫：《没有地址的信·艺术与社会生活》，第 137 页。

美既然在于事物的形式和其内容的这种特殊的统一，因而美的事物的形式也就有其特殊的规定性。美的事物一般要求符合自然规律的形式，不违背人们的官能快感。我们看到，美的事物经常是以其鲜明生动的形式——色彩、声音、形体等诉诸人们的情感感受的。各种形式美更以突出的合规律性的自然形式（例如均衡、比例、节奏、韵律）成为美的对象。形而上学唯物主义据此就认为，它们没有什么社会内容，天生就是美的。其实，它们之所以成为美，还是因为它们经由劳动、实践的漫长历程，为人们所了解和掌握，它们——这些自然物质的规律、性能、形式日益与人们生活的不同方面或不同因素发生密切关系，具有社会生活的内容，它们身上凝结了或概括地表现了人们的能动创造，才可能成为美的。它们的这种内容，只是如普列汉诺夫所说明的那样，经常没有被人们所自觉意识到罢了。

美作为内容与形式的特定的统一，还表现为它的"丰富多样"的特点。这种多样性、丰富性，根源于人的实践活动本身的多样性，人所改造的感性具体的物质世界的存在形式的多样性。因此，美一方面具有合规律性、合目的性的内容，同时另一方面它又具有这种感性存在上的丰富多样的形式。例如，表现今天无产阶级革命斗争的美，便从丰富多彩的感性形象中呈现出来。它表现为雷锋的崇高形象，表现为南京路上好八连的动人事迹，表现为无数无名英雄们的伟大勋业，表现为艺术作品中一系列光辉、灿烂而又多种多样的艺术形象。

综上所述，我们初步认为，美是人们创造生活、改造世界的能动活动及其在现实中的实现或对象化。作为一个客观的对象，美是一个感性具体的存在，它一方面是一个合规律的存在，体现着自然和社会发展的规律，一方面又是人的能动创造的结果。所以美是包含或体现社会生活的本质、规律，能够引起人们特定情感反映的具体形象（包括社会形象、自然形象和艺术形象）。由此可见，就其本质而言，美并不是事物的某种与人无关的自然属性，也不是意识、精神的虚幻投影，而是事物的一种客观的社会价值或社会属性。这也就是美的客观社会性。因为美的所谓客观性，正是指美是客观对象所具有的这种不依存于我们主观意识的社会属性。正如列宁论证社会存在的客观性时所说："所谓客观的，并不是指有意识的生物的社会（即人的社会），能够不依赖于有意识的生物的存在而存在和发展，…… 而是指社会存在不依赖于人们的社会意识"[①]。所以，美是客观的存在，是社会的存在，美的客观性与社会性是统一的。

我们所谓的美的客观社会性，是建立在人与自然之间的物质变换这个感性现实的客观社会性的运动的基础之上的，不通过人的感性物质的客观社会性的活动，美也就不可能产生。所以，美的客观社会性，实质上是来自社会实践本身的客观社会性。唯心主义美学也经常讲美的社会性。他们以为人的思想情感向对象的"移入"，便能产生美，便是美的社会性的本质和根源。但是，这种所谓社会性只是人的主观的社会性的意识直接作用于客观对象，所产生的只是一种观念性的东西。用它来说明审美意识、审美感受的本质特征，有其合理的因素；但以它来说明美的社会性的本质根源，就是根本错误的了。因为这只是一种社会性的认识活动，观念的活动，而并不是一种社会性的实践活动，不是感性物质的现实活动。前一种活动只能在观念范围之内改造对象，使人的思想情感反映对象，而不能在现实领域内改造对象。实质上，只有在物质领域内出现了具有社会性的客观现实，才有可能在观念领域内，出现思想情感对对象的能动反映，形成具有社会性的意识观念。一个是第一性的，关于社会存在的问题，一个是第二性的，关于社会意识的问题。一个是实践问题，一个是认识问题。列宁指出："实践高于（理论的）认识，因为它不但

① 列宁：《唯物主义与经验批判主义》，《列宁选集》第 2 卷，第 331—332 页。

有普遍性的品格，而且还有直接现实性的品格”[①]。毛泽东一再指出：“实践的观点是辩证唯物论的认识论之第一的和基本的观点”[②]。对美的本质的理解，不能离开这个基本观点。

三、真、善、美的相互联系和区别

对真、善、美三者相互关系的考察，有助于对美的本质的理解。美，不是孤立自在的东西；美的特殊本质，也表现在它与真和善的相互联系与相互区别之中；美的创造与欣赏在社会生活中的特殊作用，更是与真和善密不可分地联系着的。

真、善、美都是客观的，它们之间的相互关系是为人改造世界的实践活动所历史地规定了的。真、善、美的相互联系与相互区别，只能从历史地发展着的社会实践中去求得解释。

真，是从客观世界的运动、变化、发展之中所表现出来的客观事物自身的规律性。列宁说：“人在自己的实践活动中面向着客观世界，以它为转移，以它来规定自己的活动”。他又说：“外部世界、自然界的规律，乃是人的有目的的活动的基础”。[③]人的实践活动只有在符合客观世界的规律性的情况下才能获得成功，实现人的目的。因此，人类在漫长的实践过程中获得了对于客观世界的规律性的认识。美作为人改造世界的能动创造的生活表现，就其历史的发生和起源来看，以对于真的认识和掌握为前提；就其作为历史的成果、作为一个客观对象来看，与真有着密不可分的联系。因为人改造世界的能动的创造性，正是表现在人能够认识和掌握客观世界的规律，利用客观规律以达到人的目的。当客观规律对于人说来还是一种盲目发生作用的、支配着人的力量的时候，人还不

①③ 列宁：《哲学笔记》，《列宁全集》第 38 卷，第 230、200 页。

② 毛泽东：《实践论》，《毛泽东选集》第 1 卷，第 261 页。

可能能动地改造世界,客观世界对于人也就没有美可言。

美虽然与真有着密不可分的联系,但真并不就是美。因为美不是客观规律本身,而是运用客观规律以改造世界的人的能动创造的实践活动的实现。真作为客观世界的规律性和作为科学认识的对象,它自身无所谓美丑。只有当客观规律不仅为人所认识,而且被运用于人改造世界的实践活动,它的感性具体的存在形式成为人的能动创造的活动所必须掌握的东西,并成为对这种活动的肯定的时候,真才具有了美的意义。这就是说,当客观规律为人所创造性地加以掌握和运用的时候,它那与人的目的相一致的感性具体的存在形式,具有了体现人的创造的智慧、才能和力量的意义,因而唤起人的美感,成为审美的对象。就自然的规律来说,例如整齐一律、均衡对称这些规律之所以会具有美的意义,就是由于这些规律是人改造客观世界所必须掌握的一些最基本的和普遍的规律,由于这些规律通过人的掌握和运用取得了与人的目的相一致的感性形式,成为人的创造的智慧、才能、力量的客观表现。原始人所制造的一把石斧,它的均衡对称的形式以及坚实光滑的质地之所以能引起美感,原因就在于这种形式是符合人的目的(劳动的需要)的,而这种合乎人的目的的规律性的形式的造成,是远古的劳动人民依据对客观规律的认识进行了创造性的活动的结果。就社会的规律来说,当人对社会规律的自觉的掌握和运用表现为人改造社会的创造性的实践活动的时候,这种活动就不仅是真的,同时也是美的。

和美与真的关系比较起来,美与善有着更为直接、更为密切的关系。

人改造世界的实践活动,是一种事先即有着自觉的目的的活动。但人所要改造的客观世界,却是不以人的意志为转移的客观存在。在社会实践的过程中,人对客观现实与主观目的的关系的认识形成了善的观念。一般说来,在实践上符合于人的目的的东西就是善的,反之就是恶的。这是对于善的最初步、最粗浅的解释。更进一步分析起来,由于个别主体的需要、目的只能通过整个社会的协同活动方能得到实现，于是善又表现为个别主体的需要、目的、利益对整个社会的需要、目的、利益的关系。这一方面成为善的更为重要和更为本质的方面。在阶级社会里，符合于某一阶级的普遍利益的东西就是善，反之就是恶。但就人类社会的整个历史发展的进程来看，只有与社会发展规律相一致并推动着社会发展的普遍利益才是真正的善。

美以善为前提，并且归根到底应符合和服从于善。其所以如此，是因为人类改造世界的实践活动，最终都是为了实现和满足一定社会、一定阶级和集团的利益。与人类的实践需要根本无关的东西，与人类维持自己的生存和发展根本无关的东西，不可能是美的。历史的事实告诉我们，人类最初所认识的美同时也就是善，两者是不能分离的。只是随着历史的发展,美与善才逐渐被区分开来。

美虽然以善为前提，但美并不就是善。善是人的实践活动或客观对象、事物与一定社会阶级的目的相一致，即实践活动的合目的性；美则是在这种合目的的实践活动的过程或结果上所表现出来的对人改造世界的能动的创造性、智慧、才能和力量的现实的肯定。例如，一件劳动的产品，就它符合于人的目的（即满足于人的某种需要）来看它是善，就它是人改造世界的创造性活动的结果，是人的创造的智慧、才能和力量的客观实现、肯定和对象化来看即是美。又如，我们今天工人群众的增产节约活动，就它符合社会主义建设的需要这一方面来说是善，就它的实现是工人群众发挥了高度的创造性、高度的革命热情和革命干劲的结果这一方面来说则是美。善是直接与人的功利的目的联系着的，这经常就是人的欲望、需要、利益的对象；美则并不是与人的功利的目的直接联系的对象，不是一个直接满足人的某种实际需要的对象，而是认识和观赏的对象。然而就美的创造和欣赏能够鼓舞人改造世界的信心和热情，提高人改造世界的智慧、才能和力量来看，美虽然不直接与功利的目的相联系，但它的最终的社会意义仍然在于推动人更好地去进行改造自然和改造社会的实践斗争；因此，最终仍然是为了善。许多事物经常是具有善恶美丑对立的两个方面，例如，上升时期的资产阶级便既具有善的一面，同时又具有恶的一面。与此相应，决定了它的审美性质也存在着对立的两个方面，既有美的一面，又有丑的一面。随着资产阶级革命性的消失，它的美也就逐步削弱以至泯灭。自然界也有许多事物具有这种两重性。例如老虎、苍鹰等，既有美的一面，又有丑的一面。归根结底，这也是同人的善恶相联系的。这些特定事物两重性，在不同的条件下和人们发生具体关系，其主导的方面是不同的。善恶美丑在一定条件下可以相互转化和变换。没有天生不变、绝对永恒的美，只有在社会生活中不断变化发展的美。

真、善、美，就其历史的发生发展来说，只有当人在实践中掌握了客观世界的规律（真），并运用于实践，达到了改造世界的目的，实现了善，才可能有美的存在。但作为历史的成果、作为客观的对象来看，真、善、美是同一客观对象的密不可分地联系在一起的三个方面。人类的社会实践，就它体现客观规律或符合于客观规律的方面去看是真，就它符合于一定时代阶级的利益、需要和目的的方面去看是善，就它是人的能动的创造力量的客观的具体表现方面去看是美。例如，今天现实生活中某些生产劳动，从真、善、美这三个方面加以认识，它们可以分别成为三种不同的对象。生产劳动的过程，作为合规律性的客观事物，既体现一定的自然规律，也体现一定的社会规律，它可以成为科学认识的对象，科学需要从理论上将这些规律寻找出来。同时，劳动作为人们有意识有目的的物质生产活动，体现着社会的功利需要和功利目的，它可以成为伦理意志的对象，直接唤起人们一定的意志趋向和实践态度，使人们对之采取肯定或否定的功利评价和伦理行为。同时，某一生产劳动作为人们的能动性、创造性的体现的具体形象，能在感受中唤起人们情感与认识相统一的审美愉快，它不要求人们当下对之直接进行理论概括或意志行动，而是采取能动的感受或观照，因而成为审美的对象。在美与真、善的关系问题上，既要批判现代资产阶级美学极力否定美与真、善联系的反动理论，也要反对把美与真、善等同起来的简单化的观点。

在上面的论述中，已经涉及美与丑的关系问题。美是在与丑的比较中而存在，与丑的斗争中而发展的。正如美与真、善紧密联系一样，丑与假、恶也是密切联系的。丑与恶的联系使它不但具有否定的美学性质，而且还经常作为社会实践的意志活动所克服的对象。毛泽东根据马克思主义辩证法的对立统一的原则，科学地揭示美丑斗争发展的规律，指出："真的、善的、美的东西总是在同假的、恶的、丑的东西相比较而存在，相斗争而发展的"。[①] 美丑的对立统一和斗争发展，根源于人改造自然、改造社会的社会实践，根源于社会实践的主客体矛盾；它与真和假、善与恶的矛盾斗争紧密联系。美与丑作为客观现实彼此对立的方面，双方互为存在的条件，表现出现实对象对实践的肯定和否定的方面。随着社会实践的发展，自然不断被征服，社会不断被改造，美丑通过矛盾斗争又因为一定的条件而各向着和自己相反的方面转化。美在与丑的不断对立和斗争中，随着历史前进的行程，日益革新和发展。在阶级社会之前，美、丑的对立主要表现在人与自然的生产斗争中，敌对的自然力量经常成为丑怪的对象，与美的对象相比较、相对立。某些远古神话里的美丑的形象直接地反映着这一点。而随着自然界异己的力量不断为人所征服和掌握，荒凉险恶的自然环境、凶禽猛兽等自然物也就逐步由威胁人的生活、实践的丑的对象转化成了供人欣赏的美的对象了。在阶级社会里，社会生活中美丑斗争的实质是先进阶级与反动阶级的矛盾和斗争，表现

① 毛泽东：《关于正确处理人民内部矛盾的问题》，《毛泽东选集》第5卷，第390页。

为进步力量、正义事业与各种丑恶势力的比较、对立和抗争。但是由于社会矛盾的异常复杂曲折，美丑的比较、对立和斗争也具有异常复杂多样的形态。例如，躯体畸形的丑与灵魂高尚的美同时存在于某一人物，前者不能抹杀后者是生活中的美丑矛盾的主导方面。

不同阶级的不同社会实践，在客观对象上获得实现，在现实中得到肯定，对不同阶级便具有不同的美丑意义。这种对立和斗争，实际上正是美与丑在阶级社会中相比较而存在，相斗争而发展的具体表现。概括地说，客观对象肯定革命阶级的社会实践的感性形象，即革命阶级的社会实践获得了实现、肯定和对象化的事物，对于这一阶级就是美的，对于与其对立的反动阶级却是丑的。客观对象肯定反动阶级的社会实践的感性形式，反动阶级的社会实践获得了实现、肯定和对象化的事物，对于这一阶级就是美的，对于与之对立的革命阶级却是丑的。但是，社会生活中的美又有着客观的标准，这个客观标准就是：它应是体现社会发展的本质、规律，与社会发展的本质、规律相一致的阶级的实践、生活的产物。人民群众和先进阶级是历史的真正创造者和主人翁，是社会发展的本质、规律的具体的代表者和体现者，只有人民群众和先进阶级的生活实践，才是真正推动历史前进的实践活动，才是真正能创造美的实践活动，只有最终肯定或不违反人民群众根本利益的实践活动的对象，才是真正的美的对象。美的存在和发展的客观标准，必须以它为准绳，为尺度。

第二节 美的形态

美的本质存在于各种具体的审美对象中，具有丰富的、生动的形态。人们在经验中所接触到的美便是多种多样的，有社会生活中的美，自然中的美，艺术作品的美，等等。美的形态的多样性和复杂性，使美学家作过各种区别和分类的研究。例如18世纪英国许多美学家，曾将美分为绝对美与相对美（赫契生）、固有美与相对美（荷姆）等。自柏克、康德强调提出崇高作为审美对象后，美与崇高的异同更为美学家所着重探讨。这些对美的形态的区分的研究，在揭示各种审美对象的基本特点上有一定的价值和贡献。但是，他们大多侧重于经验现象的感受和划分，对这些形态的内在本质缺乏深刻的阐释，或者作了错误的阐释。黑格尔从他关于美的本质的基本观点出发，将美逻辑地、历史地分为自然美（实指现实美）与艺术美，比前人有更多的合理因素。但是他把二者的关系在根本上作了唯心主义的错误颠倒。现代有些资产阶级美学家抹杀美的形态问题，例如克罗齐就根本否认区分美的各种形态的可能和必要。我们认为，美的丰富的形态是不容否认的客观存在，应该通过科学的探索研究，找出其规律。根据上节对美的本质的基本理解，对美的各种形态一方面可按它们的不同性质而分为现实美与艺术美，另一方面又可按它们的不同状态、面貌和特征，而分为优美、崇高、悲剧、喜剧（滑稽）；美的形态的这两方面的彼此渗透和相互交错，便呈现为多种多样的美的经验现象。

一、现实美与艺术美

现实美包括社会生活、社会事物的美和自然事物的美。

现实美的主要方面是社会生活的美，现实生活中社会事物的美，一般常称之为社会美。在人们日常经验中，经常感受和认识社会事物作为审美对象具有某种审美性质，使我们能对之作出审美评价或体验。但是，美在社会生活领域内的存在却一向为资产阶级美学所轻视或抹杀，他们很少谈及社会生活中的美的问题。与此相反，我们认为，美是社会实践的产物，社会美是这种产物最为直接的存在形式。人类的社会生活是多方面的，复杂的，丰富的。其中最为基本的，则是生产劳动、阶级斗争和科学实验。与之相关的是人的思想品质和情操等等。这些方面当然又是彼此制约相互促进的。社会生活中的现实美就主要表现在社会生活的这些领域中，特别是集中表现在作为一定时代、阶级的主体的社会先进力量、先进人物的身上，美在他们的性格和行为中得到了突出的体现。这也正是它在进步艺术创作的领域中经常占有重要和主导地位的原因。

历史表明，生产劳动成为美的最早的领域。原始氏族的生产活动、生产工具以至生产对象，常常是现实美的最早的朴素形态。在流传下来的原始艺术中，可以清楚地看到原始人如何将自己生产劳动的活动、场面等等作为美来欣赏和反映的。但是，由于当时社会生产力的极端低下，人们只能在极为狭小的范围内征服自然。他们只好在神话里借助想象来虚构对自然的胜利。到了阶级社会，出现了体力劳动与脑力劳动的分工。肩负着社会物质生产的全部重担的被剥削阶级，虽然在劳动实践中创造了巨大的财富，创造了人类的奇迹（如长城、金字塔），但却被剥夺了享受自己劳动成果的可能；劳动本身作为一种奴役和屈辱，劳动者在劳动中很难体验到自由创造的喜悦。当剥削阶级过着不劳而获的寄生生活，鄙视体力劳动，把生产活动排斥在美的领域之外时，尽管他们也偶尔歌唱田园，其实质却不过是给剥削生活披上一层温情脉脉的理想化了的面纱。在资本主义制度下，一方面，人的劳动日益成为机器的附属品，另一方面，劳动力成了市场上自由买卖的低贱商品。劳动完全丧失了在手工业时代所仅存的一点诗意的光辉，劳动与审美的矛盾更为尖锐。正如马克思所指出：在资本主义私有制度下，劳动者“在自己的劳动中并不肯定自己，而是否定自己，并不感到幸福，而是感到不幸，并不自由地发挥自己的肉体力量和精神力量，而是使自己的肉体受到损伤、精神遭到摧残”①，“劳动为富人生产了珍品，却为劳动者自己生产了赤贫。劳动创造了宫殿，却为劳动者创造了贫民窟。劳动创造了美，却使劳动者成为畸形。”② 劳动活动在这里不再是劳动者的自由创造，劳动成果也被视作是剥削者的意志和智慧的结晶，从而劳动及其成果作为和劳动者敌对的、统治他们的异己的力量，就常常失去成为审美对象的可能。只有到了社会主义和共产主义社会，劳动人民成为社会的自觉的主人，劳动不再是为一小撮剥削者而是为广大劳动群众自身，不仅是为个人而且首先为社会集体，只有这时，生产劳动才第一次成为现实中的美的宽广领域，成为新的群众时代的美的集中体现。高尔基认为，劳动就是社会主义“现实生活中的真正英雄”，是新生活的美的创造源泉。我们时代的劳动斗争的美，是我们社会生活中的现实美的基本内容之一。

在历史发展中，人们不仅进行变革自然的生产斗争，而且也进行变革社会的阶级斗争。在阶级社会中，现实美作为社会实践的直接产物就围绕着人们社会生活中的阶级斗争而展开和发展。在剥削阶级统治的

①② 马克思：《1844年经济学 — 哲学手稿》，刘丕坤译，人民出版社1979年版，第47、46页。

阶级社会里，生产劳动如上面所说，对于被剥削阶级是一种奴役。只有在阶级斗争中，人民群众才能取得真正的自由，他们的历史首创精神才能得到充分的发扬。在漫长的历史进程中，正是人民群众反对压迫、反对剥削的英勇斗争，推动着社会的发展，创造出社会生活中无限美好的事物。从古代斯巴达克的奴隶起义，到陈胜、吴广、黄巢、宋江、李自成、洪秀全的伟大的农民战争，从英勇的巴黎公社起义，到开辟了人类新纪元的十月社会主义革命，到伟大的中国人民的民主革命和社会主义革命，构成了一幅幅人类历史上壮丽宏伟的画幅，是社会美的鲜明的体现。

但是，社会生活是多方面的，作为社会主体的人，生活于错综复杂的社会关系之中，因而社会生活的美、人的性格和精神的美，也是极其丰富多彩的。在广阔的社会生活、社会实践领域中，既有波澜壮阔、慷慨悲歌的战斗，也有富于诗情画意、优美典雅的日常生活。当然，这二者的社会意义不是相等的，但是，从审美上说，英勇献身精神的美并不与纯洁坚贞的爱情的美互相排斥、不能相容。那种从理论上把社会生活的美限定于某些特定领域的见解，既不符合实际情况，又十分有害于把社会美作为反映对象的艺术题材的多样化。

现实美的另一方面是自然事物的美，包括日月星云、山水花鸟、草木鱼虫、园林田野等等，一般称之为自然美。自然美作为经验现象，是人们经常能够欣赏和感受到的。但是关于它的本质在美学理论中却有着许多争论。许多唯物主义美学家强调自然美就在自然本身，是自然事物的各种形式属性（如线条、色彩、形体比例的均衡、对称、整齐与生气蓬勃等等）。唯心主义的美学则强调自然本身不可能有美，自然美是主观情感、意识作用于对象的结果。车尔尼雪夫斯基说，自然界“只是因为当作人和人的生活中的美的一种暗示，这才在人们看来是美的”，又说，“人一般地都是用所有者的眼光去看自然，他觉得大地上的美的东西总是与人生的幸福和欢乐相连的”。这可说初步接近了自然美的实质。关于自然美问题，现在学术界尚在争论中。

我们认为，把自然美简单归结为自然本身的属性和形式，实质上就是认为美可以与人的社会实践无关，可以先于人类而存在，这是难以理解的。实际上，自然界之所以有美，归根结底，是社会的产物，是历史的结果。当人类还处于洪荒时代，洪水、猛兽、火山等等，不会成为美的对象，而只是一种引起恐怖的对象，正如高尔基所说："在环绕着我们并且仇视着我们的自然界中是没有美的"。[①] 只有当人们在漫长的实践过程中逐渐掌握了它们的某些规律，开始有效地控制和利用这些对象的时候，只有当人们开始从自然的枷锁下解放出来，成为自然的主宰的时候，也就是成为车尔尼雪夫斯基所说的"占有者"的时候，自然界才有可能成为美的对象。这时候，人和自然的关系发生了根本变化，自然成了马克思所说的"人化的自然"，成了人的"无机体"。它在理论上是人的认识的对象，在实践上是人的直接生活资料，人的生活活动的对象、工具、材料、条件和环境。所谓"自然的人化"，决不是如唯心主义美学所认为的那样，是意识观念的产物，是将人的思想感情加在或"移入"自然对象的结果。同时，"自然的人化"也不仅是为人们所直接改造过的自然事物。"自然的人化"应该理解为，随着生产和社会的发展，随着人对自然的掌握程度和掌握能力的发展，整个自然与社会生活的客观关系、客观联系所发生的根本改变。广阔的自然界和各种自然对象由与人为敌或与人无关的对象变为"为人"的对象，自然美才可能产生。自然与人的社会生活的客观历史的关系、联系，自然对象在人类社会生活中的作用、地位、意义、价值，成为产生自然美的必要前提。例如，只有在社会发展达到比较高级的历史阶段，荒凉险峻的自然才成为人们的审美对象。整个说来，自然对象的美是随着社会生活中的美的扩大发展而出现和发展的。

---

① 高尔基：《苏联的文学》，第 100 页。

美的自然对象可以分为经过当前人们直接改造加工、利用的对象（如土地、园林）和未经直接改造的自然（如星空、大海）两种。前一种自然对象的美主要是以其社会内容的直接显露为特点，所以，它们与社会事物的美十分接近。随着人对自然的不断征服，不仅愈来愈多的自然物成为人们物质生活中有益有用的东西，而且它们在人们的精神生活中，也就由一种漠然的、对立的东西转化为一种可亲的东西。人们在被加工过的自然事物上打下了劳动创造的印记，这种自然事物的某些特征，后来就成为人的能动创造的特定标记。它经常作用于人们的感性和理性，唤起人们的审美愉悦。健壮的牛羊，金黄的田野，绿化的山林，一般说来都是如此。高尔基在论及这类自然美的时候说过，"打动我的并非山野风景中所形成的一堆堆的东西，而是人类想象力赋予它们的壮观。令我赞赏的是人如何轻易地与如何伟大地改变了自然……"[①]

另一种自然对象即未经直接改造加工的自然对象的美，其社会内容比较间接隐晦曲折，但这种美在自然美中却占有广大的领域和多样的形式。它们主要是以其自身的自然形式而取悦于人，好像它的美就在它自身的各种质料、性能、规律和形式之中，与人类没有关系。实际上，自然的这些规律和形式都是在与人类社会生活发生长久紧密的关系时才成为美的。一定的自然质料如色彩、声音、形体，一定的自然规律如整齐一律、对称均衡、变化统一，一定的自然性能如生长、发展等等，是在长时期（几十万年）与人类社会实践发生密切的联系、关系，被人们所熟悉、习惯、掌握、运用，对人们生活实践有用、有利、有益之后才逐渐成为人们的审美对象的。直线与生活中坚硬的（不可入的）、有力的东西，曲线、圆形与生活中柔嫩的、轻巧的、流动的东西，红色与生活中热烈和激动、绿色与生活中平静和安宁……这些都有着某种曲折间接的客观联系和关系。自

① 高尔基：《苏联的文学》，第100—101页。

然形式所具有的各种不同的美的本质和性能，归根结底仍是来源于这种种复杂曲折的客观关系。所以自然并不需要完全改变其外在面貌、形式、规律，并不需要与某个特定的狭隘社会功利目的直接联系起来，便能以其与社会生活的长久普遍的概括联系而成为人们的审美对象。

自然美的这两种形态并不可以截然划分，相反，它们经常是相互渗透和转化的。同一自然对象，便可同时具有这两种美的特色。例如，黄河一则因其被开发、利用，成为我们民族的摇篮和屏障，几千年来，人民群众在这里生活、劳动，无数英雄在这里斗争、成长，它作为我们民族的伟大斗争和创造的历史见证而成为美的对象，一则又以其九曲连环、浪涛汹涌的自然感性形式成为美的对象，同时两者又可以结合在一起。这是一方面。另一方面，艺术发展的历史表明，侧重于形式的自然对象的美成为现实的审美对象，一般晚于侧重于明显的社会功利内容的自然美，并且常常是由前者中逐渐分化和发展出来的。自然对象首先是以其与人们生活密切相关、有益有利于社会实践的功利内容，而成为审美对象的。只是在以后，它的感性形式才逐渐独立地具有审美价值，成为人们的审美对象，并逐渐扩展开来。例如，原始人以狩猎为主要生产、生活方式，人和动物的躯体结构的对称对他们具有直接意义，因而他们在装饰、审美中重视横的对称甚于直的对称。而随着生产范围的扩大，自然界更为复杂的对称形式才对人们具有审美意义。又如，农民在插秧时是从农作物的生长条件来确定秧苗的距离，秧苗行距和株距的均衡、整齐的审美意义，最先是与它们的功利内容不可分的，但均衡、整齐等自然形式反复经由人们的掌握、熟悉，这些特征逐渐从具体的自然对象中分化和概括出来，成为一种形式美。不但秧苗的间隔本身的整齐、均衡是美的，而且自然事物中类似的整齐、均衡，也都是美了。自然美也就由前一种比较狭窄的范围而逐渐扩展到后一种相当广泛的领域。在这个广泛领域的美，因为它的内容已是比较概括，所以表现在具体自然对象上，便可以呈现为不很确定的多方面的意义。同是属于整齐、均衡，在不同的自然对象上，结合其他条件，可以呈现为不同的审美特点，例如严肃、庄重等等。从另一角度看来，它又是带确定性的。由于它在人的实践中形成和人的特定关系，它的内容又不是无规定性，所以整齐、均衡的体现形态可能是雄伟的，也可能是呆笨的。

现实生活中的社会美和自然美虽然广阔、生动和丰富，但是由于许多限制，它们仍然不能充分地满足人们的审美需要。现实生活中社会事物的美在一般情况下，和艺术相比较并不经常表现得那样集中、精粹和典型，时间和空间的局限更使它们不能比较普遍地为人们所观赏，也不能以其具体感性存在直接地长久流传下来。自然景物的美虽然具有更大的时间上的稳定性和空间中的普遍性，但是它们也仍然经常被自然本身许多偶然因素所干扰和破坏，特别是它们不能集中展示出明确的社会内容例如社会思想。可见，现实中的美虽然是美的唯一源泉，是无比生动丰富的，但因上述各种原因，又是比较粗糙、分散、处于自然形态的，不能充分满足人们审美的需要，从而，艺术美就为满足这种特殊需要而历史地、必然地产生出来。

现实美是美的客观存在形态，艺术美却只是这种客观存在的主观反映的产物，是美的创造性的反映形态。现实美是艺术美的唯一的源泉，属于社会存在的范畴，即第一性的美；艺术美却是属于社会意识的范畴，即第二性的美。尽管艺术美也是能为审美主体所欣赏的客观对象，艺术创作也是一种实践性的活动，但其本质却是客观世界的反映，是意识形态性的。

艺术美作为美的反映形态，它是艺术家创造性劳动的产物。和普通实际生活的美相比较，它具有“更高、更强烈、更有集中性、更典型和更理想”的特点。当把现实的审美方面经过相对的抽象而化平淡为神奇，就可能具有更为长久的魅力。作为第二性的美，艺术美不仅来自现实生活，是现实美的反映，而且也反作用于现实美的存在和发展。它不仅加深和锐敏着人们对现实中的美的感受和领会，而且更能影响人们的思想感情。通过人们的审美意识而反作用于人们的行动，反作用于人们的生产斗争、阶级斗争和科学实验，从而更进一步推动现实美的不断前进。唯心主义者黑格尔虽然在艺术美的特殊性和优越性方面作过一些深刻的揭示，但是他却片面强调艺术美高于现实美，从根本上颠倒了艺术美与现实美的关系，认为现实美是艺术美的反映，从而根本否认了艺术美的客观现实基础。车尔尼雪夫斯基从唯物主义哲学立场出发，坚决批判了黑格尔在艺术美与现实美关系上的唯心主义观点，坚持了现实美是艺术美的现实基础的唯物主义美学观点，并且正确地看到了现实美较之于艺术美具有无可比拟的生动丰富的内容。但是车尔尼雪夫斯基仍然没有摆脱旧唯物主义的局限性，在强调现实美是艺术美的源泉时，却认为艺术美不过是现实美的简单的复制品。毛泽东在《在延安文艺座谈会上的讲话》中指出，生活是艺术的唯一源泉，但艺术美却可以高于现实美，充分地肯定了艺术美在改造世界中的积极的能动作用，这就体现了艺术美与现实美的辩证关系。

艺术美是重要的审美对象，艺术对现实的审美关系是美学的重大问题。这些问题需要在本书有关艺术、艺术创造和艺术欣赏的各章中作专门的探讨和阐述。

二、优美、崇高、悲剧、喜剧（滑稽）

美的现象形态丰富多样，优美、崇高、悲剧、喜剧（滑稽）只是最突出的几种，实际上还可以分出许多或中间、或过渡的种种形态或类型来。远在 18 世纪，英国美学家爱迪生便提出“美，伟大与新奇”三种。在近代，布拉德雷曾将美分为“小巧、秀雅、优美、巨大、崇高”五种。包桑葵也分出平易的美与艰难的美，后者又包括三种类型：复杂、紧张（如悲剧）和广阔（如滑稽）等等。德国美学家如哈特曼等人也有更多、更复杂的细致分类。因为美的形态和特征的无比多样，这种细分是可以一再进行的。在这里，我们只研究美的形态中最值得注意的上述四种。

（一）优美和崇高

无论在现实美或艺术美中，人们都可以分别出具有不同状态、面貌和特征的两种美的形态。例如山高岭峻与山明水秀的景色；工地上劳动大军的形象或幼儿园儿童游戏的情景；屈原、杜甫的慷慨悲歌的长篇巨著与王维、柳宗元的短小隽雅的辋川小诗、永州八记；贝多芬与莫扎特、米开朗琪罗与拉斐尔等人的作品；它们作为审美对象，其美学的特征是有所不同的，给人们的审美感受也是不相同的。

在美学史上，很早就有人注意了崇高与优美（狭义的美）的不同。中国战国时期的孟子曾对"美"和"大"加以分别；以后的文论、画论对两者的区别描绘得非常生动，明确地提出了阳刚之美与阴柔之美的概念。如"其得于阳与刚之美者，则其文如霆，如电，如长风之出谷，如崇山峻崖，如决大川，如奔骐骥；其光也，如杲日，如火，如金镠铁；其于人也，如凭高视远，如君而朝万众，如鼓万勇士而战之。其得于阴与柔之美者，则其文如升初日，如清风，如云，如霞，如烟，如幽林曲涧，如沦，如漾、如珠玉之辉，如鸿鹄之鸣而入寥廓；其于人也，漻乎其如叹，邈乎其如有思，暖乎其如喜，愀乎其如悲"[①]。又如"挟风雨雷霆之势，具神工鬼斧之奇，语其坚则千夫不易，论其锐则七札可穿……如剑绣土花，中含坚质，鼎包翠碧，外耀光华，此能尽笔之刚德者也。柔如绕指，软若兜罗，欲断还连，似轻而重……恍惚无常，似惊蛇之入春草，翩翻有态，俨舞燕之掠平池，飏天外之游丝，未足方其逸，舞窗间之飞絮，不得比其轻……此能尽笔之柔

① 姚鼐：《复鲁絜非书》，郭绍虞主编：《中国历代文论选》下册，中华书局版，第204页。

德者也”[1] 等等。

西方美学史上关于崇高很早就有各种理论，如古代罗马的朗吉弩斯曾提出和研究了“崇高体”，他已经观察到宏大和精细之间的差别。把它确定地作为美学范畴，则是近代的事情。18 世纪英国经验派美学家们如爱迪生、荷姆等，开始不断地观察这一现象，积累了许多经验材料。其中特别是柏克曾将崇高与美并列和对立起来，对崇高的经验特征作了比较充分的表述。柏克将崇高与恐怖联系起来，认为人对对象（如黑暗、孤独、无限等）不能理解感到畏惧，引起自卫要求而起崇高感。以后，康德则从哲学上揭示了崇高与美的区别，确立了崇高在美学中的独特地位。康德认为崇高不在对象而在人类自身的精神，在于人心能抗拒外界威力所引起的先惧后喜的愉悦，它展示了理性的力量而过渡到伦理领域。黑格尔则从其理念说出发，认为崇高是观念与形式的矛盾，有限的感性形式容纳不住无限的理念内容，因而引起感性形象的变形和歪曲，显示了在有限形式中理性的无限的力量，从而引起崇高感。柏克、康德和黑格尔对崇高特点虽作了或少或多的把握，但因为他们哲学观点的谬误，结果使这些解释远离社会生活的真实现实，带着或机械的或唯心主义的错误。车尔尼雪夫斯基反对黑格尔的观点，认为崇高不过是巨大的东西而已。他指出：“自然中的伟大是确实存在的，而并非我们的想象力所移入的，像通常美学所设想的那样。”[2] 这种看法带着朴素健康的唯物主义倾向，但却将问题简单化了。没有看到自然与人之间的主客体的辩证关系，而把崇高归结为自然界对象的巨大形式，回避了崇高中的许多复杂的现象和问题。

关于崇高与优美的联系与区别问题，因为对二者的本质理解不同，

---

①《芥舟学画编》。

② 车尔尼雪夫斯基：《美学论文选》，第 95 页。

有些美学家强调崇高的本质的独特性，从而将崇高与优美绝对地对立起来，认为崇高根本不属于美的范围（如柏克、康德以及布拉德雷等）。许多美学家则反对这一理论，认为崇高与美具有共同的本质。他们强调美与崇高的一致性，认为崇高是美的最高阶段，崇高本身就是美。持这种观点的，在现代有英国的开瑞特等。席勒在《美育书简》中则着重谈了这两类不同的美，比较深入地指出了它们不同的本质特征和审美效果。从美学史上的争论来看，认为崇高与优美对立的人，大都强调了崇高中的消极和否定的一面（如柏克强调崇高与恐惧的联系、康德强调崇高对感官的否定作用等等）。而认为崇高与优美具有共同本质的人，则强调崇高中的积极的、愉悦的方面（如克罗齐的追随者开瑞特虽承认崇高与美的区别，但认为崇高能克服消极情绪，因而是美）。

我们认为，崇高和优美都是美，却是两种不同形态的美。优美与崇高是客体与主体的矛盾在事物中呈现的两种客观状态。优美作为美的一般形态，侧重于展示客体与主体在实践中经由矛盾对立达到统一、平衡、和谐的状态。崇高则不同，它主要体现实践主体的巨大力量，更多地展示着主体和客体在现阶段相冲突和对立的状态；并且在这一对立的冲突中，显示出客体和主体相统一的历史必然性。

应该承认，崇高和优美的事物在形式上有其量的规定性的方面。自然界的崇高首先以其数量上与力量上的巨大引起人们的惊讶和敬赞。它们经常以突破形式美（如对称、均衡、调和、比例等）一般规律的粗粝形态——如荒凉的风景、无限的星空、波涛汹涌的磅礴气势、雷电交加的惊人场面以及直线、锐角、方形、粗糙、巨大等等（与美的曲线、圆形、小巧、光滑……恰恰相反）来构成崇高的特点。

然而，自然界的一定感性形式之所以具有崇高的意义，总是由于它与一定历史阶段上的社会实践发生联系，激发了实践主体的巨大潜在能力的缘故。在原始社会，狩猎氏族往往把凶猛的野兽当作崇敬的对象，这实际上是显示着猎人们在尊敬自己的英勇与力量。原始神话中的诸神和英雄的形象，也正是自然的巨大威力在原始人想象中被征服、受支配的产物。随着人们社会实践的领域的扩大，自然界愈来愈广泛地成为社会实践的对象和生活的环境。当它转化成可欣赏的对象，它的崇高意义在人的实践斗争中也愈益广阔地显示出来。

在社会生活中，社会先进力量的胜利，同样不是轻而易举的，需要经过艰难曲折的斗争，需要付出巨大的代价。正是在这种斗争中，显示了先进社会力量的巨大潜力和崇高精神。历史上的奴隶革命、农民起义、资产阶级革命以及民族解放斗争，都是先进社会力量起来反抗旧制度、反抗阶级压迫和民族压迫的极其严重艰巨的斗争，都需要一定的英勇牺牲精神，从而写下历史上悲壮崇高的篇章。无产阶级革命更是人类历史上最艰巨的革命，人民群众及其先进代表人物在这一革命进程中更是创造了历史上前所未有的可歌可泣的英雄伟绩，体现了崇高的理想和彻底的革命精神。马克思称为“历史上还没有过这种英勇奋斗的范例”的巴黎公社起义，伟大的二万五千里长征，“生的伟大，死的光荣”的刘胡兰，《红岩》小说中那视死如归、气贯长虹的英雄烈士们等等，就都是无产阶级革命时代社会生活中崇高的鲜明的体现。

可见，具有崇高特性的对象，一般地总具有艰巨斗争的烙印，显示出真与假、善与恶、美与丑相对抗、相斗争的深刻过程。崇高以这种美丑斗争的景象剧烈地激发人们的战斗热情和伦理态度。正是在这种严重斗争中展现出美的必然胜利，展现出符合客观规律的社会实践的伟大力量和它不可阻挡的历史发展的必然前途。个人人格的崇高感，也在于它在这一艰苦斗争中体现了先进社会力量的本质。这一社会力量的本质在个人身上表现得愈自觉愈鲜明，在艰巨复杂的生产斗争和阶级斗争中表现得愈高昂愈深刻，他们的精神面貌、性格、行为等就愈能成为崇高的对象。

艺术里的崇高是现实生活里的崇高的能动反映。在美学史上，席勒、谢林和黑格尔着重地讨论了艺术里的崇高问题。艺术中的崇高不可能完全再现自然界的巨大的体积和现实的力量，所以它的内容和主题多取材和侧重于严重的社会冲突，高尚的道德品质等等，其艺术形式也常常以粗犷坚硬等特色使人们不至于在精细可爱的形式美上流连。

（二）悲剧

悲剧在审美对象中有其重要地位。但这里所说的悲剧，不是作为一种戏剧类型而是作为一个美学范畴而言的。

正如亚里士多德所早已指出的，悲剧是人生中严肃的事情。它不是悲哀、悲惨、悲痛、悲观或死亡、不幸的同义语，它与日常语言中所用"悲剧"一词，含义并不完全相同。作为美学对象的悲剧，必须是能使人奋发兴起，提高精神境界，产生审美愉快的。

现实中存在的悲剧，经常迫使人们采取严肃的伦理态度和实践行动。它虽然在客观上具有悲剧的审美性质，但一般很难直接进入人们的审美领域。对于跟人的实践利害直接联系的现实中的悲剧，人们很难、一般也不应直接采取审美观照的态度。因此，只有反映形态的悲剧艺术，才经常作为审美对象，引起人们的审美愉快。各艺术种类里都可以具有一定的悲剧因素，例如曹雪芹的《红楼梦》、贝多芬的《命运交响曲》、苏里科夫的《近卫军临刑前的早晨》等等。在以反映社会冲突为本质特征的戏剧艺术中，则表现得最为突出和集中，因而作为美学范畴的悲剧与作为戏剧种类的悲剧，经常结合在一起而不可分割。

美学史上有过好些著名的悲剧理论。关于悲剧的特点，亚里士多德有过许多很有影响的议论。他从悲剧所反映的特定对象和特定效果等方面来规定悲剧的根本特征。他认为，悲剧是描写比现实中更美好的同时又是"与我们相似的"人物，通过他们的毁灭引起观众的悲悯和畏惧，并从积极方面给人以"净化作用"。亚里士多德的悲剧理论，

苏里科夫《近卫军临刑前的早晨》

奠定了西方美学史上悲剧这个范畴的基础。其后，最值得注意的便是黑格尔的悲剧观。黑格尔指出悲剧不是个人偶然的原因造成的，而是两种社会义务、两种现实的伦理力量的冲突。悲剧人物所代表的力量是合理的，但又有片面性，因此两种善的斗争才是悲剧冲突的基础。但是，调和主义的庸人气息，在黑格尔的悲剧观上也得到了反映。黑

格尔抹杀了悲剧冲突中正义与非正义的区别，在理论上混淆了现实中两种对立力量与道德上的善恶斗争，因而看不到悲剧冲突本身是反映着新旧势力的斗争。黑格尔的悲剧观还具有一定乐观主义因素，他强调悲剧通过双方冲突显示了理念的客观必然性的最后胜利。车尔尼雪夫斯基批判了黑格尔不从生活出发而从理念必然性来规定悲剧本质的唯心主义观点，认为这是一种迷信命运的宿命论。他指出："不是每个人死亡都是因为自己的罪过。"这种对悲剧的看法，显示了革命民主主义者的革命乐观主义精神。但是，他由此而反对悲剧与必然性的内在联系，强调悲剧只是人生中可怕的事情，从而走向否认悲剧的必然性的另一个极端，抛弃了黑格尔悲剧理论中辩证法和历史主义的合理内核。

马克思、恩格斯从辩证唯物主义与历史唯物主义的哲学立场出发，科学地总结了人类历史发展中的悲剧性矛盾和悲剧艺术发展的历史经验，深刻地揭示了悲剧的客观社会根源，从而彻底批判了唯心主义的悲剧观。与黑格尔相反，他们不是从精神的发展中探索悲剧的根源，而是从人类历史辩证发展的客观进程中揭示悲剧冲突的必然性。他们认为，悲剧是新的社会制度代替旧制度的信号，是社会生活中新旧力量矛盾冲突的必然产物，“一切伟大的世界历史事变和人物”，“第一次是作为悲剧出现”①。在评论拉萨尔的悲剧《济金根》的通信中，他们批评拉萨尔以黑格尔的抽象的绝对理念来解释他的剧本中悲剧冲突的根源，忽视了16世纪德国社会中的现实阶级矛盾，并深刻地指出了，悲剧主角济金根必然灭亡的深刻原因在于：一方面是坚决反对解放农民的贵族，另一方面是起来反对封建主压迫的农民群众，而济金根作为一个垂死阶级的代表起而反对现存制度，企图站在两者之间，“这就构成了历史的必然要求和这个要求的实际上不可能实现之间的悲剧性的冲突”②。在这里，马克思、恩格斯深刻地揭示了悲剧冲突的本质，指出悲剧冲突根源于两种社会阶级力量、两种历史趋势的尖锐矛盾，以及这一矛盾在一定历史阶段上的不可解决，因而必然地导致其代表人物的失败与灭亡。

由于矛盾的主导方面不同，悲剧冲突大体有两种情形。一种是新事物、新生力量的悲剧。这主要在于新生事物在诞生时还不够强大，它虽然代表了历史必然的进步要求，但不能在现阶段实现这一要求；或是由于新事物、新生力量本身还具有片面性，在主观上缺乏经验，有错误和缺点。在这两种情况下，新生力量都会遭到旧势力的压倒或摧毁，从而形成丑压倒美的悲剧。但悲剧通过这种冲突和毁灭，却深刻地反映了社会发展的必然趋势。在这种悲剧冲突中，尽管新事物的代表在一定历史条件下毁灭了，在一个时期付出了沉重的代价，但不是取消而是加强了他们终将取得胜利的信念，激发了人们对人类社会不断前进的乐观愿望。从普罗米修斯到《青年近卫军》或《红岩》中的英雄们，其行为具备了启发

① 马克思：《路易·波拿巴的雾月十八日》，《马克思恩格斯选集》第1卷，第603页。

② 恩格斯：《致斐·拉萨尔（1859年5月18日）》，《马克思恩格斯选集》第4卷，第346页。

人们奋勇前进的力量。悲剧通过丑对美的暂时的压倒，却强烈地展示了美的最终的和必然的胜利。这种悲剧的审美特性实质上是一种崇高的美，在这里，崇高所带有的实践斗争的艰苦性，表现得最为震撼人心（往往是悲剧英雄的牺牲）。仅就这种类型的悲剧来说，车尔尼雪夫斯基的话是有道理的，他说："美学家们把悲剧性看作是最高的一种伟大（即崇高）或许是正确的。"①

另一种是旧事物、旧制度的悲剧。这主要是由于在一定历史阶段上，曾经是先进的、合理的社会力量、社会制度开始转化为旧的力量，而与社会历史进程相矛盾，但是，它还没有完全丧失自己存在的合理根据，因而它的代表人物的毁灭，也有一定的悲剧性。正如马克思所指出："当旧制度本身还相信而且也应当相信自己的合理性的时候，它的历史是悲剧性的。当旧制度作为现存的世界制度同新生的世界进行斗争的时候，旧制度犯的就不是个人的谬误，而是世界性的历史谬误。因而旧制度的灭亡也是悲剧性的。"② 此外，旧事物的悲剧，也可能产生在旧世界的内部的矛盾对抗中。当不处于统治地位的旧力量起来反对统治阶级，反对占统治地位的现存制度，如济金根作为垂死阶级的代表起来反对当时德国的大贵族封建割据，要求民族统一，虽然在一定程度上反映了历史必然要求，但是他们受了阶级利益的限制，不能站在农民方面，因而也陷入必然失败的悲剧之中。由此可见，对于旧事物的悲剧，也只有从社会历史发展的根本规律和革命力量与反动力量的基本矛盾出发，运用阶级观点和阶级分析的方法进行观察，才能深刻揭示其本质。革命者不能站在旧事物方面，惋惜和同情旧事物的灭亡，所以马克思、恩格斯严厉地批评拉萨尔把全部同情与兴趣集中在济金根的骑士起义的悲剧上，而没有看到当时

① 车尔尼雪夫斯基：《美学论文选》，第 98 页。

② 马克思：《〈黑格尔法哲学批判〉导言》，《马克思恩格斯选集》第 1 卷，第 5 页。

德国农民运动的真正革命的悲剧。

历史上的各种悲剧艺术，反映了各个社会历史阶段上的现实生活中的悲剧冲突。古希腊悲剧反映了古代奴隶制社会的矛盾冲突，社会历史必然性与自然界威力作为一种不能理解和不可抗拒的命运与人相对立，导致悲剧的结局（《俄狄浦斯王》等）。但在古希腊悲剧中，仍然反映出了人抗拒自然和社会恶势力的英勇斗争（《普罗米修斯》等）。在长期封建社会中，封建制度、宗教迷信等压制着争取民主、自由、解放的新生力量，这种斗争产生了许多令人惊心动魄的深刻的悲剧（如《水浒传》《窦娥冤》《红楼梦》《罗密欧与朱丽叶》等所反映的）。贾宝玉、林黛玉、哈姆雷特等悲剧性格，反映了封建社会内部滋长的民主主义和人文主义思想的萌芽。这些人物虽然代表历史必然的进步要求，但是却在封建势力和周围环境的强大压力与摧毁下遭到悲剧的灭亡，他们的悲剧是对旧制度的尖锐揭露与愤怒控诉。到了资本主义社会，人与人之间的关系成了冷酷无情的金钱关系，个人与社会的矛盾尖锐化，也造成了某种悲剧冲突（如巴尔扎克的《高老头》、易卜生的《人民公敌》、俄国19世纪文学中“多余的人”的悲剧等）。但这些悲剧人物多半束缚在对个人的境遇、情感的哀伤悲叹，沉溺在内心矛盾的纠葛中，丧失了资本主义上升时期的革命精神和英雄气概。只有反抗资本主义制度的无产阶级和人民群众的革命斗争，才提供了产生真正英雄悲剧的现实基础。高尔基曾经深刻地指出过在无产阶级革命时代悲剧的新性质，他说：“创造这些悲剧的不是厄斯启拉、索福克拉斯、幼里披底和莎士比亚，而是历史的新英雄……”，这就是无产阶级。因为无产阶级“已经认识到必须消灭生活中的一切不幸和痛苦的根本原因——私有制，已经认识到必须摆脱资本家加之于他们的沉重可耻的镣铐”[①]，而在进行着一场空前艰巨、伟大的最后搏斗。

① 高尔基：《文学论文选》，第214页。

在社会主义制度下，新事物的成长也需要经过艰难的斗争。由于存在着敌我矛盾和人民内部矛盾，新旧事物的矛盾斗争仍然是曲折复杂的，仍然有产生悲剧性冲突的社会阶级基础。毛泽东指出："任何新生事物的成长都是要经过艰难曲折的。在社会主义事业中，要想不经过艰难曲折，不付出极大努力，总是一帆风顺，容易得到成功，这种想法，只是幻想。"① 这种斗争在某种特定的情况下，也可能导致悲剧性的冲突而造成悲剧。但是，尽管英雄人物壮烈牺牲，他们在斗争中所表现的共产主义崇高形象却万世长存，教育和鼓舞着广大人民群众，显示着"生的伟大，死的光荣"，和为共产主义事业坚决斗争的无比的生命力。而革命事业的暂时挫折、失败，也可以从中获得宝贵的经验教训，锻炼革命者的意志和毅力，从而取得更大的胜利。

作为审美对象，悲剧是人的社会实践暂时遭受失败，暂时被客观现实所否定，因而表面看来，悲剧效果的畏惧与悲悯，最易为人们所注意。亚里士多德对这个问题作过细致的考察，他认为，由于感到比他们强大的人都遭到苦难，而造成这些灾祸的原因深深存在于自己身上，引起畏惧；而悲悯则是由于感到灾祸落到了不应该受难的人身上。以后西方的资产阶级美学家的研究，大都没有超出亚里士多德的范围。

悲剧的确引起如亚里士多德所谓的"畏惧与悲悯"的现象，这种现象是情感、认识、想象等一系列非常复杂的心理活动的结果。这不一定就只有一种消极的效果，相反，它有一种独特的积极作用。亚里士多德把它叫作"净化作用"。他认为，悲剧"唤起悲悯与畏惧之情并使这类情感得以净化"。② 对于亚里士多德的"净化"这个概念，历史上有过许多考证与争论，有的认为应该从伦理角度去解释，有的认为应该从医学角度去

① 毛泽东：《关于正确处理人民内部矛盾的问题》，《毛泽东文集》第5卷，第379页。

② 亚里士多德：《诗学》，第19页。

解释，有的认为应该从宗教角度去解释，等等。实质上，所谓“净化”，主要应该作伦理道德上的理解。因为，在真与假、善与恶、美与丑的悲剧冲突中，伦理的因素占有非常突出的地位，其悲剧结局总是引起人的强烈的伦理态度。特别是正义事业、进步力量遭到摧残和失败的悲剧结局，能给人们强烈的道德震撼。因此，悲剧具有深刻的道德教育作用，能够提高人的品格，激发人的意志。在审美感受的各种形态中，悲剧的感受是最接近道德判断和实践意志的。

可见，这种悲剧的道德提高的作用，表现在悲剧效果上，并不是单纯的压抑的因素（畏惧和悲悯），而同时也有一种振奋的因素即惊赞。在资产阶级革命初期还需要某些英雄气概的时候，在他们的悲剧中也曾经强调过某些悲剧英雄英勇斗争的令人惊赞的效果；在高乃依、拉辛的时代一些戏剧理论家便曾提到过“惊赞”这一概念。然而，一般说来，资产阶级的学者总是过分强调悲剧的压抑的效果，没有看到压抑与振奋之间的辩证的转化关系与主次关系；他们不懂得，悲剧固然要有悲痛的效果，但革命的悲剧给人的主要是“化悲痛为力量”的积极的、振奋的效果，而不是低沉的、压抑的效果。

（三）喜剧（滑稽）

现实中的喜剧（滑稽）包括从垂死的反动派到笨拙的动作非常广阔的范围和多样的性质。滑稽的主要对象是人，这是许多美学家都曾经揭示过的现象。他们认为动物（如猴子、狗熊等）在观众的想象中被拟人化了的时候显得滑稽；植物或无机物（如石块、山河等）一般并没有滑稽的性质。在原始狩猎社会，野兽作为劳动对象具有严肃的实用意义，而且常常威胁着人的安全；只有当人在劳动之后模仿野兽时（模拟舞蹈），人才感到滑稽可乐，因而，模仿有时带有“戏弄”的意思。这种对野兽的戏弄，反映了实践对自然的支配力量，从而人才可以在自己的作品中把自然对象加以夸大和变形，这种夸大了的、机械笨拙的形式，成为滑稽的艺术。

在各类艺术中（如漫画、相声等等）都有滑稽的因素，而比较集中的形态则是作为戏剧类型之一的喜剧。

美学史上许多人研究了喜剧（滑稽）的问题。一些美学家看出了喜剧是与特定的矛盾冲突相联系的，但是他们从各自的哲学的基本观点出发，对这种矛盾和冲突的本质和根源作了不同的解释。唯心主义美学家把喜剧的解释奠定在各自的唯心主义哲学的前提上，作了歪曲的论述。康德认为喜剧感起源于“一种紧张的期望突然归于消灭”，是理性对对象的自由戏弄；黑格尔认为喜剧矛盾根源于绝对精神发展中感性形式压倒观念，表现了理念内容的空虚；柏格森认为喜剧矛盾根源于事物的机械性与生命的流动变化的矛盾，他们虽然看到了一些现象，但是却抹杀和歪曲了它的社会现实基础，因而不能真正揭示喜剧的本质。唯物主义美学家则肯定喜剧对象的客观性质，是现实中客观存在的特定矛盾。亚里士多德早就把喜剧与特定的丑联系起来，并对喜剧人物与悲剧人物作了区分。莱辛认为可笑的事物不是丑，而是美与丑的对比，完美与不完美的对比。车尔尼雪夫斯基肯定丑是滑稽的根源与本质，当丑力求自炫为美的时候，就变成滑稽，因此“滑稽的真正领域，是在人、在人类社会、在人类生活”。①

丑作为美学的一个重要问题来加以专门研究，开始于近代。主要代表者是德国一些新黑格尔主义者，如罗森克南兹等人。他们揭露了丑的矛盾性质，认为丑不同于假、恶，当丑仅以其感性形式进入审美领域作为审美对象的时候，具有某种积极的审美价值；指出丑与滑稽有一定的联系。我们认为，丑的审美价值仍是来自与美的比较和对立的统一中，由于通过丑的现实的揭露，达到美的理想的展望，通过对丑的否定达到对美的肯定。而马克思主义以前的唯物主义不了解生活本质上是实践的，

① 车尔尼雪夫斯基：《美学论文选》，第 112 页。

因而不能从社会生活的历史发展、不能从社会生活中主体与客体的矛盾统一关系中来揭示喜剧的真正本质。

马克思、恩格斯从辩证唯物主义与历史唯物主义的观点考察喜剧问题，提出了一些非常深刻和精彩的见解。他们批判地吸取了黑格尔关于"历史的讽刺"的合理因素，但是他们的论述却根本不同于黑格尔从绝对精神自我运动出发，而是将喜剧奠定在现实的社会冲突之上。喜剧对象的特征是"用一个异己本质的外观来掩盖自己的本质"，而这正是历史的客观进程"把陈旧的生活形态送进坟墓"[①] 的最后一个阶段上的必然产物。因此，喜剧（滑稽）本质上也是两种社会力量的冲突，但由于这种冲突的性质和形式的不同，矛盾的主导方面的不同，形成了不同于崇高和悲剧的特点：它是新事物在取得胜利后或即将取得胜利时对旧事物的否定。当旧事物作为"旧时代的残余"已经"同众所承认的公理"发生"绝对矛盾"时，它就成了嘲笑否定的对象。因为作为旧事物的残余在实践上已经暴露出内在的虚弱、丑恶而必然被克服时，人们便可以在审美上嘲笑它。这种丑，不像悲剧那样给人带来悲剧性的激昂慷慨，它给人们的是轻松愉快的嬉笑和幽默，尖锐深刻的嘲弄、揭露和讽刺。如果说悲剧是通过丑对美的暂时压倒而揭示美的理想的话，那么喜剧则是美对丑的否定、揭露。如果前者着重在对美的间接肯定，那么后者则着重在对丑的直接否定。对悲剧来说，美是理想的境界，对喜剧来说，美已经是或即将是现实的存在。喜剧表现了在对美的肯定的基础上，对旧事物清算的历史阶段。可见，作为喜剧对象的旧事物，一方面固然要看到它是微不足道的，是"毫无价值的东西"，实质上只是"内在的空虚和无意义以假装有内容和现实意义的外表来掩盖自己"[②]，另一方面也要看到这种旧势力

① 马克思：《〈黑格尔法哲学批判〉导言》，《马克思恩格斯选集》第1卷，人民出版社1995年版，第5页。

② 车尔尼雪夫斯基：《生活与美学》，第34页。

如果不加以打击，也会有很大的危害。作为艺术形式的喜剧的深刻美学意义也正在于它揭穿了旧世界、旧势力的内在空虚和无价值，激起人们最后埋葬他的信心和勇气，使“人类能够愉快地和自己的过去诀别”[①]。

滑稽作为失去必然性存在根据的丑的对象，在内容上是空虚的，在形式上是歪曲的，因而，总带有荒谬悖理的特征。这种对象所引起的审美效果是笑，笑是滑稽感的具体表现形式。

对于滑稽和喜剧的审美效果，历史上有过一些观察和议论。亚里士多德认为，滑稽是不引起痛苦和伤害的丑。霍布士认为，笑是“突然的光荣感”所引起的。康德对笑也有过一些深刻的观察，他认为，滑稽是一种荒谬悖理的现象，因而引起理智反映。他说：“笑是来自一个紧张的期望突然归于消失的反应。”[②] 柏格森对笑的问题作了专门的研究，但他从荒谬的生命哲学出发，认为笑是机械性压倒生命的结果。这些理论都或多或少涉及笑的一些重要现象，把作为审美效果的滑稽感的笑严格地与一般生理上的笑和一般喜悦的笑区分开来。但由于他们各自的哲学基础有根本性的错误，对这些现象的解释也大都是片面的和错误的。例如，霍布士认为，这种笑是缺乏同情心的表现，因此高尚的人是不笑的。这就一概否定了作为滑稽感的笑对丑恶进行无情嘲笑的积极意义。实际上，正是由于滑稽的对象表现为一种不符合规律的荒谬现象，从而对这种对象的审美反映就可以采取比较偏重于理智的冷静的批判态度，是非和善恶的判断非常明确，在这里，真与假、善与恶、美与丑的荒谬的对立，只能引起笑声，在笑声中包含着明确的批判的态度和否定的评价，在笑声中烧毁着一切无价值的、虚假的、丑恶的东西。

作为艺术形式的喜剧，在社会主义革命和建设时期，一方面，充分发

---

① 马克思：《〈黑格尔法哲学批判〉导言》，《马克思恩格斯选集》第1卷，人民出版社1995年版，第5页。

② 康德：《判断力批判》，第54节。

展着它对一切腐朽事物无情的揭露与撕毁的批判性质，同时，另一方面，在革命队伍内部或社会主义制度下，现实生活中很大一部分喜剧具有了新的性质，产生了一些新的滑稽的对象，这种滑稽对象与丑恶对象之间，有着性质上的不同（实质上是敌我矛盾性质和人民内部矛盾性质的区别），它可以引起善意的笑声，如对好人的缺点的善意讽刺等。这种笑声是有情与无情、赞赏与批判的统一，其目的不仅在于提高自己的批判能力，也还在于善意地纠正对象的缺点；从而反映在艺术上，喜剧也不再只是对对抗性的丑恶事物的无情打击，而且也可以是对人民内部的落后的错误思想、行为的善意的讽刺和批判。毛泽东说："我们是否废除讽刺？不是的，讽刺是永远需要的。但是有几种讽刺：有对付敌人的，有对付同盟者的，有对付自己队伍的，态度各有不同。"[①] 在社会主义社会，由于敌我矛盾与人民内部矛盾并存、交错、转化，在现实中喜剧具有不同的性质、不同的状态。艺术家在以喜剧、讽刺形式反映这些对象时，必须站在无产阶级立场上，根据对象性质的不同，分别采取不同态度。

（四）崇高与滑稽、悲剧与喜剧的转化和结合

崇高向滑稽转化，是一个历史的客观过程，它反映了新事物代替旧事物、旧事物起初由严肃的力量进而终于被历史所淘汰的必然规律。

艺术的规律反映现实本身矛盾发展的规律。在古代希腊，代表着异己的力量控制人类的诸神，最初以悲剧的崇高力量引起人们敬畏。当人们在不断的实践中征服了自然的异己的力量时，便出现了喜剧的繁荣，代表异己力量的诸神，成为嘲笑戏弄的滑稽对象。马克思曾说："在埃斯库罗斯的《被锁链锁住的普罗米修斯》里已经悲剧

① 毛泽东：《在延安文艺座谈会上的讲话》，《毛泽东选集》第3卷，人民出版社1991年版，第829页。

鲁本斯《被缚的普罗米修斯》

式地受到一次致命伤的希腊之神，还要在琉善的《对话》中喜剧式地重死一次。"[1] 崇高向滑稽的转化，悲剧向喜剧的转化，意味着实践征服自然和改造社会的不断胜利，意味着人类实践的必然发展。

现实生活中的许多事物，都曾不可避免地从崇高向滑稽、从悲剧向

① 马克思：《〈黑格尔法哲学批判〉导言》，《马克思恩格斯选集》第1卷，第5页。

大卫《马拉之死》

喜剧转化。黑格尔把这称作“历史的讽刺”。马克思曾说：“黑格尔在某个地方说过：一切伟大的世界历史事变和人物，可以说都出现两次。他忘记补充一点：第一次是作为悲剧出现，第二次是作为笑剧出现。”[①] 马克思、恩格斯在论述到历史事件、历史人物的出现、转化过程时，曾一再指出现实中的这种悲喜剧的转化，如在悲剧性的法国大革命之后，德国资产阶级懦弱的改良就成为喜剧的了。1848 年披着共和主义外衣的法国资产阶级领袖科西捷尔、布朗之流，不过是对法国大革命雅各宾党的真正悲剧性革命人物丹东、马拉、罗伯斯庇尔的历史性讽刺。

崇高向滑稽、悲剧向喜剧的转化，揭示了它们之间本来的相互渗透

① 马克思：《路易·波拿巴的雾月十八日》，《马克思恩格斯选集》第 1 卷，第 603 页。

和内在联系。在一定历史条件下，悲剧中本来就可以有喜剧的因素，滑稽中本来就可以有崇高的因素。因为，这两者在现实生活中便经常是和矛盾斗争交织在一起的。社会现实生活的复杂性和矛盾双方的主导地位的变换，使这种交织和斗争展现为丰富多彩的各种样式和形态。

由于要求艺术真实地去反映复杂多样的社会矛盾，形成了悲剧和喜剧在近代资产阶级各种艺术里的广泛的结合。这种悲剧和喜剧的结合作为一种倾向出现于资产阶级上升时期。例如，资产阶级启蒙主义者反对古典主义把悲剧和喜剧绝对对立的观念，出现了“流泪的喜剧”。狄德罗提倡严肃的喜剧，并把市民的日常生活引入悲剧的领域。莱辛为市民悲剧在德国的发展作了极大的努力。在英国，早在莎士比亚便已展示了悲剧和喜剧的结合。正如马克思指出的，在莎士比亚的戏剧中，伟大和卑下、崇高和滑稽的东西是结合在一起的。在中国古代的剧论中，也常有“于歌笑中见哭泣”[①]“寓哭于笑”[②]“苦乐相错，见其体裁”[③]等论述。鲁迅对这问题更有过深刻的论述。他指出：“悲剧将人生有价值的东西毁灭给人看，喜剧将那无价值的撕破给人看。”[④]他以锐敏的眼光揭示出了在当时日常生活中潜藏的悲剧因素，指出“这些极平常的，或者简直近于没有事情的悲剧，正如无声的言语一样，非由诗人画出它的形象来，是很不容易觉察的。然而人们灭亡于英雄的特别的悲剧者少，消磨于极平常的，或者简直近于没有事情的悲剧者却多。”[⑤]另一方面，他又锐利地揭穿了同一日常生活中大家看惯了的现象的喜剧性，指出它们“已经是不合

①《远山堂剧品》。

② 李渔：《闲情偶寄》。

③ 吕天成：《曲品》。

④ 鲁迅：《坟·再论雷峰塔的倒掉》，《鲁迅全集》第1卷，人民文学出版社1956年版，第297页。

⑤ 鲁迅：《且介亭杂文二集·几乎无事的悲剧》，《鲁迅全集》第6卷，第293页。

理、可笑、可鄙，甚而至于可恶”。他在《祝福》《高老夫子》等作品中深刻揭示了生活中的悲喜剧，而阿Q这一不朽的典型形象更是悲喜剧因素结合的范例。崇高与滑稽、悲剧与喜剧的结合，使它们的本质特征彼此制约，而产生一种新的特质，成为一种具有新的特征的审美对象，如戏剧艺术中的悲喜剧或正剧。

由此可见，审美对象虽可区分为优美、崇高、悲剧、喜剧等不同的主要形态，但在现实生活中各种审美对象、美的不同形态是相互联系、彼此渗透和相互转化的。审美对象以其复杂多样的现象形态，多方面地展开和体现着美的本质，构成一个丰富多彩的美的世界，诉诸人们的审美意识。

第二章 审美意识

审美意识是客观存在的诸审美对象在人们头脑中能动的反映，一般通称之为“美感”。实际上，“美感”也有两种不同的含义：一是指审美意识，这是广义的“美感”，它包括审美意识活动的各个方面和各种表现形态，如审美趣味、审美能力、审美观念、审美理想、审美感受等等。“美感”的另一个含义是狭义的，专指审美感受，即人们在欣赏活动或创作活动中的一种特殊的心理现象。审美感受构成审美意识的核心部分。

第一节 审美意识的本质

一、对美学史上关于审美意识问题的不同认识路线的概略考察

关于审美意识的根源和本性，唯物主义与唯心主义有着根本对立的解释。唯心主义从根本上否认哲学反映论的原则，以各种方式歪曲和否定审美意识的客观内容和社会性质。例如，在古希腊还没有专门提出美感问题时，柏拉图就把艺术创作看成是一种神赐的迷狂，把艺术活动中某些有关审美意识的特殊心理现象归结为神秘的力量。以后如18世纪英国新柏拉图主义者夏夫兹博里及其门徒赫契生等人，反对审美爱好是习惯和教育的结果，认为人天生便具有分辨美丑的能力，这种能力是五官之外的所谓“内在感官”。他们以审美感受直接性的特点，证明这种天赐的精神感官的存在，否定了美感来源于实践，并在一定程度上把美感与一般的理性认识割裂开来。到19世纪，康德极大地发展了这种唯心主义的看法，把它提到了哲学根本问题的高度，对资产阶级美学影响很为突出。康德认为关于审美的规定，只可能是主观的，“为着要判断一件事物美或不美，我们并不用理解把表象联系到对象以便认识，而是用想象（也许结合理解在一起）把表象联系到主体以及主体的快或不快的感受…… 它不涉及对象中的任何东西，只涉及主体如何受到表象的影响

而自己有所感受”[①]。康德利用审美感受中心理活动的某些特殊现象，在哲学上反对反映论，否认审美与认识的内在联系。康德不能解释所谓审美判断既不依靠对象，不是对对象的认识而又何以具有普遍有效性，他只好把这种主观的普遍性归结为所谓人类的“先天的共同感”，即假定人们生而具有某种相同的心理功能。显然，康德这种假定，正如赫契生等人的“内在感官”一样，不但是缺乏社会历史具体内容的东西，而且在生理学心理学上也没有根据。

马克思主义以前的旧唯物主义反对唯心主义的上述观点，认为审美意识是对客观对象的认识和反映，是现实生活的产物，并且有生理 — 心理的物质基础。例如，与柏拉图不同，亚里士多德便认为艺术所以能给人以愉快,原因之一在于对对象的认识。“我们看见那些图像所以感到快感，就因为我们一面在看，一面在求知，断定每一事物是某一事物，比方说，‘这就是那个事物’”[②]。以后 18 世纪英国美学家柏克,用一种实际上是生理学意义上的“社会生活的情欲”（社交与性爱）与保存生命的自卫需要来解释审美意识的本质和根源。尽管柏克在这里讲的社会生活不过是一种动物式的群居生活的抽象要求，但是，与其同时代的上述唯心主义者赫契生、休谟等人相反，他毕竟不是在空洞的“人心中”而是企图在人的物质生活和生理条件中寻求解答。19 世纪生物学家达尔文更认为审美意识本质上不过是一种生理本能，认为动物与人同样都可以具有这种感觉。他说:“美感 —— 这种感觉也曾经被宣称为人类专有的特点。但是，如果我们记得某些鸟类的雄鸟在雌鸟面前有意地展示自己的羽毛，炫耀鲜艳的色彩 …… 我们就不会怀疑雌鸟是欣赏雄鸟的美丽了”，

① 康德:《判断力批判》,第 1 节。

② 亚里士多德:《诗学》,第 11 页。

“可以有把握地说，我们和下等动物所喜欢的颜色和声音是同样的”[①]。达尔文比柏克更为片面，他只看到生物学上的人，而不理解人的社会本质，因而他只能观察到人类的审美愉快与动物的某种生物本能反应的表面类似之处，看不到两者之间本质上的区别。实际上，动物只能在自己所属种类的生物本能需要的范围之内，对一定的颜色、形状、声音起生理反应，由于满足了它们的食欲或繁殖要求而引起官能上的快感，它们不能意识到客观对象的属性具有美的意义，不能对对象产生审美的态度。现代科学已经证明，鸟类对鲜艳羽毛的色彩感觉不同于人对它的色彩感觉。人能够超越生理本能需要来欣赏自然界的种种景象，选择极其多样的羽毛、兽皮、花卉来装饰自己，这是社会生活和历史实践对人培养了审美需要的结果。

与达尔文同时代的旧唯物主义者，例如费尔巴哈、车尔尼雪夫斯基，从哲学上肯定了美感是通过感觉器官对客观对象的认识，而这种认识恰恰又是对自己的认识，即人在客观对象上看到人自身，看到了人的情感或生活，于是产生审美的愉快。车尔尼雪夫斯基说：“美感认识的根源无疑是在感性认识里面，但美感认识毕竟与感性认识有本质的区别。”“对于生物来说，畏惧死亡，厌弃僵死的一切，厌弃伤生的一切，乃是自然而然的事情。所以，凡是我们发现具有生的意味的一切，特别是我们看见具有生的现象的一切，总使我们欢欣鼓舞，导我们于欣然充满无私快感的心境，这就是所谓美的享受。”[②] 费尔巴哈说：“人的本质是在对象上面向你显现出来的，对象是人的显现出来的本质，是人的真正的、客观的‘我’。不仅精神的对象是这样，连感觉的对象也是这样的。”[③] 又说：“旧的绝对

① 转引自普列汉诺夫：《没有地址的信·艺术与社会生活》，第 9、10 页。

② 车尔尼雪夫斯基：《美学论文选》，第 54 页。

③ 费尔巴哈：《基督教的本质》，《十八世纪末 —— 十九世纪初德国古典哲学》，第 547 页。

哲学将感觉排斥到现象的范围、有限的范围内，相反地却将绝对的、神圣的东西规定为艺术的对象，但是艺术的对象乃是——在叙述艺术中间接地是在造型艺术中则是直接地是——视觉、听觉、触觉的对象。因此不但有限的、现象的东西是感觉的对象，真实的、神圣的实体也是感觉的对象。"[①] 费尔巴哈和车尔尼雪夫斯基都坚持了唯物主义的反映论，坚持了审美意识来自感觉经验，客观对象的美只有通过人们的感觉器官才能被反映被认识，这就驳斥了认为美感是主观心理功能的和谐或内在精神器官的产物的种种唯心主义的观点。同时，在德国古典唯心主义美学之后，他们也看到审美意识不只是一般的低级阶段的感性认识，而是通过感觉在对象上认识到人的本质和生活，正因为此，才产生审美的愉快感受。他们也企图将审美中的感性与理性在唯物主义基础上统一起来。但是，与一切旧唯物主义一样，他们总是在根本问题上离开了人的社会性，离开了人的具体的生产活动和历史发展，去观察认识问题和美感问题，因此就不能了解美感对社会实践的依存关系，不能科学地揭示审美意识的根源与本质，不能正确地说明审美意识作为感性与理性相统一的社会历史本质和心理反应特征。于是，他们只好最终把美感的本质归结为对生活或生命的一种抽象的眷恋。所谓生活或生命，在这里是缺乏社会历史的具体内容的东西，只是一种人本主义的抽象概念。所以，他们关于美感问题的看法，在实际上便与柏克、达尔文等人一样，归根到底，是用一种抽象的人的自然本性，实际上也就是生物学生理学的本能要求来解释审美意识的。

现代资产阶级美学其总的倾向，是对审美意识中心理活动的一些特殊的现象的歪曲、夸大，在哲学和心理学中，宣传主观唯心主义和反理性

① 费尔巴哈:《未来哲学原理》,《十八世纪末——十九世纪初德国古典哲学》,第 627 页。

主义。例如，克罗齐、柏格森、杜威等人，他们或者是把审美看作是“直觉的知识”，与概念无关，在逻辑认识之前（克罗齐）；或者是把审美看作生物的本能与环境适应的知觉经验（杜威）。在心理学领域内，弗洛伊德以性欲的升华来解释艺术的创作和欣赏，格式塔学派则以不能分析的知觉完形来解释审美对象与人的心理结构的适应等等。他们发展了唯心主义和旧唯物主义美学思想中的错误的观念和糟粕，用各种生物——生理的本能或神秘的精神力量来解释审美意识，把作为社会意识现象的人的美感的本质，降低为动物性的情欲或“提高”为上帝的光辉，这样那样地抹杀它所具有的社会的具体内容，否认它是对客观对象的认识，是社会存在的反映。

二、审美意识的历史起源

马克思主义认为，社会存在决定社会意识，社会意识又反作用于社会存在。审美意识与人类一切意识现象一样，“一开始就是社会的产物，而且只要人们还存在着，它就仍然是这种产物”①。

从反映内容说，“意识在任何时候都只能是被意识到了的存在”②，审美意识是对于审美对象的一种能动的反映，它的内容与特性归根结底取决于审美对象的存在和发展，决定于社会存在的一定发展状况和水平。从反映形式说，“五官感觉的形成是以往全部世界史的产物”③。审美意识所特有的把握现实的感性方式，产生和建立在人类社会实践的漫长历史进程的基础上。审美意识就其反映内容或感受形式来说，都不是某种动物的本能或天赋能力，而是社会实践的产物。

“人的认识，主要地依赖于物质的生产活动，逐渐地了解自然的现

①② 马克思、恩格斯：《费尔巴哈》，《马克思恩格斯选集》第1卷，人民出版社1995年版，第81、72页。

③ 马克思：《1844年经济学—哲学手稿》，第79页。

象、自然的性质、自然的规律性、人和自然的关系；而且经过生产活动，也在各种不同程度上逐渐地认识了人和人的一定的相互关系。”[①] 审美意识作为一种特殊的精神活动，它的根源与本质也只能从生产活动这一人类基本实践中探求。

人类的劳动是一种有意识、合目的的“引起、调整和控制人和自然之间的物质变换的过程”[②]。人“通过这种运动作用于他身外的自然并改变自然时，也就同时改变他自身的自然。他使自身的自然中沉睡着的潜力发挥出来，并且使这种力的活动受他自己控制”[③]。正是在改造客观自然的劳动过程中，人也改造着自己的“自然本性”，发展着人的各种能力。恩格斯说：“首先是劳动，然后是语言和劳动一起，成了两个最主要的推动力，在它们的影响下，猿的脑髓就逐渐地变成人的脑髓……在脑髓进一步发展的同时，它的最密切的工具，即感觉器官，也进一步发展起来了。正如语言的逐渐发展必然是和听觉器官的相应完善化同时进行的一样，脑髓的发展也完全是和所有感觉器官的完善化同时进行的。”[④] 就这样，在生产劳动使人脱离动物状态，逐渐发展成为社会人的同时，人的各种感觉器官也逐渐地脱离动物的自然本性或本能状态，成为具有社会性质的人的感官，而不断地发展完善起来。所以，人们通过劳动，一方面固然是改造了作为客体的自然，使自然界事物的形体、色彩、音响等等性能、规律为自己所熟习、掌握和运用，同时，另一方面又改造作为主体的自然（人本身），形成和发展着人的各种主观能力，丰富和敏锐着人的感受，不断地“使人之感觉变成人的感觉”[⑤]。正因为人的感官社会化了，人

① 毛泽东：《实践论》，《毛泽东选集》第 1 卷，第 259—260 页。
②③ 马克思：《资本论》，《马克思恩格斯全集》第 23 卷，第 201、202 页。
④ 恩格斯：《自然辩证法》，《马克思恩格斯选集》第 3 卷，第 512 页。
⑤ 马克思：《1844 年经济学 — 哲学手稿》，第 80 页。

的感觉具有了社会的性质，这就使人对事物的感知和反映与动物从根本上区别开来。

高级动物的感觉和反应也具有相当复杂的形式和高度发展了的能力，与人的心理活动和感觉能力似乎在表面上还有某些类似之处，如达尔文所指出的，某些动物对色彩、形状能作出快感反应。但实际上，它们与人的感觉、意识、心理活动始终有着本质的不同。这个不同的根源在于人的生产活动根本不同于动物的生存活动。动物的活动是出自生物本能的对自然界的消极适应，它的活动局限于满足生物本能需要的范围之内。与此相适应，动物的一切感觉和心理反应（不论怎样复杂、发达）局限于它们的生物本能的生存活动，它们只能片面地感知事物的某种符合它们生存需要的自然属性。尽管对于某一自然属性的片面感觉，由于生存竞争的需要可以发展得很敏锐很精细，却始终不能理解和识别客观事物的多面性能和本质特征。恩格斯说："鹰比人看得远得多，但是人的眼睛识别东西却远胜于鹰。狗比人具有更锐敏得多的嗅觉，但是它不能辨别在人看来是各种东西的特定标志的气味的百分之一。"①

人的感觉器官所以有此特点，正是因为它们是通过劳动和语言而形成的。语言是思想的直接现实，人的感觉在语词符号的指引下，不但能够比较深入地反映客观事物的各种性能，甚至是某些具有概括意义的性能，例如形态色彩在比例方面的变化，各个因素之间的对称、和谐等等，而且还逐渐能够直接感知这些客观性能与人的实践的各种概括关系，开始在客观事物、客观对象身上直接感知它们与社会生活、实践活动的某些联系和关系，价值和意义。这也就是在对象身上直接看见自己（某一社会、阶级、集团，下同）的生活、实践的社会内容，看到合规律性与合目的性的一致，看到自己的力量和理想，从而引起精神上的愉

① 恩格斯：《自然辩证法》，《马克思恩格斯选集》第3卷，第512页。

快和满足，这也就是审美感受的萌芽。马克思说，人不仅通过思维，而且也通过一切感觉在对象世界中肯定自己。当人能够在客观世界中直观自己本身，感到愉快喜悦即获得审美感受时，审美意识也就开始产生了。

反映着当时审美对象尚未独立的特点，萌芽状态的审美意识与其他意识当时也是未经分化的。例如，在远古，它便经常与欲念满足后的快感（如吃饱后的愉快等）交织在一起。审美感受还不能摆脱对对象的直接的实用关系和欲念要求，还不能通过对象感知较广阔的生活内容和社会意义，还束缚在感觉本身而缺乏想象、理解的自由活动。随着劳动经验的积累，社会生活的进步，特别是随着人的语言、思想的发达，人的审美感受才日益扩展对社会生活把握的能力，增添理性认识的深刻内容，获得自己特殊的本质，不断从生理快感中区别分化出来。审美意识从此得到进一步的独立和发展。

审美意识的这种发展，与在劳动基础上产生的原始艺术不可分割。在有意识的艺术活动出现以前，原始人在直接的物质生产过程中，在劳动活动、劳动工具和劳动对象以及周围某些事物和生活环境上，感受到现实对社会实践（劳动）的肯定，直观到自己的力量和生活，体验到萌芽状态的审美愉快。这种愉快一经产生，便作为一种社会需要反过来要求创造特殊对象以专门满足这种需要：与模仿劳动活动有关的原始舞蹈，与语言发展有关的原始音乐（歌），与劳动工具创造有关的造型艺术的陆续出现，便以一种物质化的形态更集中地体现着逐渐形成中的原始人们的审美意识。原始社会里的这种艺术创造发展了人们观察的能力和想象的本领，丰富了人们的情感领域和认识水平。艺术是审美意识的物质形态化的形式，它本身也是促使审美意识向前发展的重要因素。社会审美意识随着艺术的产生和发展而愈益迅速地成长发展起来。

原始艺术史提供的材料充分证明了人类的审美意识直接产生在生

产劳动的基础上，为生产实践所决定和制约。例如，原始狩猎民族在花草极为繁盛的地方却偏偏以动物为其艺术题材，不去理睬这些美丽的植物；他们的审美意识所以具有这样一种特点，便正是由于他们的"生产力状态、他的狩猎的生活方式则使他恰好有这些而非别的美的趣味和概念"[①]。所以"审美趣味的发展总是与生产力的发展携手并进的。同时，不论在这里或那里，审美趣味的状况总是生产力状况的准确标志"[②]。马克思主义者梅林也指出，审美趣味是适应社会经济状况的发展而产生和发展的。虽然人的审美趣味需要通过感官感知才能产生，但仅仅有感官的存在，并不能解释审美趣味。他说："如果一个澳洲的布希种人和一位文明的欧洲人同时听一个贝多芬的交响曲，或者是看一幅拉斐尔的圣母像，感觉的心理过程在两种情形应该是相同的，无论这过程在自然科学中是怎样说明。因为，作为自然生物，他们俩是一样的。可是他们俩所感觉到的是什么却大不相同，因为作为社会的成员、作为历史情境的产物，他们俩却大不一样。"[③]

动物作为当时人们的欣赏对象，也与它的社会功利价值有密切联系。正如普列汉诺夫所说："不能认为，野兽的皮、爪和牙齿最初之为红种人所喜欢，单单是由于这些东西所特有的色彩和线条的组合，不，……这些东西最初只是作为勇敢、灵巧和有力的标记而佩带的。只是到了后来，也正是由于它们是勇敢、灵巧和有力的标记，所以开始引起审美的感觉。"[④] 随着社会的发展，人的生活领域的扩大，作为人的审美对象才日益地丰富起来。

除了人的社会生活外，人们对和劳动生产有直接关系的自然事物，如土地、河流、庄稼等，也都发生了兴趣，这些本属于自然领域的客观对

①②④ 普列汉诺夫：《没有地址的信·艺术与社会生活》，第 37、18、12 页。
③ 转引自哈拉普：《艺术的社会根源》，第 88 页。

象，人们常常把它们当作为社会美来欣赏，带有明显和直接的社会功利观念。以后，随着人的社会生活的发展，不但对与人的劳动生产活动直接联系的对象，而且对与社会生活没有直接联系的自然美的对象，如树木、花鸟等等，也开始作审美的欣赏，产生了对自然美的审美意识。一般说来，自然美的审美意识的出现，晚于对社会美的审美意识，特别是对山水花鸟等自然风景的独立观赏，则更是在社会形态发展较高阶段上才出现的。在中国封建社会时代，较早便对自然风景进行了把握和反映。六朝的山水诗，五代、宋以来的山水画，就突出表现了这一点。西方对自然风景的美的这种把握和反映，主要是随着资本主义文明而开始的。有独立意义的风景画的出现也比较晚，大约在17世纪才可以看到。最初自然风景在艺术中一般是作为人物背景，对它的审美反映与对社会事物的审美反映还没有分家。相反，对前者的反映经常是作为对后者的反映的陪衬和补充而出现和发展起来的。只是由于以后社会生活的发展，自然风景才逐渐具有供人独立观赏的意义。至于对荒凉、怪异的自然景物的审美把握，则是更晚近的事情。总之，人们对自然美的审美反映，最终是决定于社会现实生活的发展的。“对于17世纪以至18世纪的美术家，风景也没有独立的意义。在19世纪，情况急剧地改变了。人们开始为风景而珍视风景……为什么这样呢？因为法国的社会关系改变了，而法国人的心理也跟着它们一起改变了。”①

可见，审美意识并不是像唯心主义所宣称的那样，是某种永恒不变的先天能力或“内在感官”，恰恰相反，它是对客观对象的一种主观反映形式，它是在生产劳动的社会实践的客观基础上产生出来，并随着时代历史的发展而发展和变化的。同时，另一方面，审美意识又不是像旧唯物主义所认为的那样，是某种自然本能或生理需要，恰恰相反，它是对客

① 普列汉诺夫：《没有地址的信·艺术与社会生活》，第32页。

观现实的一种特殊的能动反映。可见，审美意识的产生和发展，它的根源和本质，归根结底，取决于人们的社会物质生活，取决于人们的生产斗争和阶级斗争的历史具体的社会实践。马克思说："只是由于属人的本质的客观地展开的丰富性，主体的、属人的感性的丰富性，即感受音乐的耳朵、感受形式美的眼睛，简言之，那些能感受人的快乐和确证自己是属人的本质力量的感觉，才或者发展起来，或者产生出来。"[①] 所以，只有在客观上通过生产劳动等社会实践创造出美的对象，才可能在主观上相应地形成反映这一对象的特殊的能力和特殊的感受。

三、审美意识与科学和道德的联系和区别

从审美意识的历史起源和社会功能来看，审美意识和其他社会意识一样，是社会生活的反映。它和其他社会意识遵循着共同的规律，受着社会物质生活的支配，并能动地反作用于社会生活。作为对社会生活的一种具体的反映形式，审美意识又具有自己的特殊性质。它既和科学意识、道德意识有着密切的、深刻的联系，又有不能为它们所代替的具体特征。

审美意识和科学意识、道德意识之间的复杂的辩证关系，与作为对象的美与真善之间的关系是辩证地不可分割的。如何说明或解决美与真善的关系，在根本上制约着如何解决美的观念（审美意识）和真的观念（科学意识）、善的观念（道德意识）之间的关系。因此，美学史上许多人在研究审美意识和科学意识、道德意识的关系时，总是离不开它们对真善美这些根本问题的哲学论证。

古代的许多哲学家经常不把审美意识和其他社会意识加以明确的区别。在古希腊，与中国先秦"美善相乐"等说法相类似，美与善不分，故有"美善"之说。柏拉图把真善美统一于最高的精神 —— 理念。在西方

① 马克思：《1844 年经济学 — 哲学手稿》，第 204 页。

中世纪，神被作为真善美的最高体现者，集真善美于一身，科学、道德、艺术都是神学的婢女，因而也不可能对审美意识和科学意识、道德意识之间的联系和区别作科学的论断。托玛斯·阿奎那着重研究了人的欲求与理论认识之间的区别，把审美的观照归于理论认识的范围，从而在它与人的生理的本能的欲求之间划出了界限。这种审美观照与生理欲求之间有原则区别的思想，在英国经验主义那里得到了进一步的发展。他们把审美观照与欲求满足的区别，当作一个重要课题加以研究，断定美感不同于欲求满足时的生理快感，而是一种无利害关系的愉快。但他们并没有着重谈美的观念与真的观念之间的区别，没有着重探讨审美与科学认识的联系和区别。作为经验主义者和感觉主义者，他们把美感只归结为一种主观的愉快，从而它们的任务只是要区别两种不同的愉快（美的愉快和善的愉快）。与此不同，德国的理性主义者如莱布尼兹、鲍姆加登，认为美感只是一种特殊的、感性的朦胧的知识，因而，美感只是科学知识的一种低级形态。随后，康德企图调和经验主义和理性主义的矛盾，一方面认为对美的判断，像知识判断一样，具有普遍作用于人们的有效性质，从而批判了经验主义把美感归结为主观愉快的说法；另一方面，康德又不同意把美感归结为单纯运用概念的知识判断，承认美感具有特定的主观愉悦性，它不是客观的知性概念。康德从主观唯心主义哲学观点来区分真、善、美以及知识、道德和艺术，认为它们涉及三个根本不同的领域。黑格尔在客观唯心主义的基础上，继承并发展了理性主义的观点，把艺术（审美意识）归结为绝对精神的低级阶段。有些现代资产阶级美学在论证审美意识和其他社会意识关系问题时，充分暴露出它们的腐朽性质。例如，资产阶级学者弗洛伊德等人，强调艺术的无意识性，抹杀艺术的理性内容，从而把审美意识与科学意识绝对割裂并完全对立起来，大肆宣扬反理性主义等等。

正如从客观对象上去看，美与真是既有区别又相联系一样，审美意识与科学意识也是既相区别又有不可分割的联系的。

我们对许多自然现象，并不需要弄清楚它们的物理、化学、生物的属性以后才能欣赏，但是如果我们完全没有形状、色彩、声音和性质等由长期劳动实践所积累起来的最一般的经验知识，也就是说，如果我们的感觉、知觉没有一定经验的培养训练，它们就不可能提高到审美的阶段，对于美只能作混乱的、完全被动的反应。在一般审美感受中，我们的知觉感受，固然保持着它们生动的形象性，但其中已包含有概括的因素。从最一般的如方、圆、明、暗等观念，到树、马、人物、事件等理解，都是人们对事物的概括和理智的把握，离开这种认识和把握，便不可能对对象采取审美的态度。因为美感是在知觉和快感的反映形式下，对事物的社会本质的直接把握，而不是生理感官对对象的简单反应。人对松树的审美反映不同于感官的单纯的生理的反应，松树所给人的审美愉快，并不只是生理感官本身的和谐、快适，而是渗透着深刻的理性的因素，是具有认识的性质的。达尔文指出，在文明人那里，美的感觉是与许多复杂的观念联系着的。普列汉诺夫认为，不仅在文明人那里，而且在原始民族那里，美感同样是与其他观念结合在一起的。普列汉诺夫说："审美的感觉不仅同复杂的观念'在野蛮人那里能够联系在一起'，而且有时候正是在这些观念的影响下产生出来。"① 与复杂观念相联系的审美感受，具有认识的理性因素，与个人的生理感受或反映是大不相同的，两者作为愉快已不是数量上的差异，而是性质上的区别。

特别是对社会生活的客观规律的正确认识，在审美中起着极大的作用。只有对当代社会发展的本质规律有正确的了解和认识，才会敏锐地觉察和深刻地感受到艺术作品的重大的审美意义。在这里，审美的反映与科学的认识是有极为密切的内在联系的。审美感受所具有的能动的

① 普列汉诺夫：《没有地址的信·艺术与社会生活》，第 12 页。

反映功能和概括作用，显示了它与科学认识的这种内在的深刻联系。

但是，审美感受终究不是对现实的概念的认识，也不是对对象的自然科学的把握。审美中“这朵花是美的”的判断与科学中“这朵花是红的”的判断，在性质上是有所不同的。审美反映作为判断，比科学认识的判断，包含着更为复杂的心理因素，其中特别是包含了情感的因素。科学固然也以感性经验为基础，但是作为自然科学基础的感觉经验，相对说来，是对对象的客观的、冷静的反映。而审美感受则带有情感态度，因而它比起一般的感觉经验和理性认识，在认识过程和心理形式上，都带有自己的许多特点。在这个问题上，我们既要与非理性主义的观点划清界限，又要反对抹杀审美反映特殊性的简单化、庸俗化观点。

审美意识与道德意识的相互关系问题，在美学史上一向占有突出的地位。

一些美学家（例如18世纪的启蒙主义者）强调美感的道德作用和功利性质，经常将美感与道德感等同起来。另一些美学家（例如近代资产阶级美学）则强调美感的所谓非功利性的特点，将美感与道德和认识绝对分割开来。近代资产阶级美学，除了少数人狭隘地将审美意识从属于或等同于宗教、道德外，其主要倾向是将二者绝对分割开来。这种美学观的错误在于，抹杀审美意识的深刻的社会功能和伦理作用，掩盖当代尖锐的阶级斗争的政治、道德问题。在这方面，康德美学是强调美感非功利性的最著名的、影响最大的代表。在康德的美学中，对所谓“依存美”（包括大部分艺术）的欣赏还是包含有目的观念在内的，它是通向伦理领域的门户。而只有所谓“纯粹美”，才是绝对不掺杂任何利害观念和考虑的。他认为审美不是欲念的满足，也不是道德的活动，所以既不是生理的快感，也不是伦理的赞许，而是无功利的愉快。“在这三种愉快里只有对于美的欣赏的愉快是唯一无利害关系的和自由的愉快；因为既没有官能方面的利害感，也没有理性方面利害感来强迫我们去赞许”[①]。自康德以来，资产阶级唯心主义美学一直片面地强调这一点，尽量夸大审美意识的反映形式上的某种特点，把审美与功利绝对地对立起来，利用审美主体往往意识不到两者之间的间接曲折的联系，而将“非功利性”作为审美意识的根本特点。

前面关于审美意识的起源问题的论述已经表明，在历史上，以有意识的实用观点来看待事物，往往是先于以审美的观点来看待事物的。实用先于审美；先有社会成员的实用活动，产生人们对待事物的实用观点之后，才从中逐渐分化出人们对待事物的审美观点。也就是说，先有实践活动，产生善的观念之后，才可能分化出审美感受和美的观念，产生审美意识。所以，在最初，审美意识服务于社会实践，它的社会功利性质显得十分直接、明显，与实用观念等的功利性质混在一起而分不开来，好（善）的也就是美的。但是，当审美意识一经产生，它就开始逐渐脱离与实用观念的直接联系，相对独立地发展着，日益以自己特殊的形式来反作用于社会实践。这个由实用到审美的过渡，是社会实践和现实生活不断前进发展的结果。审美的社会功利性质的特点，实质上只是这个成果的表现。

普列汉诺夫根据原始艺术的材料，论证了这个问题。他把那种由于意识到事物的一定实用价值，或有意识地想到它作为某种有益于部落的品质的标记而引起的快感，称为“审美快感的代用品”，认为它是从实用观点过渡到“真正的审美快感”的必要的历史环节。他说：“那些为原始民族用来作装饰品的东西，最初被认为是有用的，或者是一种表明这些装饰品的所有者拥有一些对于部落有益的品质的标记，只是后来才开始显得是美丽的。使用价值是先于审美价值的。但是，一定的东西在原始

① 康德：《判断力批判》上册，宗白华译，商务印书馆1964年版，第46页。

普列汉诺夫

人的眼中一旦获得了某种审美价值之后，他就力求仅仅为了这一价值去获得这些东西，而忘掉这些东西的价值的来源，甚至连想都不想一下。”[①]又说：“当狩猎的胜利品开始以它的样子引起愉快的感觉，而与有意识地想到它所装饰的那个猎人的力量或灵巧完全无关的时候，它就成为审美快感的对象，于是它的颜色和形式也就具有巨大和独立的意义。”[②]这时的审美愉快似乎与实用功利毫无关系，个人在欣赏对象时，似乎并不考虑到或意识到任何功利实用的价值和目的，而无私地自然而然地引起感官和精神上的喜悦和满足。其实，这种所谓真正的或“纯粹的”审美感受，在实质上，仍如普列汉诺夫所指出，只是“不顾任何有意识的利益考虑而欣赏那些对种族有益的东西……”[③]“人们是不顾任何实用的考虑而喜爱美的东西的。但是，个人可以完全无私地享受那些对种族（社会）十分有益的东西。”[④]这即是说，尽管审美意识从实用观念中（如善的观念）分化独立出来以后，就其具体表现形式来说，可以表现为一种“不顾任何实用的考虑”的自由活动，它不夹杂私欲、私利的直接考虑，可以不与个人当前的实用功利发生直接的联系。但是，也就在审美意识的这种似乎是非功利的直观形式后面，根本上仍然包含着

①②③④ 普列汉诺夫：《没有地址的信·艺术与社会生活》，第145、137、125、124页。

社会的功利性质，蕴藏着较之个人直接功利目的更为广泛更为深刻的社会意义和社会内容，显示出对象与个人所属的社会集团、阶级的一定功利关系。人们欣赏美的对象时，可以不意识到任何直接实用功利目的，然而正如鲁迅所深刻指出过的那样，在美的愉悦的根底里，倘不伏着功用，那事物也就不见得美了。所以，审美意识（主要是审美感受）在这里的特点就表现为，巨大的社会功利内容和效果经由实用到审美的过渡的漫长历史进程，已沉淀在一种似乎是非实用、非功利的（如娱乐、游戏）的心理形式里，恰恰正是通过这种似乎是非实用、非功利的形式来实现重大的社会功利的目的。人们通过这种娱乐、观赏，在思想感情上得到感染熏陶、潜移默化，起了不能为其他意识形态所能代替的教育作用。它的社会功利内容和效果，是体现于比较间接的方式里，通过一种特殊的心理反应过程而达到和实现的。所以，与其说仿佛不过只是为了适应娱乐、观赏兴趣的艺术品是审美意识的非功利性的特点，还不如说这正是审美意识的功利性表现在反映形式方面的心理特点。这个特点造成了所谓“非功利性”的假象。

综上所述，审美感受的特点，归根到底，是审美对象的特点的反映。不同的对象要求不同的反映形式，决定着反映形式具有这样那样的特征，以区别于其他的反映形式。美的本质决定了审美意识是情（情感）与理（认识）的统一，决定了审美意识对现实的反映和把握所必然具有的社会功利的普遍内容和心理感受的特殊形式，也决定了审美意识对现实反映和反作用具有曲折间接的特点。

审美感受的反映特征就表现为：这种反映一方面具有伦理功利的性质，符合于和服务于一定时代、阶级、集团的利益与要求；另一方面又具有心理直观的性质，似乎是某种与抽象思维不相同的东西。就前一方面说，这种反映不仅是客观现实的复写，同时也是主观情感的判断和评价，客观认识与主观评价在这种认识中完全契合为一。就后一方面说，这种反映是长期经验积累的产物，表面上似乎是不假思索，实质上却并不是低级的感性直观，而是理解之后的感觉抽象，所以它才能揭示事物的本质，认识客观的真理。巴甫洛夫曾指出："记得结果……却忘记了自己的先前的思想的经过。这就是为何显得是直觉的原因。我发现一切直觉都应该这样来理解：人记得最后的结论，却在其时不计及他接近它和准备它的全部路程。"[①] 审美感受这种情与理、感性与理性、直观与功利相统一的反映特点，需要通过心理学的角度加以更详细的阐明。

四、审美意识的客观标准和个性差异

审美意识既具有客观的社会标准，又具有丰富的个性差异，这两个方面的复杂关系，是审美意识的一个重要问题。

审美感受离不开主观的感性的愉快，各人都有理由保持自己主观的爱好、趣味。从表面看来，这些心理特征似乎是没有什么客观标准的；我感觉到这朵花美，并不能像科学证明那样说服别人，使别人同样从它得到审美的愉快。由于这种现象，西方流传着"趣味无争辩"的谚语。一些唯心主义哲学家更加夸大和歪曲这一点，制造了许多否定审美意识的客观标准的谬论。例如休谟在哲学上否认科学知识的客观必然性，认为感觉经验不可能给予人以必然的知识，知识的普遍有效性只不过是"习惯"的结果，在美学上也认为趣味（即审美意识、审美感受）只涉及主观的感觉的愉快，因而纯粹是个人的、偶然的、不可能有客观的标准。与此不同，柏克反对休谟否认趣味客观标准的说法，而认为趣味、美感是有客观的、普遍的标准的。虽然有个别人嗜好苦、辣之味，但人们只以"甜蜜"来形容美好的事物，可见大多数人还是有共同爱好的。柏克虽然从唯物主义立场肯定了趣味的客观标准，但他只从感官生理的自然性方面解释这种

① 《巴甫洛夫论心理学及心理学家》，科学出版社1955年版，第11页。

现象，没有看到审美感受、趣味的客观标准主要在于它的社会性，因而并没有真正解决审美感受的标准问题。康德利用了旧唯物主义的不彻底性，认为趣味判断本质上只涉及主观感受（情感）的愉快与否，但外表又像是知识判断，似乎美是事物的客观属性，有客观标准，要求每个人都承认。最后，康德仍然只好将趣味判断的客观性归结为人们“先验的共同感”。从唯心主义立场出发，康德尽管揭露了审美的主观性与标准的客观性这一矛盾，却不能真正解决这一矛盾。现代资产阶级美学发展了休谟、康德的这种立场。他们甚至认为，所谓好坏、美丑纯粹是语言上的问题，所有的争论只是如何遵循语言习惯的问题，根本不存在什么客观的标准。

与这种美学和艺术观点相反，我们认为，审美意识既然是社会生活的一种特殊的反映形式，具有充实的社会内容，因而就应该有其客观的标准。同时我们又要看到，审美意识的客观标准不是绝对的、永恒不变的；它随着社会实践的历史发展，而具有时代的、民族的、阶级的特点。或者说，审美意识的客观标准，要为不同时代、不同民族、不同阶级的社会实践的具体历史内容所规定和制约。

审美意识标准的客观性及其历史具体性，可以从民族的、时代的、阶级的审美趣味、审美理想的普遍性与特殊性的联系上看出清晰的轮廓。

审美趣味虽然以主观爱好的形式出现，但归根到底，却是人们在审美活动中所表现出来的一种审美的倾向性，这种审美的倾向性正是一定的社会的审美理想的具体表现。审美理想作为美的理想，与世界观有密切的联系，直接间接地受世界观的制约，反映着人们的实践要求、愿望和需要，而最终被决定于一定社会物质生活条件。审美理想渗透于审美感受之中，主宰着一定民族、一定时代、一定阶级的审美趣味、风尚和趋向。从审美趣味、审美理想的差异、对应和变化、发展中，可以看出民族、阶级的差异和对立，看出社会生活时代的发展和变化。因此，人们就可以根据它所表现的审美倾向的历史具体内容,加以客观的判断。

历史表明,各个不同民族的审美理想,既有着客观的共同要求,又有着民族的显著差异。就一个民族内部来说,存在着审美理想上的民族共同特征是不可抹杀的事实。以人体美为例,各个民族对人体美的审美理想,经常是各从其日常生活中所常见到的体型、长度、面形、肤色等等中不自觉地形成的一种经验的标准。这一标准在这个民族中带有一定的经验普遍性质,为该民族的人们所喜闻乐见。一般说来,审美理想上的民族性,主要是来源于历史地形成的民族共同生活。正是在这种悠久深厚的生活基础上,形成了一个民族的艺术所共有而区别于别的民族艺术的鲜明的民族风格、民族特色。这种共性(一般性),在各民族的民间艺术中表现得特别显著。

作为审美意识集中体现的艺术,能否反映出审美理想上的民族特性,是关系到这种艺术的审美魅力、艺术生命力的重要问题。那种缺乏民族特色的艺术品,很难受到群众的欢迎,得到积极的评价。

肯定审美理想的民族共同性,是与承认审美理想的阶级区别、阶级标准并不矛盾的,也是同承认审美理想的时代标准并不矛盾的。普列汉诺夫曾经批判了把某种审美理想,例如维纳斯雕像或拉斐尔的圣母像所体现的理想,看作是超历史超阶级的永恒标准的资产阶级错误观点。他说:“屠格涅夫极不喜欢那些宣扬功利主义艺术观的人,他有一次曾经说:弥罗岛的维纳斯比一七八九年的原则(按:指法国资产阶级革命时的人权宣言)更不容怀疑……基督教徒有他们自己的关于女人外形的理想。这种理想从拜占廷的圣像身上就可以看到。大家知道,这些圣像的崇拜者对弥罗岛的或其他所有的维纳斯都表示极大的‘怀疑’。他们把所有的维纳斯都叫作女妖,只要有可能就到处加以消灭。到了后来,这些古代的女妖重又为白种人所喜爱。而为这一时期做好准备的是在西欧市民阶层中间发生的解放运动,换句话说,正是最鲜明地表现在

弥罗岛的维纳斯

拉斐尔《西斯廷圣母》

一七八九年的原则中的那个运动。因此，同屠格涅夫相反，我们可以说，欧洲人愈是具备宣布一七八九年的原则的条件，弥罗岛的维纳斯在新欧洲就变得愈是'不容怀疑'了。这不是什么奇谈怪论，而是赤裸裸的历史事实。文艺复兴时代艺术史的全部意义——从美的概念方面看来——就在于基督教和修道院对人的外形的理想逐渐让位给在城市解放运动的条件下产生的世俗的理想，而对古代女妖（按：指维纳斯女神雕像）的回忆，促进了这种世俗的理想的形成。……拉菲尔的圣母像是世俗的理想战胜基督教和修道院的理想的最突出的艺术表现之一，这一点是无可争辩的。"[1] 因此，普列汉诺夫得出结论："在某一时期、某一社会或某一社会阶级中占统治地位的美的理想，部分地是起源于人种发展的生物学条

① 普列汉诺夫：《没有地址的信·艺术与社会生活》，第 226—229 页。

件（这些条件也造成了种族的特点），部分地起源于这一社会或这一阶级的产生和存在的历史条件。正因为如此，这种美的理想总是富有十分明确的内容，而且完全不是绝对的、即不是无条件的内容。”[①] 在这里，普列汉诺夫指出了审美理想的社会根源和阶级的、时代的、民族的具体历史内容，反对了资产阶级一贯喜欢散布的所谓永恒的审美理想的唯心主义观点，这是完全正确的。但是，普列汉诺夫把生物学条件与社会条件并列作为美的理想的根源，则犯了形而上学和二元论的错误，他没有看到，生物学的种族的条件、特点只能在一定的社会历史条件的制约和支配下，才能进入审美领域，成为审美理想的条件。

审美理想的时代性、阶级性，从艺术发展的历史中可以得到鲜明的验证。例如，在法国路易十四君主专制政体的极盛时期，占社会统治地位的审美理想表现为追求贵族阶级的“高贵”“崇高”“庄严”“荣誉”，古典主义成为时尚，帝王将相的古典悲剧和以勒・布朗为代表的绘画成为这一阶级审美理想的体现；随着贵族阶级的衰败，放浪淫荡、游手好闲成为他们生活的特色，这一阶级的审美理想也就由崇高转向愉快，到处追求着“雅致”、细腻和官能享受。同时以人体美为再现对象的作品，例如称为时代骄子的蒲歇的绘画中的裸女，画家对人体的描写夸张什么，与前辈画家的趣味有显著差别。与之相对立的，则是正在兴起的新兴资产阶级的审美理想，即狄德罗等所大力鼓吹的“道德的艺术”。资产阶级的审美理想的先后变化和彼此交替，也鲜明地表现了这一阶级由上升而下降的历史行程。例如，在绘画方面，由古典主义的大卫画派，到德拉克罗瓦的浪漫主义，经由库尔培的批判现实主义，走到莫奈等人的印象派，直到今天的各种现代派，便深刻地反映了这一点。在中国，由文艺史上所反映出来的审美理想的变化，例如在敦煌壁画和麦积山塑像中，由北魏的

① 普列汉诺夫：《没有地址的信・艺术与社会生活》，第 230 页。

敦煌壁画

麦积山塑像

秀骨清相到唐宋的丰满肥腴，美的理想便随着时代、阶级的不同而有所不同。鲁迅曾对魏晋风度与当时社会状况、政治斗争、封建文人的生活方式的关系作过精辟的分析，指出由汉末魏初曹氏父子的“清峻、通脱、华丽、壮大”到晋代阮、嵇的狂放、高逸，再到晋末“田园诗人”的平和、自然，都是与社会政治状况、生活风尚的变化密切相关的。由此可见，不同时代不同阶级便具有不同的审美理想，以服务于他们阶级的不同利益。同一阶级在上升时期和没落时期的审美理想，也是有发展变化的。就是一些自然事物，由于人们时代阶级的不同，审美理想的改变，作家的着眼点不同，它们的艺术形象也大有改变。

审美感受的个性差异，趣味、爱好的多样性，普遍存在于艺术的史实里。以南宋画家而论，人称四大家的李唐、刘松年、马远、夏圭，继承了五代、北宋的荆浩、关仝、董源、巨然、李成、郭熙诸大家的传统，但是基于各自不同的生活感受与兴趣、爱好的个性差异，他们没有被传统所拘束，在取材、结构和意境等方面具有各自不同的创造性。李唐名作《万壑松风》，夏圭名作《长江万里》，从复制品上也不难看出，在笔墨等方面的一致性与差别性，是一望而知的。李唐和夏圭之于山石的皴法，都善用“大斧劈”，显示着山石锋棱的峭利，然而至少可以看出，前者与后者艺术风格方面的显著差异。山水画是这样，人物画也是这样。如果把大家所熟悉的梁楷的《李白行吟》或《布袋和尚》，与同是南宋画家刘松年的《醉僧》或李迪的《风雨归牧》相比较，至少可以看出笔法方面的显著差别。南宋的文学特别是词，和绘画一样继承和发展了唐、五代、北宋的成就，名词人在同时代的词人中，形成了个人与众不同的差别。苏轼那人们所熟悉的《念奴娇·赤壁怀古》，在笔墨方面的特征，可能使人联想到李唐南渡前的名作《万壑松风》，气势雄伟，奇拔大方。苏轼的词作，对前人词作的婉转流丽有所继承，一扫《花间集》那种脂粉气和柔靡风。人们往往着眼于气派，把后来者辛弃疾与苏轼并提，但文学史家并不因此忽视两人在审美个性上的差异。

从上面的论述还可以看出，“趣味无争辩”虽然接触到审美感受中的一些片面的现象，但总的来说是不符合客观事实的。事实上，在生活中，在艺术中，几千年来，一直在进行着激烈的争辩。不同时代不同阶级的人们无不在为拥护自己的审美趣味而进行着顽强的斗争。任何一种审美理想，都可以从其产生的社会条件得到说明，就一定民族、一定时代、一定阶级的审美理想来说，都有其普遍性的一面，都可以从其所反映的社会存在中找到衡量它的客观标准；同时审美理想既然随着社会实践的发展，社会存在的不同而发生变化和相互区别，因而也就不存在什么永恒不变的、绝对的标准，而只能是历史的具体的标准。只有依据历史唯物主义观点，依据社会的客观发展规律，才能科学地解决趣味的标准问题，才能真正掌握审美意识的客观社会标准。

马远《踏歌图》

李唐《万壑松风》

梁楷《李白行吟》

刘松年《醉僧》

但是，在肯定审美意识的客观标准的前提下，并不能否认审美感受的个性差异。上面已经说过，审美对象具有具体形象性的特征，审美反映不能脱离具体的、感性的形象，它不是生活本质的赤裸裸的概念式的把握，而是本质和现象相统一的把握，因而在审美感受的具体的、感性的经验中，自然带有现象的丰富性和经验的偶然性。审美反映要求现象与本质、偶然与必然、个性与共性的高度统一，但并不排斥现象、偶然和个性。相反，审美反映区别于科学意识、道德意识的重要特征之一，正在于它是在人们感性经验的个别性之中表现出时代、阶级的普遍性，在经验的偶然性中表现出客观的必然性；在本质上它具有社会的历史的客观标准，在现象上它又具有丰富的个体经验的特征。强调审美趣味的历史的、社会的客观标准，并不否认审美趣味由于个人条件的不同而形成的差异性。社会生活本身是丰富多彩的，审美对象的具体形象是变化多端无比丰富的，同一阶级的各个成员的生活经验也是既有共性又有个性的。由于个人的生活经验和审美经验的不同，形成了个人独特的审美趣味。审美趣味有千差万别的个性，这种彼此不尽相同的趣味的差异性和偶然性，受阶级的共性和必然性所制约，它是阶级性的一种特殊的表现。可是它也不因为阶级的共性而互相等同，假如没有这种个性的差异，也就没有共性。正是在个性和偶然性的丰富性中，在千差万别的趣味爱好中，存在着普遍必然的社会的历史的客观标准。

既然审美趣味是以主观爱好的形式体现对客观事物的认识和评价，那么人们在丰富多彩的美的形态中，就有着广阔的选择对象的自由，趣味判断不是赤裸裸的道德概念，爱好不能强制，它是在自由方式下体现着一种普遍的必然性。趣味判断的主观愉悦性和社会必然性是不可分割的统一体，因而承认这种差异性同时也是对于其一致性的具体肯定。

现代资产阶级美学曾从心理学方面对审美个性问题作过一些实验观察。例如，迈也尔根据布洛对色彩审美属性的分类，把音乐的听众也分成四种类型：第一种是客观的，如专业的音乐家常常对作品技巧上的特点特别敏感；第二种是主观的，以音乐对主体产生生理或情绪的效果为特点；第三种是联想的，这种人常常联想到一些有关的情景、事件或人物；第四种为类型化的（或性格的），即对音乐作各种悲痛的、快乐的等性格类型的感受。迈也尔认为，在这四种类型中，客观类型太冷静，主观类型太激动，联想类型则常常容易带较大的偶然性，只有第四种（类型）才是真正审美的。另外，也有人指出审美知觉中的综合型更多地偏重于对象的概括的形象感知，而分析型则更多偏重于对象的意义的理解；主观型伴随着更多的情绪色彩，客观型则更多冷静地感知对象等等。同时，还有人根据身心在审美反映中的不同倾向和特点，把审美个性划分为“客观型”与“参与型”、“知觉型”与“运动型”等等。这些材料记录了很多经验现象，在描述审美个性差异方面有一定的参考价值，但由于它们的实验方法并不科学可靠，他们的理论大多又是主观唯心主义的，从而往往对这些现象作出了种种武断的、歪曲的解释。著名的生理学家巴甫洛夫依据高级神经活动生理学的研究，以第一或第二信号系统的相对优势或均衡划分为艺术型、思维型与中间型，对研究审美反映中的个性差异也有一定的参考价值。

与资产阶级实验美学不同，我们认为，审美反映的个性特征是不能简单地归结为感官生理的原因或笼统地来加以分类，应该看到其中有多种的原因和因素。首先，客观世界的多样性决定了人的感觉的丰富性，而审美感受又是不脱离感觉的一种特殊的意识活动，因而感官的生理特点，的确也影响到审美感受的特点。审美感受以视听两种感官为主，而在这方面并不是每个人都一样的。在这里，先天的条件特别是后天的训练都起着很大的作用。先天失明的人无法有绘画的感受，先天失聪的人也无法有音乐的感受。对绘画和音乐的敏感程度，与人的视听器官的先天的敏锐程度有关，而后天各人生活条件和经验的不同，对感官的培养、锻炼的不同，更现实地形成各人具有不同的审美能力。审美能力是个人所具有的与进行审美活动相关的主观条件和心理能力。例如，一个人的听觉具有对于曲调、节奏、旋律、和声的敏感是从事音乐创作和欣赏活动的能力的标志；视觉对于形体、线条和色彩的美的敏感是从事绘画创作和欣赏活动的能力的标志等等。这些个人的能力的产生、发展和形成，虽然和人们的生理和心理的素质有关，但在本质上是人类长期历史发展的产物，也是个人在生活中和审美活动（特别是艺术欣赏活动）中长期受到教育和训练的结果。

其次，决定审美感受的差异性的，除了感知形象的个性差异外，还有理解内容的个性差别。人们对事物的态度，是由长期生活经验培养起来的，每个人的具体生活经验各不相同，因而对待事物的具体态度——如选择、敏感、注意、侧重、记忆、怀念等就可以有所不同；从而他们在审美中的想象、理解以至情感反应也有所不同。例如，阅读《红岩》《红旗谱》等以革命历史为题材的小说，可以使人受到深刻的教育，但对于有过相应的斗争经验和没有斗争经验的人来说，其感受仍会有所不同。

《红岩》图书封面

《红旗谱》图书封面

心理能力和生活经验的统一所构成的个性差异，还表现在人们各不相同的审美活动中的心理特点和观察、思维的方式。例如，在审美感受中，有人善于捕捉对象的细致的变化，有人侧重注意它与周围环境的联系，有人在感受的同时已经渗入想象和幻想等等。这样一些特点，特别在艺术家的审美活动中表现得更为突出。此外，审美感受的个性差异，还表现为个人受特定条件下的情感、机体生理情况的影响。例如，对同样的对象，由于心情不同而感受不同，由于身体健康情况不同而感受不同等等。可见，在肯定审美意识必然反映一定社会、集团、阶级利益的原则下，根据审美反映中的个性差异这一特征，并不排斥审美趣味中的主观选择和偏爱现象。由于个人生活经验的不同，思想情感相对偏重的不同（如思维型与艺术型），爱好兴趣以及性格气质的不同，审美能力、艺术素养的特点的不同，在一定范围内，人们在审美活动中便会有个人不同的偏爱，也可以保持个人的偏爱。人们不只可以更喜欢看绘画，可以更喜欢听音乐，也可以更喜欢不同形式的风格流派的绘画或音乐。人们可以更喜欢李白，可以更喜欢杜甫，也可以更喜欢李白或杜甫在主题、题材方面很有独特性的某些作品。但是，趣味的丰富性和规律性是统一的。不能用偏爱来肯定个人落后、不健康甚至是反动的趣味。审美感受的社会阶级的本质，总是要通过个人主观的感性爱好来表现的。假如离开了各人不相雷同的独特的审美感受，那么审美意识的客观规律也就不能存在。这就是说，如果审美主体没有个性，审美感受的丰富性也就不能存在；同时，如果否认个体的审美感受的客观的、社会的标准，把它看成纯粹主观的、个人的、随意的东西，也不可能正确理解个人的审美意识对他的社会地位的从属性的共性。个人生活在社会之中，一方面有其个人独特的生活经验，同时在这些经验的偶然中，又必然受着社会的客观规律的制约。从而，审美感受的个性差异与审美感受的客观标准是统一的，审美意识的具体的心理活动与审美意识的普遍的社会本质是统一的。

第二节 审美感受的心理形式

如本章开头所指出，审美意识作为广义的美感，包括了审美意识活动的各种表现形态、各种审美形式。但是，审美意识的最基本最主要的形式，则是审美感受（或称审美情感），即狭义的美感。审美感受是其他审美反映形式的基础。不但像人们的审美理想、审美趣味等等，是直接在大量的审美感受的基础上经过逐渐概括和集中而形成的，就是文艺批评、艺术理论也与人们对一定的艺术作品的审美感受有关，经常是对这种审美感受的理论分析和说明论证。所以，审美意识区别于其他社会意识的本质特征，主要是由审美感受的本质特征所规定和制约的。对审美意识的反映特征和心理形式的研究，可以说主要是对审美感受的研究。

审美感受是一种由审美对象所引起的复杂的心理活动和心理过程。在这个过程中，不仅由于审美主体的各种复杂的心理因素以及它们之间的相互作用，而且也由于审美主体本身受着种种个体的特殊条件（例如生活经验、世界观、心理特征的个性等等）所制约，因此这种心理活动的结果，便不是客观事物简单的、机械的复写和模拟。

关于审美感受中的各种心理因素、心理过程以及它们之间的复杂联系，限于心理学的科学发展水平，现在还很难作出十分严格的科学分析和论证。一般说来,可以肯定的是,感觉、知觉、想象、情感、思维,是审美感受中不可缺少的几种基本心理因素。下面将对这几种不同的心理因素,及其在审美感受的过程中的关系加以考察。

一、感觉

审美感受产生于审美主体与审美对象的相互作用中。因此,首先要考察审美主体通过什么来与审美客体发生联系。

我们知道,感觉是人的一切认识活动的基础,是客观事物在人的头脑中的主观映象。客观事物自身具有多种多样的感性状貌,如各种色彩、声音、形状、硬度、温度等。感觉就是对事物的这些个别属性的反映。列宁说:"不通过感觉,我们就不能知道实物的任何形式,也不能知道运动的任何形式。"[①] 审美感受和其他形式的认识活动一样,必须以对审美对象的感觉为基础;只有通过感觉,审美主体把握了审美对象的各种感性状貌,才可能引起审美感受。审美感受中其他一切更高级、更复杂的心理现象,如知觉、想象、情感、思维等,都是在通过感觉所获得的感性材料的基础上产生的。

关于感觉在美感中所占的地位,美学家们有很大的争论。快乐派的美学(如格兰·阿伦、马歇尔等人)比较强调感觉的苦乐因素在美感中的作用。形式派(如洛絮·佛莱)则坚决否认这点。实际上,感觉因素在审美感受中能起一定作用,这种作用与生理快感的关系比较密切。实验美学的材料证明,对单纯颜色可以有快或不快的不同感觉,如红色与绿色对视神经的刺激反应便很不一样,并随年龄、性别等等而有所差异。这些无疑在审美中将起一定作用。所以,应该承认审美感受的愉快与生理快感有一定的联系。对生理机构的适应满足与对社会需要的精神享受

① 列宁:《唯物主义和经验批判主义》,《列宁全集》第14卷,第319页。

可以有内在的相互渗透和联系。日常语言中审美愉快与生理快感就经常彼此交错，混为一谈（美味、美食），也反映了这一点。所以完全否认感觉生理因素在美感中的作用，像黑格尔那样纯粹用理性原则来解释感觉，连单纯音调的美也完全归结为整齐统一的理智认识，倒是一种轻视感性的唯心主义的偏见。

感觉所具有的生理快感虽然和美感有一定的联系，但是不能过分夸大这一联系。感觉的生理快感因素在美感中的作用是相当次要的。即使同一对象（如色彩）所引起的愉快，也应慎重地区别其中的快感和美感的不同因素。在审美中，某个色调、音调的感觉所以有快与不快，某种质料（如木、石、水墨、水彩）所以具有不同的感觉特色，主要不是单纯的生理感受所造成的。

在各种感官中，主要是视、听两种器官发展成为审美的官能。从这里可以看出审美活动具有不同于低级生理感觉的理性性质。心理学证明，光有视觉、听觉而失去触觉、味觉（特别是触觉）时，对象似乎是一种只可理解而不能肯定的虚幻的存在，即缺乏一种对世界的最直接的感性经验的确证（儿童最初是以触觉来感知和认识世界的）。但如光有触、味、嗅觉而失去视、听（特别是视觉），如果不凭借教育（思想语言）的帮助，对象则变得混浊一片而不可理解了。车尔尼雪夫斯基说："视觉不仅是眼睛的事情，谁都知道，理智的记忆和思考总是伴随着视觉，而思考则总是以实体来填补呈现在眼前的空洞的形式。人看见运动的事物，虽则眼睛本身是看不见运动的；人看见远处的事物，虽则眼睛本身看不见远处；同样，人看见实体的事物，而眼睛看到的只是事物的空洞的、非实体的、抽象的外表。"[①] 触、味、嗅觉感受的对象范围较狭小，往往引起直接的生理反应，更多地与对世界的感性认识有关，而视觉、听觉的感受范围则

① 车尔尼雪夫斯基：《生活与美学》，第 53 页。

更为广泛，有着更大概括的可能，从而更多地与对世界的理性认识有关，与人的高级心理、精神活动有关，它们具有更多的理解的功能，具有更明显的社会特点，更善于去把握、反映客观世界的本质，以达到更深入的认识。因此，视觉、听觉就成为审美感受的两种主要官能，形成为“感受音乐的耳朵、感受形式美的眼睛”。

虽然视听感觉是审美中最主要的，但其他的感觉和分析器也仍然具有一定的作用。例如，在欣赏自然风景时的嗅觉、温觉，在欣赏雕塑绘画时的触觉分析器等等，便仍在不自觉中起作用。此外，其他感觉在视觉、听觉的帮助下，也可以形成审美感受。例如，将祖国土地的抚握，对家乡泉水的品尝，都是在视听感觉和想象、理解的帮助下，得以产生的某种审美感受。

二、知觉

在反映事物个别特性的感觉的基础上，形成了人们对现实中客观事物、对象和现象的知觉。知觉的主要特点在于，它不只是反映事物的个别特性和属性，而是把感觉的材料联合为完整的形象。知觉以感觉为基础。要知觉一朵红花，必须首先感觉到花的颜色和形状、姿态等个别特征，感觉到的客观事物的个别特征愈丰富，对该事物的知觉也就愈完整。

人的审美感受，总要以知觉的形式反映客观事物。也就是说，客观事物是作为整体反映在审美主体意识之中的。人通过大脑的作用，依靠多种分析器的共同参与，才能够反映客观对象多种多样的特征和属性，并产生综合的、完整的知觉。不仅在欣赏某些艺术作品时是如此，就是在欣赏自然风景时，也往往需要多种分析器的联合活动。在文学作品的欣赏中，虽然对文字的视知觉所占的地位并不重要，但是文学形象所激起的美感，却是建筑在回忆的表象的基础之上的，而表象实质上又是知觉在记忆中概括的保留和复现。因此，在这个意义上说，审美感受始终脱离不开知觉因素。

人的知觉，是在社会条件的直接作用和影响之下形成的。在某种程度上，知觉需要由已往的知识、经验来补充。人们过去的经验所形成的暂时联系，在对当前的刺激物的分析综合的心理活动中起着重要作用；它影响着知觉的内容。没有过去的经验，对客观对象的感觉便很难构成完整的知觉。主体的经验、知识、兴趣、需要对知觉都有或大或小的作用和影响。不同的人对于同一对象的知觉往往是不同的，甚至同一个人在不同时间地点的条件下，由于主观情绪状态的差异变化，对于同一对象的知觉也可能是不一样的。例如“青纱帐”，在战争环境里与在和平环境里，人们对它的感知就不一定相同。因此，人的知觉就不再是对自然环境被动的生理适应，而是对社会环境的能动反映。有目的有意识的、比较持久的对客观对象的知觉，便是观察。

因为客观事物无比丰富，人总是经过识别有选择地以少数事物或事物的某些方面作为知觉对象，对它们知觉得格外清晰。这种选择性随着人们长期的经验和习惯固定下来，并经常处于不自觉的状态之中。审美中的知觉也具有特定的选择性，它经常抑制对于对象其他方面的反映，而突出地选择、感知对象的某一个方面。在审美中，知觉经常充分停留在对象本身上面，让对象本身的现实的感性形态获得充分的注意和观察，让对象的形体外貌、形式结构、色彩线条获得充分的揭示和暴露。所以，一个画家对一棵树的审美知觉，可以充满许多为常人所忽略的精细的形象内容。画幅所以需要有画框，戏剧所以需要有舞台，审美上的原因之一，便是为了让知觉能集中在对象的一个方面，把知觉的别的方面（如知觉到画幅不过是一块胶布，剧中人不过是扮演出来的）暂时抑制下去。初到一个陌生的地方，或者在很熟悉的地方突然换一个角度看景物，之所以有时也可以产生一种使自己觉得惊异的、新鲜的审美感受，原因之一也正在此。正由于知觉的有所选择，它才不是一种被动的感觉。

总括审美中知觉的活动和特点，首先是它特别注意选择感知对象的形象的特征，使知觉中的感觉因素得到高度兴奋，使对象的全部感性丰富性被感官所充分感受。其次，在审美活动中，知觉因素是受着想象的制约的，想象以各种联想方式加工和改造着知觉材料。在审美感受的心理活动过程中，就一般情况看来，知觉先于想象，但知觉和想象互相作用着。或者是特定的知觉引起特定的想象，或者是特定的想象促进了知觉的强度。

三、联想、想象

联想是在审美感受中的一种最常见的心理现象。审美感受中的所谓见景生情，就是指曾被一定对象引起过感情反应的审美主体，在类似的或相关的条件刺激下，而回忆起过去有关的生活经验和思想感情，这是联想的一种表现形式。联想本身也具有多种形式，一般分为接近联想、类比联想和对比联想三种。它们在审美感受的想象活动中，都有着重要的作用。

接近联想是甲、乙两事物在空间或时间上的接近，在日常生活的经验中经常联系在一起，形成巩固的条件反射，于是由甲联想及乙，而引起一定的情绪反应。如果可以认为，“巴东三峡巫峡长，猿鸣三声泪沾裳”是猿声触动了人的哀愁，而“两岸猿声啼不住”“风急天高猿啸哀”“寒猿暗鸟一时啼”是人对自然的情绪的对象化，那么，可见引起社会的人的情绪的变化，或表现人的特定情绪状态，接近联想是起了特定作用的。猿猴声或鸟声与人声有接近之处，这样的接近联想，如同类比联想、对比联想一样，是文艺创作的“赋比兴”的心理条件，在审美感受中有其重要作用。

类比联想就是一件事物的感受引起和该事物在性质上或形态上相似的事物的联想。例如，艺术作品中用暴风雨比喻革命，用雄鹰比喻战士，便都是运用了这种联想。暴风雨与革命本不相干，但人们在暴风雨的摧枯拉朽的气势中看到了与革命的类似之处，所以，诗人用暴风雨象征革命，人们觉得是合适的。在一般用语中，这种联想运用得很广泛（如风在叫，太阳出来了等等）。审美感受中这种联想的特征，是它那由此及彼的推移，以感情为中介，从而具有更浓厚的情感的色调。“假如诗人看出海的啸声和人们的吼声相似，诗人从明亮眼睛中看见闪电的光辉，从树林发出的声音中听到诉泣，从美妙生动的风景画中看到微笑等等，那么，在实质上这不过是相似的联想，但这种相似不过不是由理性揭露的，而是由人的诗意情感揭露而已”，“两个表象联系着，正由于它们二者在我们心中引起相同的内心情感”①。

类比联想比接近联想有着远为广阔的领域，客观事物、现象间的各种微妙的类似都可以成为这种联想的基础。例如，爱森斯坦等人谈到的色彩、声音、形体之间的各种联系，又如由感觉器官内在联系所形成的各种“联觉”：如视觉可以唤起触觉、温觉、听觉，高的声音与亮的光线或低声与黑暗的生理心理的内在联系等等。正是这种种联想，大大扩充了审美感受中的知觉意义，使其感觉因素随着这种种想象而具备了丰富的内容。因此，我们在对象的感性形态中就不是被动地、简单地只感到某种物质材料，如声音、形体、色彩，而是通过它们，也许可以说是间接地看到了更多的东西，感到更多的意义和价值。由于客观事物之间的这种类似常常是曲折隐蔽的，这种联想也就常常更为错综复杂，比起接近联想来，就具有更为广阔和不确定的性质，甚至是人们不一定能自觉意识得到的（例如红色的热烈激动，绿色的安详宁静；直线的坚硬感，曲线的柔和感等等，人们习以为常而不自觉）。它更多地依靠人们想象能力去感受它，去发现它。艺术家们在这方面常常表现出特殊的本领；他们能依据很平常的感性对象联想和想象出许多丰富深刻的东西出来。唐人“云想衣裳

① 乌申斯基：《人是教育的对象》第 1 卷，第 253、244 页。

花想容”这样的诗句,可以当作类似联想的例证。

对比联想是一种由某一事物的感受引起和它相反特点的事物的联想。它是对不同对象对立关系的概括。在艺术中,形象的反衬就是对比联想的运用。

人在反映客观事物时,不仅感知当时直接作用于主体的事物,而且还能在头脑中创造出新的形象,即是没有直接感知过的事物的形象。这种特殊的心理能力,称为想象。

想象这种心理能力,是人类在长期的劳动实践过程中逐步发生和发展起来的。马克思说:“劳动过程结束时得到的结果,在这个过程开始时就已经在劳动者的想象中存在着,即已经观念地存在着。”[①] 正由于人有这种想象的能力,人的有目的的创造性劳动才成为可能。

想象与记忆有密切的联系。没有记忆就没有想象,想象凭借着记忆所供给的材料进行活动。它是在人的头脑中改造记忆中的表象而创造新形象的过程,也是过去经验中已经形成的那些暂时联系进行新的结合的过程,所以,它虽然具有很大的创造的性质,但实质上仍是对现实反映的一种特殊形式。人不能想象在客观世界中没有任何客观根据的事物。不管是人首蛇身或神话世界,都只是现实世界中的事物在头脑中的特殊的组合。想象具有形象的特点,并经常与人们实践活动中的一定的需要、愿望和情感相联系。

想象是一个具有广阔内容的心理范畴。但是艺术创作、艺术欣赏活动的想象,与科学的想象是有区别的。审美中的想象,包括观赏风景的各种审美活动中的想象,区别于工程设计等科学研究中的想象的特征之一,是不带直接的功利目的,并伴随着爱或憎等等情感,与情感互相作用着。例如杜甫的《对雪》中的名句,“瓢弃樽无绿,炉存火似红”,瓢里没有

① 马克思:《资本论》,《马克思恩格斯全集》第23卷,第202页。

酒且不说，分明没有火而又觉得炉中似乎有火，这种幻觉的产生，是诗人发挥想象的结果。而这种想象活动的引起，既与他的记忆相联系，也是此时此刻的诗人感到孤独和贫困的情绪状态所促成的。制造火炉的设计当然也需要想象，但它恰恰不满足于构成幻象，而是紧紧和怎样才能发热的功利目的结合着。

按照想象内容的独立性、新颖性和创造性的不同，前人把想象分为再造性想象和创造性想象两类。再造性想象是主体在经验记忆的基础上，在头脑中再现出客观事物的表象。创造性的想象则不只是再现现成事物，而能创造出新的形象。不论是艺术创作还是艺术欣赏，一切审美活动总需要有所发现，有所增添，才能产生新鲜的愉快的感受，所以它经常总是既熟悉又不熟悉的，也就是再造性想象与创造性想象的结合和统一。

人们的联想和想象活动与他的生活教养、经验密切相关。各种形式的联想和想象是建立在人类特有的高级神经活动的基础上的，而其内容则是社会生活的复杂联系的能动的反映。联想和想象是能动的，却不是纯主观性的；是自由的，却不是任意性的。联想和想象，不论自觉或不自觉，总是受着客观对象本身的要求所规定和制约。它必然地指向一定的方向，这样才能达到对于对象的审美素质的真正把握。

想象在审美中具有重大作用，成为审美反映的枢纽。早在18世纪，即有美学家认为审美中感觉并不重要，“想象”的愉快才是审美的特征。当时的哲学家都注意过表象本身之间的各种联系，许多著名的作家艺术家对此也有过不少生动的表述。审美所以能使人透过对某种对象形式的知觉，直接去把握它的深刻的内容，产生认识与情感相统一的观照态度，主要是凭借和通过审美中想象活动来进行和实现的。

现代格式塔心理学派在美学中绝对否定联想的作用，只强调视知觉的“完形”。这样，它实质上便导向了一种神秘的形式主义，即认为对象的美是因为在形式（主要又是线条结构）上有一种符合于主观生理心理结构的形，而一笔抹杀了对对象感性形式的知觉所引起的具有社会内容的丰富的联想。实际上，没有想象或联想，便不能唤起特定的情感态度，也不能产生特定的审美感受。

四、情感

审美感受的一个突出的特点，是它带有浓厚的情感因素。

情感是人对客观现实的一种特殊的反映形式，是人对客观事物是否符合自己的需要所作出的一种心理反应（感觉、知觉、记忆、思维等，都是对客观事物的一种认识活动）。跟认识过程不同，情感和情绪不是对客观对象本身的反映，而是对对象与主体之间的某种关系的反映。所以它表现为对待客观对象的一定的主观（肯定或否定的）态度。这种态度与人的活动、需要、要求以至理想，亦即与人的利害有密切的联系。对象与主体需要的不同关系产生不同的情感，不同的情感又驱使主体采取不同的活动，以符合主体的要求和需要。与动物的情绪不同，人的情感是社会历史的产物，具有社会的内容和社会的意义。情感和其他心理能力一样，是在人的长期劳动实践中产生和发展的，并且对实践起着反作用。列宁曾经说过：没有“人的情感”，就从来没有也不可能有人对于真理的追求。

在审美活动中所产生的情感活动，有时也被称作审美快感；但这容易与生理快感混为一谈。生理快感不过是由生理欲望和冲动得到满足而引起的身心快适，它在本质上是物质性的，而不是精神性的。审美快感则是一种精神的愉悦，它要求的是所谓“赏心悦目”，而不是物质情欲的发泄。因此，它是人的一种高级的情感活动。

审美中的情感活动，以对审美对象的感知为基础。一般说来，主体的情感活动与对象的感性形式是密切联系着的。在审美中，审美对象引起的感觉、知觉、表象本身就带有一定的情感因素，而在知觉、表象基础上进行的想象活动，更推动情感活动的自由地扩展和抒发。所谓“登山则情满于山，观海则意溢于海”，就是对古人的审美中情感活动伴随对对象的感知而展开的描述。这也就是“情景交融”的境界。在我国古代的诗论和画论中，对于审美中的这种“情”与“景”的关系问题，有着大量的记述，并把它作为衡量艺术作品的艺术性的一条重要标准。王夫之在他的《姜斋诗话》中说：“情景名为二，而实不可离。神于诗者，妙合无垠。巧者则有情中景，景中情。”又说：“夫景以情合，情以景生，初不相离，唯意所适。截分两橛，则情不是兴，而景非其景。”人们在欣赏艺术作品时，不但感知着作品所描写的景物形象，而且感受着体现于这景物形象中的艺术家的情感体验，从而引起人的共鸣。“昔我往矣，杨柳依依；今我来思，雨雪霏霏。”（《诗经·采薇》）在这短短四句诗中，杨柳飘扬与雨雪交加的景，跟离乡远戍和凄凉归来的情交织在一起，读者从那对杨柳和雨雪的描绘中，感受到诗人的情感的波动，不知不觉地进入诗的境界，深深受到诗情的感染。

审美情感虽然总的说来是从美的享受中得到的愉快，但其内容并不是单一的，而是依据审美对象内容的不同而引起不同的情感态度。悲剧所引起的快感与对剧中人物的情感态度（如同情等）不可分割，它与喜剧所引起的快感例如笑，在本质上便不相同。优美的抒情小调与雄壮的进行曲，其唤起的情感体验也有显著区别。

如前指出，情感是客观对象与自己的关系的主观反映，是主体对待客体的一种态度，因而随着立场观点诸主观条件的不同，随着主体与对象的客观利害关系的不同，具体的情感也有所不同。人们的社会阶级性，在个人生活和教育的不同个性的作用下，渗透于其情感的心理深处的表现形态十分复杂。在人们的日常审美感受中，经常不自觉地表现了种种阶级倾向，就是同一审美对象，对不同时代、不同阶级的人们所唤起的情感态度，既有联系的一面，又有差别的一面，但它在审美感受中都起着重要作用。

五、思维

在审美感受中，思维的地位与作用以及思维活动的形式如何，是一个有争论的问题，因而是一个更需要继续探讨的问题。

思维是一种在感觉、知觉、表象等感性认识基础上产生的理性认识活动，它是通过概念、判断、推理的形式对现实所作的概括反映。它反映的不是客观事物的个别特征和外部联系，而是客观事物的内部联系。人们通过思维达到对事物本质的认识，因此，和感觉、知觉、表象等对客观事物的直接的感性反映比较，它是更深刻、更完全也可说是更高级的反映。

思维在审美中是有着重大作用的。审美作为艺术地掌握现实的一种方式，即认识和反映现实的一种特殊的形式，具有一般认识功能，能够揭示客观事物的本质。思维是审美中不可缺少的组成部分，不但像再现性强的艺术经常需要经过一定的概念（如绘画、电影）进行审美欣赏，就是一些再现性较弱而表现性较强的艺术（例如建筑、音乐、图案画），如果要获得真正的审美效果，仍需思维活动在其中起作用。这包括人们过去的认识成果和文化修养（例如对音乐的知识）在起作用，只是人们往往没有意识到这种作用罢了。正是思维在审美中规范知觉、想象的趋向，前者渗透融化于后者之中，人们才能不只是看到对象的感性形态自身，而且通过它获得了对生活的广阔的理解、认识，达到对对象的深刻把握；艺术家才能把许多个别的特殊的感觉材料集中、综合，概括为典型形象，揭示客观事物的本质特征。这样，审美感受才不是一种低级的感性知觉，或一堆空幻的主观想象，而是富于深刻认识内容的对生活的能动反映。形式派美学家，像贝尔、洛絜·佛莱等人完全排斥概念的因素，强调对线条作纯粹形式的反应，认为只有这种反应才是真正的美感，说“对再现的任何贡献都是艺术的损失”等等，实质上便把审美中丰富的现实内容剥夺掉，把审美的不可分割的各种因素抽象出来加以排除，把审美感受与人们的其他活动，特别是人们长期积累起来的认识成果和认识功能隔绝开，把审美感受空洞化和神秘化了。

但是，另一方面，又必须看到在审美中的思维活动的特点。这种特点从现象形态上看，表现为一种似乎是不经思索地直接达到对审美对象的理解。所谓理解，就是认识了事物的本质，它是认识过程的最终成果。当然，在这种直接性的形式下仍然进行着思维活动，不过在这里，思维是在生动的创造性的想象中不着痕迹地起着作用的。例如，电影中的蒙太奇，“把无论两个什么镜头对列在一起，它们就必然会联成一种从这个对列中作为新的质而产生出来新的表象。”[①] 由于这种新的质并不直接表露在镜头的外部，而是蕴藏在两个镜头之间内部的逻辑关系上，随着对这些联系的迅速理解，人的反映也就从感性的反映转到理性的认识。也就是从两个各自独立的镜头的感性内容即艺术形象的媒介，推断出那些没有直接作用于人的感官的事物的本质属性。电影《青春之歌》中卢嘉川就义时高喊“中国共产党万岁”之后，紧接着是林道静张贴“中国共产党万岁”的标语的镜头，就使观众从这两个镜头的联结中直接把握、理解到其中的内在逻辑联系（即共产党人是不可战胜的，一个战士倒下去，千百个战士站起来）。这种蒙太奇的例子说明了两个画面通过思维所获得的新的质，虽然具有逻辑的必然性，但仍然不等于 2+2=4 这种逻辑关系；因此爱森斯坦把这解释为“两个蒙太奇镜头的对列不是二数之和，而更像二数之积”[②]，因为组成蒙太奇的画面本身具有比概念本身更为广阔的感性内容。人们在审美中常常并不自觉地意识到逻辑推理；而且，如果以一般的逻辑推理来替代审美反映所特有的这种具体的、感性的、形象的理解形式，便会丧失艺术的本质，也不免损害人们的审美愉快。

上面简略地叙述了审美感受中的各种心理因素。至于这种种心理

①② 爱森斯坦：《蒙太奇在 1938》。

因素在审美感受过程中发生作用的机制，在心理学中还没有得到充分的研究。根据人类认识活动的总的规律来看，一般地说，在审美中，人们通过感觉感知审美对象，并在审美主体的一些主观条件的影响下将知觉专注于对象的感性、具体性的形态，使直接的感觉因素获得充分的兴奋，对象的这一方面获得了充分的注意，从而构成审美感受。但审美感受不单纯是一种感性的认识。审美主体往往结合感性的形象，通过想象和思维的相互作用，把感觉和知觉到的直观和表象，加以去粗取精、去伪存真、由此及彼、由表及里的改造制作功夫，既保留了现象中的具体性、鲜明性、生动性，又达到了深刻地反映和认识事物的本质，从而构成审美感受中的理性认识，由此而产生的一种特有的情感愉悦，进入了审美感受的高级状态，完成审美感受作为情与理相统一的心理功能。在这个审美认识的理性因素中，知觉、想象、思维的结果，不是以理论的形态给人以明确的概念（观点），而是始终没有脱离感性的形象性、具体性。审美感受所以在哲学上被称为“观照”，与资产阶级美学的解释相反，并不是意味着一种“无所为而为”的静观，不是一种消极被动的感受，不是一种既非认识又非情感的神秘经验，而恰恰是一种既有思维又有情感的反映和认识，是一种主动积极的感受，是导向实践激发人们行动的力量，是由于审美感受因经由知觉、想象对对象凝神专注而获得一种本质的认识，由这种认识而产生一种情感上的满足和喜悦。

某些现代资产阶级美学家利用审美感受的复杂心理特征，片面地夸大和歪曲它的某些现象或某些环节，反对唯物主义反映论。它们总的特点是抹杀审美的伦理的功能和认识的作用，宣扬各种反理性主义和主观唯心主义。其中，比较有影响的资产阶级理论，主要是立普司的移情说和布洛的距离说。

立普司的移情说在利用审美感受的心理特征方面显得非常突出。他片面夸大审美感受中知觉想象与情感相一致的特点，作了一种形而上学的神秘解释。他把不脱离知觉的想象与情感的一致，解释成主观情感的“外射”。他认为，“向我们周围的现实”（这个现实又并非客观物质世界，而只是形式，是所谓空间意象）“灌入生命的活动”，伴随这活动便起审美的愉快感。所以，美感的根源不在对象，而在“自我”。美感的本质就是物我同一，“自我”的客观化，使对象与自我的“生命”合为一体，“审美的欣赏并非对于一个对象的欣赏，而是对一个自我（这个自我，据立普司的解释，是一种神秘的对象化了的客观人格，它不是实用中的自我，而是脱离开实用的‘观照的自我’）的欣赏”。他夸张审美感受中情感因素的某些特征，把它说成是美感本质，把所谓“移情”看作是美的创造。这虽然在说明审美特征上有某些表面上的合理之处，但却在根本上是与唯物主义反映论相对立的。在这里，审美感受不是通过想象、思维从而产生的对客观现实的反映和认识，相反，倒变成是通过主观外射而成为审美对象的创造了。移情说利用审美感受的心理特征来解释美的本质问题，在哲学上不出柏格森的直觉主义和马赫 — 阿万纳留斯的“原则同格”式的主观唯心主义的范围：没有主观意识便没有客观对象，没有情感移入便没有美的存在。

立普司的追随者如浮龙李等人，用“内模仿”说对“移情”作一种生理学的经验解释，认为审美感受的情感来自身体组织对对象形式所作的内在的模仿运动。例如，对称的线形适合于对称的身体，引起对对象的内在器官的模仿，而产生审美愉快。这种理论不但抽掉了审美感受的情感特征中的社会阶级内容，而且对审美感受诸心理功能相统一所产生的愉快也作了庸俗化的肤浅理解。同时，不管是立普司还是浮龙李，始终不能解释为什么在审美活动中需要移情和移什么情的问题。于是，现代资产阶级一些美学家只好借助弗洛伊德关于性本能与死本能的心理动力，来补充移情说这个漏洞，将移情现象予以所谓“深层心理学”的解释，认为移情主要就是人需要性欲升华来补偿欲望，这反映了资产阶级美学的堕落。

布洛

布洛在1903年所发表的距离说，在资产阶级美学中一直享有盛名。布洛认为，“心理距离”是“审美意识的本质特征之一”，“距离是通过把对象及其所生的感受与一个人自己的自我分离开而得到的，是通过把对象放到实用的需要和目的的考虑之外而得到的”。距离不够便会与实用态度等同起来而失去审美特征，距离太过便会漠然无动于衷，也不能形成审美意识。布洛并用距离来解释艺术的各种问题。在揭示审美感受的某些现象特征上，特别是在强调审美中知觉专注于对象的感性形态和通过想象、联想而引起的情感获有审美的特性这两点上，距离说接触到了某些问题。但是，用所谓“心理距离”来解释，却是非科学的。不但因为所谓心理距离是异常含糊不清的东西，而且布洛完全排斥审美中功利和认识的因素，更是根本错误的。我们在前面已经论及，虽然审美中知觉专注在对象的感性形态这一方面，但并不是撇开其他方面；其他方面对美的感知，仍在审美中起作用。例如看风景画，固然集中注意在所画的如此逼真的风景形象上，但同时却仍然意识到这只是一张画。又如演员与角色的矛盾双重性等等，都足以说明这一点。布洛却根本撇开了这一点，把审美中的知觉特征绝对化了。布洛由此进而解释艺术与现实的美学关系，把艺术的审美感受的某些心理特征或现象当作是艺术的本质和评价艺术的标准。例如，把所谓理想主义与写实主义说成是一个距离太远，一个太近，并以为艺术是由距离较大的幼年阶段（东方象征艺术、埃及法老肖像等）走向距离较小的繁荣阶段（希腊罗马）等等，便都应用所谓“距离”尺度代替了具体的历史分析。这就不但把问题简单化、抽象化，而且抹杀了艺术的真正的社会本质和社会功能，抹杀了艺术发展的真正的客观历史规律和时代阶级特征。从心理科学的角度来看，所谓“心理距离”也是未经分析的含混概念。它没有充分的科学根据作为论点的合理的阐释，它对所提出的心理现象也并未作出心理学的严整的分析。所以，距离说充其量只是对某些审美感受的现象作了片面的描述，它并不是一种有科学价值的理论。从美学和艺术学角度来看，它是一种歪曲了艺术和审美本质的错误的学说。

总之，一方面我们应该承认，审美心理活动是一个非常复杂的、尚未彻底搞清的问题，还要继续深入地进行研究。在这种研究中，应该充分利用和吸收现代心理学的科学成果。另一方面，我们也必须肯定，对审美心理的研究，只有在辩证唯物主义认识论的指导下，在对美的本质的唯物主义解释的前提下，才能得到真正的科学成果。

关于审美感受中各种心理因素及其相互关系，从艺术创作活动和艺术欣赏活动上可以进行更具体的观察。因此，我们将在下面结合艺术的创造和欣赏，分别加以比较具体的论述。

第三章 艺术家

艺术作品是艺术家的产品。在社会分工按照历史的必然性仍然存在的社会发展阶段，作为精神生产的一个特殊部门的艺术创作，需要具备特殊的条件，掌握特殊的手段。因此，我们对有关艺术的各个问题的考察，首先需要从考察艺术创造的主体——艺术家开始。

第一节 社会分工与艺术家

在研究艺术家所应具备的条件之前，需要从历史的角度简略地考察一下：艺术生产从社会实践活动中分化出来的过程，也就是作为专门从事艺术创作的主体——艺术家的产生过程。

一、生产劳动与艺术创作的萌芽

前面已经讲过，美的创造本质上就是人类自身生活的创造。在人类社会的原始阶段，生产劳动首先为人类提供了物质的实用对象，同时也为人类提供了审美对象；人类从自己的创造活动及其结果中观赏其自身。所以，最初人类的物质实用对象与审美对象是不可分的。只是随着人类社会生活的发展，作为专供欣赏的独立的审美对象——艺术，才逐渐从物质实用对象中分化出来，并日益发展起来。我们从"艺术"这个词的含义的历史演变中，就可以从一个侧面看出这种分化的反映。中国甲骨文的"艺"字是一个人在种植的形象，象征着劳动技术。艺术在外文中（拉丁文：Ars；英文：Art；法文：Lart；德文：Kunst；俄文：Искусство等）原来也是技术的意思。在古代社会，由于精神劳动和物质劳动的朴素的统一，"技"与"艺"是不分的。高度熟练的劳动技能，在这时作为人支配、掌握自然力的一种创造性的活动,同时也具有艺术的意义。只是到后来,艺术与技术才逐渐分化了,它们在语词的含义上有了明确的区别。不过至今在某些词汇上,还保留了其原始的统一性。如把工业生产中加工的方法、技术称为“工艺”,把种植蔬菜、花卉、果树等的技术称作“园艺”等。

概念的变化反映着现实生活的变化,艺术与技术的区分反映了艺术生产与物质生产的分化,这当然是一个漫长的历史过程。由于史料的缺乏,我们不可能精确地描述这一过程。但是,可以肯定的是:作为独立的审美对象的艺术,即使在其萌芽状态,也必须以生产力的一定发展水平为前提;就是说,只有当人类掌握了一定的改造自然的力量,并能提供最低限度的物质生活需要,或者说有了一定的剩余劳动之后,并且作为创造物质生活的主体逐渐意识到自己的创造力量,从而产生了越来越发展的审美需要之后,摆脱直接的物质需要而进行的专供观赏的艺术创作才能出现。

现有的原始艺术资料表明:原始人在从事物质实践活动(包括生产劳动和战争;当时战争也是获取物质资料的一种手段)之后,产生了对从这种实践活动中得到的愉快进行再体验的需要时,用一定的手段再现那些实践活动的情景和主观感受的原始艺术,就被创作出来了。例如,已知的原始人的舞蹈绝大多数都是模拟、再现他们生活中的劳动和战争的;并且经常是在庆祝行猎大获、果实丰收、战争出发和胜利归来时举行的。当然,这种原始的审美活动较之后来发展了的审美活动仍然存在着差别;原始人往往并不把他们的原始艺术单纯地作为观赏对象来看待,而同时也当作交流经验、教育后代、鼓舞士气和劳动情绪的手段,甚至也常常与原始宗教相结合而作为召唤超自然力的手段。因此,在他们看来也具有一定的实用价值。不过这种精神性的活动,已经成为逐渐从直接的物质生产活动中分化出来的、具有相对独立性的审美活动了。

虽然如此,我们还不能说原始社会已经有了专门的艺术生产。这时还没有出现这样的社会分工，因而也还没有条件在一部分人身上形成特别发达的艺术创作能力。这只是一个为真正的艺术生产创造、积累必要条件的历史阶段。通过这个历史阶段，人类积累了对自然规律的认识，积累了按照人类需要改造自然物质的能力，积累了对人类自身生活的美的意识，积累了人类的审美感受和表达这种审美感受的手段和技巧。毫无疑问，这一切都是同在生产劳动基础上手与脑的发展分不开的。没有高度发展的大脑思维能力和高度灵巧的手，也就不可能有真正的艺术生产。恩格斯在《自然辩证法》中说："只是由于劳动，由于和日新月异的动作相适应，由于这样所引起的肌肉、韧带以及在更长时间内引起的骨骼的特别发展遗传下来，而且由于这些遗传下来的灵巧性以愈来愈新的方式运用于新的愈来愈复杂的动作，人的手才达到这样高度的完善，在这个基础上它才能仿佛凭着魔力似的产生了拉斐尔的绘画、托尔瓦德森的雕刻以及帕格尼尼的音乐。"①

二、社会分工与专门从事艺术生产的艺术家

具有发达的审美能力和艺术创作技巧、专门从事艺术创作的艺术家，是一定历史条件的产物。只有在生产力发展的一定阶段上，出现了社会分工，特别是体力劳动和脑力劳动的分工之后，艺术生产作为一个相对独立的精神生产部门从物质生产中分化出来，这时才有了专业的艺术家。

从社会发展史来看，分工的发展导致阶级社会的出现。"分工的规律就是阶级划分的基础"。然而这是一个巨大的历史进步，是人类社会由野蛮时代进入文明时代的开端。恩格斯说："当人的劳动的生产率还非常低，除了必需的生活资料只能提供微少的剩余的时候，生产力的提高、交

---

① 恩格斯：《自然辩证法》，《马克思恩格斯选集》第3卷，第509—510页。

换的扩大、国家和法律的发展、艺术和科学的创立，都只有通过更大的分工才有可能，这种分工的基础是，从事单纯体力劳动的群众同管理劳动、经营商业和掌管国事以及后来从事艺术和科学的少数特权分子之间的大分工。这种分工的最简单的完全自发的形式，正是奴隶制。”①

显然，社会分工所引起的艺术生产的专业化，对于艺术的发展产生了巨大的促进作用。社会分工使得摆脱了直接生产劳动、专门从事艺术创作的人，有了更多的时间和必要的条件去学习和掌握创作的手段和技巧，发展自己的艺术思维能力，集中社会的审美需要，创作出越来越精美的与适用相结合以至专供欣赏的艺术品。这样，在历史继承的基础上，便出现了在技巧上总的说来一代比一代更加发展的专业的艺术家。

当然我们也应该看到，历史的进步往往具有两面性。“由于分工，艺术天才完全集中在个别人身上，因而广大群众的艺术天才受到压抑。”②承担着繁重的生产劳动、经受着重重剥削和压迫的劳动人民，是没有条件去发展自己的艺术创作才能的。他们缺乏进行艺术创作的物质手段，甚至还被剥夺了欣赏的权利。但是，这也并不是说，劳动人民没有自己的审美能力和创作才能。历史表明，劳动人民的口头创作和民间艺术，既是丰富多彩的，又是具有创造性的；只是他们的作品在技巧上往往不如专业的艺术家那样精细、文雅罢了。即便如此，专业的艺术家也常常能从民间艺术中吸取养料，受到启发，以至因此而影响到自己的风格，丰富和发展了自己的艺术才能，这在文学艺术史上是不乏实例的。

社会分工使得群众的艺术天才受压抑，这是问题的一个方面。另一方面，社会分工既使艺术天才集中到少数人身上，同时也使艺术家的成长受到局限。马克思在批评施蒂纳不懂得分工对人的限制时曾经指出：

① 恩格斯：《反杜林论》，《马克思恩格斯选集》第3卷，第221页。

② 马克思、恩格斯：《德意志意识形态》，《马克思恩格斯全集》第3卷，第460页。

如果“把拉斐尔同列奥纳多·达·芬奇和提戚安诺比较一下，他就会发现，拉斐尔的作品在很大程度上同在佛罗伦萨影响下形成的罗马繁荣有关，而列奥纳多的作品则受到佛罗伦萨的环境的影响很深，提戚安诺的作品则受到全然不同的威尼斯的发展情况的影响很深。和其他任何一个艺术家一样，拉斐尔也受到他以前的艺术所达到的技术成就、社会组织、当地的分工以及与当地有交往的世界各国的分工等条件的制约。像拉斐尔这样的个人是否能顺利地发展他的天才，这就完全取决于需要，而这种需要又取决于分工以及由分工产生的人们所受教育的条件。”[①] 分工对于艺术家的制约，既表现为“艺术家屈从于地方局限性和民族局限性”，又表现为“个人局限于某一艺术领域，仅仅当一个画家、雕刻家等等，因而只用他的活动的一种称呼就足以表明他的职业发展的局限性”[②]。

然而分工对于艺术家的制约，更重要的还在于它使艺术家的创作活动在本质上从属于统治阶级的需要。在社会分工基础上产生的阶级社会里，经济上和政治上占统治地位的阶级也必然支配着各种精神生产。作为精神生产部门之一的艺术生产，也要在审美意识、艺术风尚以及艺术品的社会作用等方面适应统治阶级的需要。当然，这是就一般情况而言。这个历史事实对于艺术创作和艺术家有着深刻的影响，是我们研究不同时代的艺术创作和艺术家时所必须注意的。

只有到了共产主义社会，才能消灭由于分工造成的艺术家的局限性；而到了那时，专门从事艺术创作的艺术家也就消失了。“在共产主义社会里，没有单纯的画家，只有把绘画作为自己多种活动中的一项活动的人们。”[③] 这是马克思对于未来社会的预测，而在到目前为止的历史阶段上，艺术创作仍然按照客观存在的分工必然性而由一部分人，即艺术

①②③ 马克思、恩格斯：《德意志意识形态》，《马克思恩格斯全集》第3卷，第459—460页。

家所承担。这既然是必然的，因而其存在也就是合理的。我们应当从这个观点去看待我们的艺术家。

三、艺术家与时代、民族、阶级

艺术天才集中在个别人身上是社会分工的结果，这个马克思主义的科学观点，扫除了唯心主义美学蒙在艺术家身上的神秘色彩，给我们研究艺术家及其创作提供了正确的指导。

艺术家不是“上帝的选民”，不是天生的“超人”，也不是神秘的怪物，而是建立在一定分工基础上的社会的一分子。他的特殊的使命和才能是为社会条件所规定的。在旧时代，艺术家的遭遇往往是很不幸的。但社会需要艺术家，并且给予他一定的条件，使他能够集中反映人们的审美要求，创作出精美的艺术品以满足社会的欣赏需要。为此，艺术家也赢得了社会的赞美。到了近代，艺术家甚至被誉为“人类灵魂的工程师”。人们对艺术家的种种评价，表现了人们对艺术家的要求，也反映了艺术家与一定时代、一定民族、一定阶级的关系。

艺术家总是生活在一定时代的社会形态中的，而不能超越自己所处时代的特点；他的审美理想归根到底也只能是这个时代的审美理想。所以，任何艺术家都必然带着时代的烙印，并随着时代的变化而变化，这从他们的作品中可以清楚地看出来。因此，我们研究、了解艺术家，离不开认识他所生活的时代。鲁迅曾经用一句中国成语“知人论世”来表述这一原则；他并且在《魏晋风度及文章与药及酒之关系》一文中，具体地运用这个原则对魏晋时代一些代表作家的特点，作出了贴切的精辟的分析。

艺术家是时代的产物，而艺术家如何才能站在时代的高峰，在其审美理想中表现时代的精神，除了客观条件外，还需要艺术家主观上的努力才能达到。

一如上述，在阶级对立的社会形态中，艺术生产作为脱离物质生产的独立的精神生产部门，一般说来不能不从属于各个社会形态中的统治阶级的需要。因而从事专门艺术生产的艺术家，不论其自觉与否，都要从属于一定的阶级；超阶级的艺术家是没有的。高尔基曾经把艺术家比喻为“阶级的眼睛、耳朵和声音”“阶级的感觉器官”。在这个形象的说法中，包含着对艺术家的特点的暗示，即艺术家往往比一般人更为敏锐地反映和表达阶级的思想、情感和愿望。

不过我们在研究艺术家与阶级的关系时，要注意这个问题的复杂性（例如从某一阶级分化出来的所谓浪子或叛逆），不能简单化，也不能忽视不同历史条件所形成的民族性特征，必须避免按照出身去贴阶级标签的庸俗社会学的做法。

马克思在谈到小资产阶级政治家和著作家同阶级的关系时就指出过：“不应该认为，所有的民主派代表人物都是小店主或崇拜小店主的人。按照他们所受的教育和个人的地位来说，他们可能和小店主相隔天壤。使他们成为小资产阶级代表人物的是下面这样一种情况：他们的思想不能越出小资产者的生活所越不出的界限，因此他们在理论上得出的任务和解决办法，也就是小资产者的物质利益和社会地位在实际生活上引导他们得出的任务和解决办法。一般说来，一个阶级的**政治代表**和**著作代表**同他们所代表的阶级这间的关系，都是这样。”①

应该说，马克思的这个分析也完全适用于艺术家与阶级的关系。我们要研究、判断一个艺术家的阶级归属问题，应该从他的创作实际出发，要看他在全部作品中所表现出来的立场、倾向和思想的总和，而不是简单化地只看他的阶级出身。列宁对于列夫·托尔斯泰的分析就是一个这样具体分析的典范。托尔斯泰出身于“上层地主贵族”，但是他的作

① 马克思：《路易·波拿巴的雾月十八日》，《马克思恩格斯选集》第1卷，人民出版社1995年版，第632页。

品所反映的却是19世纪后半叶到20世纪初俄国广大农民群众的观点。他表现了“广大群众的情绪，描绘他们的境况，表现他们自发的反抗和愤怒的情感”，同时也反映了在封建宗法制度长期压迫下的农民的弱点。列宁说：“作为俄国千百万农民在俄国资产阶级革命快要到来的时候的思想和情绪的表现者，托尔斯泰是伟大的。托尔斯泰富于独创性，因为他的全部观点，总的说来，恰恰表现了我国革命是**农民**资产阶级革命的特点。”[①] 因此，列宁说：“列夫·托尔斯泰是俄国革命的镜子。”[②] 列宁的这种分析，是同庸俗社会学根本对立的真正科学的阶级分析。

艺术家与阶级的关系的复杂性，还表现在艺术家与他所代表的阶级之间有时会发生矛盾甚至是“对立和敌视”的现象，我们也不应因为看到这些矛盾就认为艺术家背叛了他所代表的阶级。马克思和恩格斯在论及统治阶级和它的思想代表之间的矛盾时说过：“在这一阶级内部，这种分裂甚至可以发展成为这两部分人之间的某种程度上的对立和敌视，但是一旦发生任何实际冲突，当阶级本身受到威胁”的时候，“这种对立和敌视便会自行消失。”[③] 文学艺术的历史提供了大量的这样的例子。中国封建社会中许多属于统治阶级的文学家常常尖锐地抨击和批判本阶级的腐朽和黑暗，但当农民起来威胁到地主阶级的生存时，他们便立即和本阶级站到一起，坚决反对农民起义。包括写出了“朱门酒肉臭，路有冻死骨”的名句、对农民抱有很大同情的诗人杜甫，也不例外。当我们研究这样的艺术家时，必须十分细致地、具体地分析他们的作品，承认他们的立场、倾向的复杂性，不应简单地抓住一点，随意做出肯定一切或否定一切的评价。

---

①② 列宁：《列夫·托尔斯泰是俄国革命的镜子》，《列宁选集》第2卷，人民出版社1995年版，第242、241页。

③ 马克思、恩格斯：《德意志意识形态》，《马克思恩格斯选集》第1卷，人民出版社1995年版，第99页。

蒋兆和《杜甫像》

四、艺术家与群众

在历史上，一个特别复杂的情况是艺术家与人民群众的关系问题。艺术家同人民群众的关系，在不同的历史时代有不同的情况。一般说来，在社会主义社会以前的各个社会形态中，劳动人民处于被剥削被压迫的地位，很难造就自己的艺术家；艺术家一般是从属于各个社会形态里的统治阶级的。不过，由于种种复杂的社会原因，劳动人民中有出众的业余艺术家，专业艺术家可能同劳动人民建立这样那样的联系，甚至是相当密切的联系，使得这些艺术家能够在一定程度上反映劳动人民的疾苦和愿望，表现了对劳动人民的理解和同情；可能创作出为人民群众所喜爱的作品，从而为历史所肯定。在中国历史上，例如前边举过的杜甫，以及屈原、关汉卿、曹雪芹等，就是这样的艺术家。在外国历史上，如但丁、莎士比亚、狄更斯、巴尔扎克、歌德、席勒等，也是这样的艺术家。虽然他们同劳动人民的联系是有限度的，他们不可能超出自己的阶级局限性，但他们的作品毕竟是有人民性的，这是不能抹杀的历史事实。我们应该正确地对待这种现象，认真研究特定的社会历史条件，研究艺术家的特殊的生活道路和创作道路，给以历史地、客观地分析和评价。

在新的历史条件下，特别在社会主义革命和社会主义建设时期，艺术家同群众的关系问题有了新的内容和情况。由于生产力发展水平的制约，即使在社会主义条件下，分工仍然是客观的必然性，因而艺术家作为专门从事艺术创作的智力劳动者，仍然不同于一般劳动者。这就产生了实质上是向消灭分工过渡的时期里特殊的艺术家与群众相结合的问题。在这个历史时期，艺术家本质上属于劳动人民的一部分，但又是特殊的一部分。一方面，他是普通劳动者，而不是站在群众之上或者之外的"精神贵族"；另一方面，他是专业的艺术创作主体。他的职责是集中表现劳动人民生活的美，表达劳动人民的思想、情感和愿望，集中反映劳动人民高尚的审美理想和健康的艺术趣味，创作出内容与形式完美统一的艺术品，以满足广大群众的欣赏要求。因此，艺术家首先要成为人民群众的忠实的代言人，为人民群众服务。为了完成这一光荣的职责，艺术家必须深入群众，熟悉他们的生活、思想和感情（包括审美趣味的民族特征）。只有这样在实践中改造着自己，艺术家才能和劳动人民有共同的感受和语言，窥见劳动人民的心灵世界，明确自己的艺术使命。这就是说，以改造客观世界为己任的艺术家，只有在生活斗争中逐渐改造着自己的主观世界，他才能真正成为劳动人民所需要和喜爱的艺术家。

至于艺术家之作为艺术家的特殊性问题，或者说对于艺术家的特殊要求和特殊条件问题，将在下一节中论述。

第二节 艺术家的生活实践、世界观和艺术修养

在社会分工中，艺术生产之所以需要单独成为一个精神生产的部门，就是因为要进行艺术生产，必须具备一些必要的条件。艺术家作为艺术创造主体所必须具备的条件是多方面的，这里只考察其中的一些主要的方面。

一、艺术家的生活实践

在艺术家作为创造主体所必须具备的诸条件中，生活实践问题是一个带根本性的问题。因为它直接关系到艺术家进行创造的源泉和根据，关系到艺术家的创造能力的形成和发展。

在美学史上，唯心主义美学经常否认艺术家的创造活动同艺术家的生活实践之间的不可分离的联系，把艺术家的创造活动说成是他的自我意识的表现，纯是他的主观感受和个人情感的抒发，孤立绝缘的心灵的独白，同艺术家的生活实践毫无关系。例如，康德把艺术创作看成是艺术家的天才的产物，黑格尔认为艺术是“理念”通过艺术家的心灵的产物，新黑格尔主义者鼓吹艺术创作不外是“使情成体”，等等。虽然这些理论对艺术创造中艺术家的主观的作用有时也能提出某些合理的见解，但根

本否认艺术家的创造受着他的生活实践的制约，这却是错误的。个别唯心主义美学家有时也曾讲到生活实践对艺术家的创造活动的关系，但他们对生活实践的了解往往是唯心主义的。马克思主义以前的某些旧唯物论者看到了生活是艺术的源泉，但他们不了解生活是人改造世界的实践过程，不了解物质生产实践在社会生活发展中的决定意义，因而不能科学地说明生活实践对艺术家的创造活动的最终的决定作用，也未能深入批判唯心主义的创作理论的错误。

艺术家的生活实践是进行艺术创作的基础。艺术形象植根于现实生活。艺术形象的创造，是从艺术家对现实生活的直接的或间接的感受开始的，它以丰富的生活经验为依据。当然，艺术形象的创造不等于普通生活现象的简单复制，而是有选择、有加工的创作活动，并且经常伴随着虚构、夸张、幻想，使艺术形象同普通的实际生活相比，呈现出很大的差别。因此，从表面现象上看，艺术创作似乎是艺术家的纯粹主观任意的活动。实际上，只要是真正的艺术作品，不论它如何富于想象以至幻想，也是以生活实践为依据的，不是艺术家主观臆想的产物。孙悟空、白素贞都与现实中的人物不同，但这些形象毕竟是复杂的现实矛盾所引起的一种想象的、幻想的产物，而不是脱离现实的凭空的主观臆造。神话中的角色也还是以艺术家在生活中所观察到的人的某些特性为依据的。鲁迅写道："描神画鬼，毫无对证，本可以专靠了神思，所谓'天马行空'似的挥写了，然而他们写出来的，也不过是三只眼，长颈子，就是在常见的人体上，增加了眼睛一只，增长了颈子二三尺而已。"①

艺术家在实践过程中，不断积累、不断丰富的生活经验，是艺术家的全部创作的基础。这就是高尔基所说的"印象的库藏，知识的总量"。创作就是"从知识和印象的库藏中间抽出最显著和最有特征的事实、景象、

① 鲁迅：《且介亭杂文二集·叶紫作〈丰收〉序》，《鲁迅全集》第6卷，第175页。

细节，把它们包括在最确切、最鲜明、最被一般理解的语言里。”① 艺术家如果没有在各种生活实践中积累起来的“知识和印象的库藏”，他就没有进行艺术创造的原料，创造不出真正能作用于实际生活的艺术作品。

艺术家的生活经验包括直接生活经验和间接生活经验。直接生活经验是指艺术家的所作或者所遇、所见，间接生活经验是指艺术家从别人的言谈或者著作中所得到的别人的生活经验。直接生活经验是艺术创作最重要的条件，但它又总是有局限的，不足以充分适应创作需要，因而要有间接生活经验来补充。间接经验对艺术创作的作用不可忽视，但是，如果没有直接经验，也就丧失了利用间接经验的主观条件。仅靠间接生活经验，不可能创作出好的作品。尽管直接生活经验和间接生活经验都是艺术创作的依据，直接生活经验却是最主要的、最基本的。只有靠了它，艺术家才能正确地和恰当地接受和利用间接的生活经验，使间接经验在想象、幻想中产生作用。鲁迅在《上海文艺之一瞥》里曾提出过当时的左翼作家能否写出好的无产阶级文学的问题，他回答说：“我想，也很难。这是因为现在的左翼作家还都是读书人——知识阶级，他们要写出革命的实际来，是很不容易的缘故。日本的厨川白村（H.Kuriyakawa）曾经提出过一个问题，说：作家之所描写，必得是自己经验过的么？他自答道，不必，因为他能够体察。所以要写偷，他不必亲自去做贼，要写通奸，也不必亲自去私通。但我以为这是因为作家生长在旧社会里，熟悉了旧社会的情形，看惯了旧社会的人物的缘故，所以他能够体察；对于和他向来没有关系的无产阶级的情形和人物，他就会无能，或者弄成错误的描写了。”②

艺术家的生活经验，不仅包括他的直接经验和间接经验，而且也包

① 高尔基：《苏联的文学》，周扬编：《马克思主义与文艺》，解放社1950年版，第284页。

② 鲁迅：《二心集·上海文艺之一瞥》，《鲁迅全集》第4卷，第237页。

括他过去的经验和现在的经验，这一切构成一个有机的整体，并且经常作为这样一个有机的整体而作用于他的每一次创作活动。不少事实告诉我们，艺术家在进行创作的时候，不仅有他当前取得的生活经验在起作用，而且还有他过去的生活经验，有时甚至是童年时代的生活经验在起作用。因此，对生活经验作狭隘的了解是不正确的。某些看来和艺术家当前正在进行的创作没有什么联系的生活经验，在将来所进行的创作中，完全可能成为具有重要意义的创造根据。

艺术家的生活经验的广度和深度，从根本上决定着艺术家的作品对生活的反映的广度和深度。历史上每一个深刻地概括和揭示了一定历史时代的社会生活的本质的艺术家，都是有着广阔而深入的生活经验为条件的。相反，生活经验狭窄而肤浅的艺术家，其作品的内容也必然是狭窄而肤浅的。不论在任何情况下，艺术家的作品的内容都不可能超出他所拥有的生活经验。艺术家永远只能写他直接或间接地经验过的东西。以“走马观花”的态度对待生活，或者为了应急而临时下去“体验生活”，都不会产生内容丰富、深刻的作品。至于那种完全忽视作家的经验，而搞什么“作家出技巧”的“三结合”创作，更是根本违反艺术创作规律的妄念。艺术家的生活经验是进行艺术创造的根本条件，这是艺术创造的绝对规律。

生活实践不但为艺术家提供了生活经验，即提供了进行艺术创作的原料，而且也是培养他对生活的认识能力和艺术表现能力的基本条件。

艺术家对复杂的社会生活的观察和认识的能力，是在长期的生活实践过程中不断得到提高的。艺术家的生活经验越是丰富，他对生活的认识也就越有可能接近于正确，有时甚至能使艺术家原先抱有的错误观念得到克服和纠正。艺术家从艺术上反映生活的能力，包括各种艺术技巧的掌握和运用，也离不开艺术家在长期生活实践中对生活的反复的观察和体验。具有高度的艺术技巧的艺术家，都是具有丰富的生活经验的艺术家，至少是在他所反映的某一生活领域内具有丰富经验的艺术家。相反，艺术家的技巧的拙劣，艺术才能的衰退，经常是同生活经验的枯竭分不开的。不论从艺术家的思想修养或艺术修养来看，生活实践对艺术家都是头等重要的东西。

二、艺术家的世界观

生活实践是艺术创作的源泉和基础，但艺术家对待生活并不是消极、被动的静观，他的创作也不是有闻必录，而是有所选择、有所评价的。这就是说，任何一个艺术家都要对他所描写的生活现象作出判断和评价，表明自己的倾向和态度。艺术作品作为艺术家对现实的审美意识的表现，不可能脱离艺术家对什么是真假、善恶、美丑的看法，这不论艺术家是自觉还是不自觉，是表现得鲜明还是隐蔽，实质上都一样。这种判断、评价和态度，都是由艺术家的世界观所决定的。世界观是人们对于世界的根本性的看法。对什么是美丑、真假、善恶这些问题的看法本身，也就是人们对于世界的根本性的看法，它们是任何一个艺术家的世界观的重要组成部分。

毫无疑问，艺术家并非哲学家，他对于什么是美丑、真假、善恶这些问题的看法常常缺乏系统的理论形态。在他的作品中，他对这些问题的看法也决不是以抽象的概念和论断形式表现出来的。把艺术家混同于哲学家，把艺术作品混同于理论著作是不对的。但是，艺术家的审美理想、趣味与爱好离不开特定的世界观，他对于什么是美丑、真假、善恶这些问题总是有一定的看法。即使还不具备理论的形态，但完全可以通过理论的分析而揭示出它的实质。从艺术家的作品来说，他的某种看法往往表现在他的作品中，表现在他对生活中的各种事物的认识和评价上。虽然不是以抽象的概念和论断表现出来的，但同样可以通过理论的分析而揭示出它的实质。

艺术史上的大量的事实告诉我们，艺术家在作品中对生活的看法和评价，以及他的整个的创作活动，都是以一定的世界观为指导的。列夫·托尔斯泰曾经说过，一个艺术家要创造出伟大的作品，就“必须处于他那个时代最高的世界观水平”[①]。这种说法虽然有脱离具体历史条件的绝对化的地方，但它正确地强调了世界观在创作中的重要作用。艺术家对生活的认识是否正确，这种认识达到了怎样的高度，最终都要取决于艺术家的世界观。一个世界观水平非常低下，充满庸俗、错误思想的艺术家，绝对不可能深刻地揭示生活的本质，创造出伟大的作品。

但是，在考察世界观在艺术家的创作中的作用的时候，我们要看到在艺术创作中，艺术家的世界观是作为他对现实的审美意识的一个有机的组成部分而发挥作用的，它不能违背审美意识活动所特有的规律。如果违背了这种规律，那么世界观不但不能在艺术创作中发挥它所应有的作用，而且会对艺术创作产生有害的，甚至是破坏性的影响。

关于世界观怎样在创作中发生作用的问题，是一个相当复杂的、需要作许多深入研究的问题。这里我们只限于从审美意识活动中感性直观与理性思维的统一和情与理的统一来谈一些看法。

我们认为，否认世界观对于艺术创作的指导作用，认为世界观越自觉、越明确越不利于创作，甚至根本否定艺术家学习理论的必要性，这是完全错误的，也是不符合艺术史实的。历史上许多伟大的艺术家，常常也是伟大的思想家。鲁迅就是显著的例子。但是也要承认，在艺术家那里，世界观必须是同艺术家对生活的丰富多样的感性具体的认识联系在一起的，必须是他从自己对生活的直接的观察体验中得来的结论。艺术家不同于思想家之处，不在于他能提出某种系统的理论，而在于他能直接从对纷繁复杂的生活的感性的具体反映中，揭示出某种带有普遍意义

① 托尔斯泰：《艺术论》，第 113 页。

的深刻思想。莎士比亚的《雅典的泰门》接触到了资本主义社会下货币的本质问题，但它的可贵之处并不在于像马克思的《资本论》那样从经济学上全面系统地揭示货币的本质，而在于通过对生活的感性的具体描绘，活生生地向我们显示了货币在私有制社会里所具有的颠倒黑白美丑的力量。这也是马克思在论及货币的本质时为什么要一再引用其中那段诅咒金钱力量的台词的原因。一个艺术家的世界观如果是同他对生活的感性的具体认识相脱离的某种抽象的理论信念，那么不论他的这种理论信念是如何正确和具有系统性，他也不可能创造出成功的艺术作品。在这种情况下，他所能做到的不外是为这种抽象的理论信念作形象的图解，创作出一些没有艺术生命的概念化的作品。当然，从我们今天的要求来说，为了提高认识生活的能力，艺术家需要有理论的武装，所以理论的学习不可忽视。当我们的艺术家通过学习理论提高自己的思想水平的时候，应当努力同他对生活的感性具体的认识，同他所拥有的全部生活经验内在地结合起来，化为自己的血肉。如果把世界观比喻为人的灵魂的话，那么在艺术家那里，这个灵魂就不应是一个抽象的“阴影王国”，而应是一个生动、具体的精神世界。

这里所说的把对世界的理性认识化为自己的血肉，特别是指艺术家的世界观必须同他对生活中各种事物的情感态度相统一，必须是渗透到了他对事物的情感态度中去的东西。他在理智上所肯定的东西，同时也就是他在情感上所热爱的东西。只有在这种情况下，艺术家的世界观才能真正指引他去认识和评价生活，使他有可能创造出成功的艺术作品。因为在艺术创作中，艺术家对生活中各种事物的看法和评价，经常不是表现在他对这些事物的理论的分析里，而是直接表现在他的情感态度里。这在音乐、舞蹈、抒情诗、山水花鸟画这一类艺术作品中可以最为清楚地看到。就是在描写广阔复杂的社会生活的长篇小说里，艺术家对各种人和事的看法和评价，也经常是伴随着情感态度的。列宁曾经赞扬托尔斯泰的小说对资本主义制度的批判具有“这样充沛的感情，这样的热情，这样有说服力，这样的新鲜、感情强烈，这样热情奔放，这样有说服力，这样清新、真诚、具有力求‘追根究底’找出群众苦难的真正原因的大无畏精神”[①]。这也正是托尔斯泰作品的感人的力量所在。一个艺术家的世界观和他对事物的情感态度如果没有达到内在的统一，他在理论上肯定的东西不是他在情感上热爱的东西，那么不论他的世界观如何进步，作为一个艺术家来说，他实际上还没有真正掌握这种世界观，不可能在这种世界观的指导下创作出成功的反映先进事物的艺术作品。许多在理论上看来正确但却没有感染力的作品，常常就是因为艺术家对生活的认识只是一种抽象的信念，没有同他对生活的情感态度统一起来的缘故。所以，对于一个艺术家来说，世界观的掌握决不仅仅是一个理论认识的问题，同时还是一个情感转变的问题。

托尔斯泰

艺术家的世界观同他对生活的感性的具体认识和情感态度这两者的统一，是艺术家的世界观得以在艺术创作中发生作用的基本条件。这也就是说，只有当艺术家的世界观融合、渗透到艺术家对事物的感性的具体认识和情感态度之中，并同这种认识和情感态度和谐地统一在一起

① 列宁：《列·尼·托尔斯泰和现代工人运动》，《列宁全集》第20卷，人民出版社1989年版，第331页。

的时候，艺术家的世界观才能对他的创作发挥指导作用，成为他的创作的精神和灵魂。把艺术创作活动看成是艺术家按照某些既定的抽象原则而进行的活动，这是对世界观在创作中的指导作用的一种极其错误的了解。所以，我们要充分注意艺术创造的特点，按照这种特点去正确地理解世界观在创作中的作用，并采取适当的方法引导艺术家去掌握正确的世界观。

艺术家要形成自己对世界的某种带根本性的看法，即形成自己的世界观，离不开对前人和当代已经取得的各种知识的掌握。这些知识，包括哲学、政治、历史、自然科学、文艺以及其他有关社会和文化的知识。尽管不同的艺术家的知识的广度和深度是不同的，有侧重于掌握那一方面的知识的差异，不宜提出一律化的要求；但是，一般来说，一切伟大的艺术家都有着较广较深的知识。只有这样，他们在对社会生活和艺术创造的看法上，才能有超出一般艺术家的较高的见解。艺术家的世界观的深度和广度，是同他所掌握的知识的深度和广度分不开的。特别是在能够全面深入地描写复杂的社会生活的文学这一领域中，一切伟大作家都是具有广博渊深的知识的。如莎士比亚、巴尔扎克、托尔斯泰、曹雪芹、鲁迅等，都是明显的例证。就是在音乐、舞蹈、绘画这些艺术部门中，不具备足够的知识，就不可能丰富包括艺术观在内的世界观，不可能在艺术上作出重要的创造。

艺术家的世界观的形成离不开对各种知识的掌握，但最终决定艺术家形成怎样的世界观的根本性的东西，却是艺术家的生活实践。不论什么时候，社会意识只能是社会存在的反映，艺术家的世界观只能是他的生活实践的产物。就是艺术家对各种知识的掌握，他从这些知识中采取什么东西，怎样运用以及发展它，归根到底也是由艺术家的生活实践的道路所决定的。如果鲁迅没有在他的地主官僚家庭的没落中亲身体验到统治阶级的虚伪和冷酷，没有在他的青少年时代多次接触过农村，对农民的生活和痛苦一无所知，更谈不上有什么同情，那么他就不可能形成革命民主主义的世界观，更不可能从一个革命民主主义者转变为一个马克思主义者。广泛地吸取古今中外的各种知识，对鲁迅的世界观的形成无疑也起了重要作用。但鲁迅总是从中吸取那些有益的进步的东西，抛弃那些有害的反动的东西，这又是由他根据自己的生活实践所选择的革命的生活道路决定的。鲁迅对中国古代的封建文化有着极为广博渊深的知识，但他不是封建骸骨的迷恋者，而是一切腐朽的封建思想文化的最坚决有力的批判者。艺术家的世界观既然是由他的生活实践决定的，因此走着根本不同的生活道路的艺术家，他们的世界观也必然是根本不同的。就是生活道路基本相同的艺术家，每个人的生活实践的具体情况也有所不同，因而他们的世界观也会带有各自不同的特点。

鲁迅

由于社会生活是充满着复杂的矛盾的，再加上艺术家的世界观一般来说缺乏理论的系统性，因此在许多情况下，艺术家的世界观常常包含着矛盾。特别是当艺术家处在某种矛盾的社会地位上的时候，他们的世界观中的矛盾就表现得更加突出和明显。如歌德和托尔斯泰就是这样。前者是 19 世纪德国的要求革命但又害怕革命的软弱的资产阶级的代表，后者是 19 世纪后期俄国的憎恨资本主义发展所带来的灾难却又看不到历史出路的广大农民的代表，他们所代表的特定阶级的社会地位所具有的强烈的矛盾性，决定了他们的世界观也必然带有强烈的矛盾性，并且必然要鲜明地表现在他们的作品中。就是代表无产阶级的艺术家，在一定的历史条件下，他的世界观也完全可能包含着某种矛盾。要求艺术家的世界观不论在任何情况下都必须是完整统一的，不包含任何矛盾，这是一种不切实际的简单化的想法。把艺术家的世界观包含的矛盾不加分析地一律看作是坏事情，也未免绝对化。实际上，在一定历史条件下，恰恰是某些世界观包含着深刻矛盾的艺术家，才能把一定历史时代的社会生活深刻地反映出来，成为这一历史时代的一面镜子。在这里，问题的关键在于艺术家的世界观的矛盾是不是历史本身的具有重大意义的矛盾的反映。

艺术家所生活的时代和他的生活实践是在不断发展着的，因此艺术家的世界观也是在不断发展着的，没有什么一成不变的东西。特别是当历史的发展处于重大转变的时期，艺术家的世界观的变化更加显得十分明显。就是在一个尚未发生质的改变的社会形态中，不同社会力量的斗争所引起的社会政治生活的重大变化，也可能在艺术家的世界观中鲜明地反映出来。例如，随着唐代统治阶级内部的斗争的发展，诗人白居易早年和晚年的思想就有很大的不同。他早年曾企图改革唐王朝的各种弊端，热烈地提倡并且身体力行地创作所谓“讽喻诗”，敢于大胆地揭露社会矛盾；到了晚年，却失去了政治上的进取精神，转而大写逃避现实的所谓“闲适诗”。在近现代的艺术家中，由于社会生活剧烈的、深刻的动荡和变革而引起艺术家世界观的巨大变化，更是明显可见的事实。一个革命的艺术家如果跟不上历史前进的脚步，不能使自己的世界观随着历史的发展而发展，他就有可能在前进的道路上停止下来，甚至成为历史发展的绊脚石，走向自己的反面。

需要指出的是，这里所讲的艺术家的世界观常常包含着矛盾，和通常所谓“世界观与创作的矛盾”的提法并不是一回事。后者的意思是说：艺术家的创作有时会不受他的世界观的制约，甚至会创作出与他的世界观相对立的作品来。如果按照这种看法，那么世界观对于创作的指导作用就从根本上成了问题。产生这种看法的原因，一方面是由于对艺术家的世界观的看法抱着简单化的观点，另一方面是由于对作品内容的复杂性产生了误解。而在实际上，那些表面看来似乎是世界观与创作发生了矛盾的现象，却不过是艺术家的世界观自身所包含的矛盾在形象的复杂性方面的表现。这里有两种情况，通常是作为典型例子举出的。

一种情况是：在一定的历史条件下，当一个阶级从兴盛走到腐朽没落的时候，这个阶级中的某些有见识的艺术家常常会起来揭露和批判自己阶级的腐朽现象，一方面对本阶级的腐朽现象感到憎恶，另一方面又对本阶级的即将走向灭亡感到惋惜。例如，人们常常谈到的巴尔扎克对他所同情的贵族阶级的批判就是这样。这种现象，如果从表面上看，就会得出艺术家的创作同他的世界观不一致的结论。实际上，巴尔扎克起来批判贵族阶级，正是他最终要努力维护贵族阶级的利益的表现，也就是他那反映了贵族阶级利益的世界观的表现。正如恩格斯所指出的，巴尔扎克的“全部同情都在注定要灭亡的那个阶级方面”，“他的作品是对上流社会必然崩溃的一曲无尽的挽歌。”[①] 而巴尔扎克对贵族阶级的批判，是站在维护贵族阶级的立场上的。这种批判，是同他的世界观中尊崇贵族阶级，认为贵族阶级本应成为社会的统治者的思想相联系的。他对贵族阶级中的许多腐朽人物的尖刻的嘲讽和揶揄，是因为他们败坏了贵族阶级的“崇高伟大”的风习，动摇和瓦解了贵族阶级在社会上的统治地位。与此同时，他对贵族阶级的敌人——共和主义者的赞美，正是他痛感贵族阶级的腐朽无能的表现，其中包含着巴尔扎克对贵族阶级的不可挽救的腐朽所产生的痛苦和愤慨。他对贵族阶级的同情包含在作品之中，他

① 恩格斯：《致玛·哈克奈斯(1888年4月初)》，《马克思恩格斯选集》第4卷，第463页。

对贵族阶级的批判也不在作品之外，这两个不同的部分都是他自己的思想，都是他对贵族阶级整个看法的组成部分。因此，如果说这里有矛盾的话，也只能是巴尔扎克自己的世界观本身所包含的矛盾。

另一种情况是，前面已经讲过，即那种由于表现了阶级本身存在着的历史的矛盾，因而其世界观本身也内含着矛盾的情况。在这里，人们通常爱举的例子是托尔斯泰。关于托尔斯泰，前面已经作过分析，这里再作一点补充。例如，托尔斯泰在《安娜·卡列尼娜》等作品中对资本主义制度的假、恶、丑的深刻的揭露和批判，是同他的世界观中反映广大俄国农民革命要求的进步方面相联系的；相反，他对无产阶级革命的否定，对“勿抗恶”这一宗教教条的歌颂和赞美，则是同他的世界观中反映广大俄国农民的保守落后的方面相联系的。托尔斯泰创造了 19 世纪下半期至 20 世纪初俄国社会生活的无与伦比的图画。在这幅图画里渗透着托

克拉姆斯柯依《无名女郎》

尔斯泰在他的一生中对俄国社会的观察和认识，异常鲜明地表现了他的世界观的优点和弱点、进步和局限。可见，在这里，矛盾仍然只是艺术家本人世界观内部的矛盾。

因此，我们应当肯定艺术家的世界观同他表现在作品中的对具体生活的认识、评价的一致性，其间并不存在什么绝对不受艺术家世界观制约的东西；同时，我们又要充分注意艺术家的世界观的复杂性，要进行具体的分析。

在进行这种分析的时候，我们还要注意把艺术家自己对其世界观的看法或宣言，同他的世界观在实际上是怎样的这两者区别开来。也就是说，不能只看艺术家自己的声明，或他所宣布的某种抽象的信念，更重要的是要看他通过作品实际所表现出来的思想的实质。例如，有些艺术家自称是无产阶级的艺术家，在某些情况下人们也把他们看作是无产阶级的艺术家，但经过仔细的分析之后，却发现他们并不是什么无产阶级的艺术家，而是小资产阶级的或资产阶级的艺术家。列宁曾指出过，要判定一个哲学家的世界观究竟是怎样的，不能只看他所打的招牌或旗号，而要看他对哲学基本问题在实际上是怎样解决的，也就是要看他的哲学思想的实质是怎样的。对于一个艺术家的世界观究竟是怎样的，我们也应该主要透过他的创作，看出他的思想的实质，不能只看招牌或旗号。

三、艺术家的艺术修养

艺术修养是指艺术家从事艺术创造所必需的各种艺术规律性的知识、本领的培养、锻炼、积累和掌握。

作为专业的艺术生产者，艺术家必须具备两种相互联系、紧密结合着的能力，这就是：特别发达的审美感受能力和传达他对客观世界的审美感受的艺术表现能力。非艺术家当然也在不同程度上具有审美感受能力和艺术表现能力，但是他们毕竟不同于专业的艺术家。前面讲过，分工赋予艺术家的特殊使命和给他创造的客观条件，使得他在这些方面有必要也有可能高于非艺术家。一般说来，基于艺术实践的深度的差异，艺术家比起非艺术家来，在审美感受和艺术表现能力方面，要发展得更为敏锐、全面、突出；同时，对于非艺术家来说，审美感受能力与艺术表现能力之间，不像艺术家那样有着必然的紧密联系。

艺术家的这些能力的获得和发展，一方面要通过艺术家本人在生活实践和艺术创作实践中去锻炼和积累，另一方面也要从学习艺术知识、接受前人的艺术经验中得到培养和提高。此外，还应当注意到某些自然禀赋上的特点的发挥。

在从艺术家的主观方面考察艺术创造的能力时，人们通常使用天才、才能、技巧等概念。下面我们就分别作一些考察。

（一）才能

艺术才能，是对创造艺术形象所需要的能力的统称。任何生产都需要特定的才能，没有艺术才能就没有艺术的创造。艺术才能包括审美感受能力和艺术表现能力，诸如敏锐的观察能力、丰富的想象力、灵活的构思能力，以及对形象塑造方面所体现出来的对于一定物质传达手段的支配能力，等等。因此，要充分展开艺术才能的概念的探讨，必须联系到技巧和天才等问题。这里先就艺术家的审美感受能力方面的特点谈一谈。

同非艺术家相比，艺术家的审美感受能力特别发达。这首先表现在艺术家在生活实践中对他所接触的各种事物的感性具体特征有一种强烈的兴趣和敏锐的感觉。人们都承认，艺术家对于事物的细节具有突出的甚至是惊人的精细观察能力和形象记忆能力，他经常能够在日常生活中迅速而准确地摄取事物的各种感性具体特征，并把它们鲜明地保存在自己的记忆中。而这一切却常常为一般人所忽略。正是因为这样，艺术家的“印象的库藏”要比非艺术家的感受丰富得多、生动得多，能为艺术形象的创造提供足够的原料。因此，具备这种能力是艺术家的最基本的条件之一。

与此相联系，艺术家对生活的认识还带有强烈情感色彩和丰富的想象力，这也是艺术才能的一个重要特点。对于艺术家来说，单是敏锐的观察力和形象记忆力还不够，他不能停留于对事物感性具体特征的单纯的摄取，还要善于通过联想、想象以至幻想，对生动的感性材料进行加工。这是孕育形象、进行构思的基本条件。想象力不发达是难以成为艺术家的。艺术家的这种想象力是同他的理解力交融在一起的，不是一种单纯的感性活动。在浮想联翩中包括着由此及彼、由表及里的理性活动。但它又不同于科学创造活动中的想象，它的特点是伴随着强烈的情感色彩，“登山则情满于山，观海则意溢于海”，由当前事物所引起的想象活动充满了情感。应该说，这种包含着理解、伴随着情感的想象力，是艺术家不可或缺的主观条件。

艺术家比起非艺术家来还有一个更突出的特点，是艺术家具有熟练的艺术构思能力和运用一定物质手段将其创造意图传达出来的能力，这就涉及艺术技巧的范畴。

（二）艺术才能和技巧

艺术技巧是艺术才能的重要组成部分。它体现在构思与传达两方面的活动过程中。

艺术技巧首先包括对创作素材的适当的巧妙的处理，造成集中反映生活本质的艺术形象。生活在艺术中的再现不是生活的原型的简单重复，来自生活的原料不就是艺术作品。考察作品艺术性的高低，既要看它的形象和生活接近到什么程度，也要看它的形象和生活是怎样区别的。生活现象的表面记录，既不能提高群众对生活的认识，又不能满足群众的审美需要，不能称作艺术。素材未经过选择和提炼，没有概括和集中，不能突出表现客观事物的内在意义，不能适当表现艺术家的思想和情感，因而也就不能造成生动真实的艺术形象。所以，艺术家对生活素材的选择、提炼、集中和概括，是艺术技巧的重要内容。

技巧还包括对表现手法的巧妙的运用。艺术家对素材的选择、提炼、集中、概括是一种创造性的加工。为了创造出较之素材更精粹也更完整、更有组织也更富于表现力、更新颖也更吸引人的形象，要求艺术家要善于改造、发展和重新组合他从生活得来的个别印象，使之深刻地揭示生活的内在意义，准确地表达艺术家的思想情感。这就离不开各种表现手法的运用。例如，《红楼梦》对于特定历史条件下的人物性格的描写，它那令人信以为真的虚构，林黛玉、薛宝钗等形象的对比、照应，大观园这一生活环境变化中的起伏、隐显，等等，都说明了巧妙、灵活地运用各种艺术手法，对于形象的塑造具有重要意义。手法运用得如何，可以见出艺术家技巧的高低和熟练程度。

技巧还包括技术的掌握和运用。技术是艺术家支配他所使用的物质材料的本领，例如雕塑家对黏土和大理石的性能的掌握，画家对纸绢、色彩、画笔以至水分的利用，文学家对语法的掌握等等。它在艺术创造活动中不可缺少，但技术的运用是从属于技巧的，任何高明的技术都不能独立地在创造艺术形象的活动中起作用。要创造出富于创造性的艺术形象，从而揭示所描写的对象的真实意义，体现艺术家的思想情感，脱离了构成高度熟练的技巧的其他因素是不可能的。“能工”不就是“巧匠”，只有独具匠心的人才是艺术家，才是创造者。

艺术技巧的意义不只在于完美的艺术形式的创造，更重要的是使完美的艺术形式的创造同艺术的内容相结合。艺术技巧的运用不能脱离艺术家对生活的特定认识和反映对象。真正出自高度艺术技巧的作品，可能是非常独特的，同时却又是合乎实际的；常常在方式上既是巧妙的，也是朴实的。巧妙和朴实的形象都植根于现实生活，装腔作势与巧妙对立。创造性的形象较之生活本身更精粹更动人，不是冷淡和乏味地简单记录现实现象，常常显示着艺术家那种出众的巧妙的安排。但是，如果脱离生活的基本特征，单纯地追求所谓巧妙或新奇而玩弄技巧，不是群众所需要的作风。变形和夸张不等于形式主义，而歪曲生活却不是进步的革命的艺术家所要求的技巧。

艺术技巧的掌握和提高，其基础是艺术家的生活实践和艺术实践。在艺术创作中，怎样表现是根据表现什么的要求提出来的。如果作者缺乏表现什么的现实根据，也就不能向自己提出怎样确切地加以表现的迫切要求，因而也就不能找到准确的技巧和手段。艺术家只有不断熟悉生活，拥有丰富的生活经验和知识，才能不断地提高艺术的技巧。艺术家的艺术技巧的提高，是在不断提高认识水平的条件下完成的。提高了认识生活的能力，直接作用于艺术技巧的提高，有效地促进艺术技巧的提高。鲁迅的小说《阿 Q 正传》所表现出来的思想的深度和艺术的高度，是作家艺术技巧和认识能力密切结合的表现。表现在阿 Q、假洋鬼子、小 D、王胡以至小尼姑等形象塑造的艺术技巧的成就，和作家对半殖民地半封建社会下的中国农村的深刻认识分不开。有一些作品形象模糊和形式单调，技巧不高，常常是作者生活贫乏和认识模糊的表现。那种似乎放在什么情景都合适、其实和任何情景都不吻合的表情，那种似乎和谁的个性都能适应、其实和谁的个性都不吻合的动作，既是因为作者不熟悉他所描写的对象，缺乏深刻的感受，也是由于缺乏入木三分的眼力，未能在现实中发现事物最主要的特征，未能洞悉事物各方面的相互联系，未能掌握各种事物的相互联系所产生的社会意义。

提高艺术技巧的另一个重要方面，就是艺术的专门知识的掌握。凡是成功的作品，都体现着关于塑造典型以及表达主题、结构故事和运用语言等等规律性的知识。历代艺术家和艺术理论批评家有关艺术创造经验的总结，包含着有关艺术规律的各种重要的知识。这些知识是历代艺术家在创作实践中积累和丰富起来的，是劳动和智慧的结晶。艺术知识是随创作实践的发展而变化的，新的创作实践不断发展着这种知识。

没有一成不变、到处可用的万应灵丹，但轻视这种知识是错误的。这种知识愈丰富，愈有利于艺术家技巧的提高。

（三）艺术才能和天才

在艺术史上有许多这样的艺术家：他们的作品在某一种艺术领域或这个领域的某一方面，开创一个新的局面，他们或者在发掘生活的美，反映生活的深度与广度上，或者在艺术创作的形式和手段上，做出了极其卓越的，甚至是不可企及的发现或创造。人们通常称这样的艺术家具有艺术天才，借以和一般的艺术才能相区别。

关于天才和才能的区别，在历史上早就为艺术批评家、艺术理论家和美学家注意到了，并且作了很多的研究。例如，我国古代绘画批评中关于“神品”与“能品”的区分，认为“神品”高于“能品”的看法，就包含着对天才和才能的看法。但是，在对艺术天才的本质的解释上，往往带有唯心主义的色彩，把天才说成是一种纯粹先天的，甚至是神秘莫测的能力。

我们认为，天才是与一般才能有区别的，但又是从一般艺术才能的基础上发展起来的。所谓艺术天才，可以说就是具有高度的洞察力、优异的创造性的艺术才能。艺术天才的作品不是靠模仿或套用某些既定的规则制作出来的，而是能创造出堪称典范的开创性的作品，对当代和后世产生巨大深远的影响。

历史表明，任何一个艺术领域中的天才的出现，都不是偶然的；艺术天才是时代的产儿，是有关领域内群众智慧和前代艺术家的经验积累的结晶，也是天才艺术家个人勤奋锻炼、艰苦探索的结果。当然，这和艺术家个人的自然禀赋方面的优越条件并不矛盾。如果缺乏个人在艺术上的勤奋锻炼和艰苦探索，那么所谓天才也只不过是一种不结果实的空花。不能否认，个别部门的艺术家的才能，在一定程度上包含着所谓天赋性的生理因素，但这种先天性的因素对艺术家那出众的才能并不起决定作用。而起决定作用的，仍然在于后天的学习和实践活动。

在艺术史上，天才的艺术家常常是开辟一个新时代的大师。其所以如此，最根本的是决定于他所处的一定社会的历史条件，决定于他同一定的历史时代的关系，决定于他在特定条件下的社会实践使他具有比其他艺术家更加广阔的视野和深刻的思想，因而能够揭示出其他艺术家尚未觉察到的时代生活的本质，发现其他艺术家尚未发现的新的美，在艺术上作出前无古人的创造。

艺术天才在艺术方面的开创性发现，离不开艺术经验的历史积累。文艺复兴时期，在艺术的各个领域内出现了一大批艺术大师。除了时代的条件外，从艺术上说，那是与对古代希腊艺术以及其后的各种艺术经验的继承分不开的。我国唐代以李白、杜甫为代表的天才诗人的产生，除了他们生活于其中的社会条件，明显的是与继承我国从《诗经》《楚辞》开始的诗歌创作经验密切相关的。没有各个艺术领域的艺术经验的积累，艺术就不可能有新的突破和发展，艺术天才不能凭空产生。

当然，客观的时代需要与艺术经验的历史积累，只是为艺术天才的产生提供必要的条件；要成为艺术天才，还需要个人具备一定的条件。一如上述，其中还要包括个人自然禀赋上的特点；如果根本否认人们在自然禀赋方面存在的差异是不对的。由于先天遗传方面和后天生活条件方面的不同，人们在从形体到感觉器官以至大脑等生理器官上，都有虽然不可夸大但也无可怀疑的差别，因而造成人们的反应能力及其灵敏度上的不同。这些差别，在表演艺术家身上表现得特别显著。对于生理禀赋方面的问题，还有待于自然科学进行深入的研究，做出科学的解释。但是，艺术天才具备一定的优越的自然禀赋（或叫天赋）却是应该肯定的，这种优越自然禀赋给他们的艺术创造提供了有利的条件。

不过，天才虽然同天赋分不开，但整个说来，天才不是自然的产物，而是社会历史的产物。天才创造艺术作品的能力，不是生下来就有的，而是在后天的社会实践的过程中发展起来的。天才的艺术作品虽然不是按照某些既定的规则制作出来的，但也决不是没有规律可循。即使天才艺术家不能科学地指出他如何产生出自己的作品，但经过科学的研究却完全可以说明这些作品是如何产生的。事实上，一切伟大的艺术天才的艺术创造都没有也不可能违背艺术创造的一般规律。前面已经指出，在对艺术创造的各种技能和手法的掌握上，即使是最伟大的艺术天才，也需要进行勤奋的学习。

艺术天才的取得需要广泛和深刻的修养，并且需要进行刻苦的锻炼。“天才在于勤奋”这句至理名言，也完全适用于艺术天才。一个具有高度艺术才能的艺术家，只要努力扩大自己的思想和艺术修养的范围，不断提高自己感受和认识生活的能力，从生活中发现前人所不曾发现的新的美，并且在艺术上找到了适当的表现形式，那么就有可能成为一个天才的艺术家。相反，一个有天才的艺术家，如果放松了思想和艺术的修养，失去了对生活的不断更新的独特的感受和认识的能力，在艺术上又简单地重复着原有的东西，那么他的艺术天才就会衰退，甚至蜕化成为一个平庸无能的艺术家。

艺术的才能和天才，作为艺术创造的主体所特有的能力来看，对于艺术家来说是十分宝贵的东西。艺术家只有通过长期辛勤的劳动，通过孜孜不倦的生活实践和艺术实践，才能使自己的才能和天才得到发展。否则，具有再优越的艺术禀赋，最后也只能成为一朵不结果实的空花。

第三节 艺术家的创作个性

以上我们分别地考察了艺术家作为创造的主体所必须具备的各个条件：生活实践、世界观、技巧、才能和天才。当着这些条件在相互的联系中发生作用的时候，它们就共同形成了一个艺术家所具有的创造能力。这种创造能力，以运动的形态表现在艺术家的创作活动中，又以静止的形态表现在艺术家所造成的作品上。就这种能力的产生和活动的一般规律来说，不论在任何艺术家那里都是相同的。但就这种能力在每一个艺术家的创作活动中的具体的实现来说，又带有各不相同的特点。这种表现在艺术家的创作活动和作品中，使一个艺术家同其他所有艺术家相区别的特殊性，就是艺术家的创作个性。

一、审美意识的特点与创作个性

人们对现实的审美意识，如我们在第二章中已经指出过的，同个人的爱好、趣味密切相关，具有无限丰富多样的个性差异。而艺术创作是艺术家对现实的审美意识的表现，因此它不可避免地要显示出不同艺术家的个性差异。艺术家的创作个性，也就是艺术家的审美意识的个性差异在艺术创作上的特殊表现。

对于艺术家来说，创作个性的问题具有极为重要的意义。艺术家如果没有自己的创作个性，那么不论他的作品所反映的内容的意义如何重大，反映的知识多么丰富，其成果都不可能具有为其他艺术家的作品所不能代替的特殊的美和感染力。一切伟大的艺术家都是由于他们具有自己的鲜明的创作个性，才能对艺术的发展作出独特贡献，用自己的与众不同的作品丰富了人类艺术的宝库，使社会的多种多样的审美需要得到满足。

如果我们把艺术创造同科学认识作比较，那么，创作个性对艺术家所具有的重要意义，就可能了解得更加清楚。不同的科学家对于同一对象的研究，只要他们所得的结果都符合于客观实际，那就必然是彼此一致的，决不会因为科学家个性的不同而产生重大的差异。艺术家对客观

宋人《出水芙蓉》

八大山人《墨荷图》

世界的美的反映则不是这样。由于客观世界的美只能存在于无限丰富多样的感性具体的形态之中，审美主体对它的感受也是无限丰富多样的，这就使艺术家对客观世界的美的反映，有了发挥他个人主观方面的特点的广大空间。而且艺术家只有使他个人主观方面的特点得到充分发挥，对客观现实的美作出为他个人所特有的独创性的发现，他的作品才是更有审美价值的。例如，荷花作为植物学的对象，不同的植物学家对它的科学认识，决不会因为植物学家个性的不同而不同。但荷花作为审美反映的对象，不同的画家对它的反映却必然要因为画家创作个性的不同而形成差别。宋画《出水芙蓉》中的荷花和八大山人笔下的荷花，齐白石笔下的荷花和潘天寿笔下的荷花，其个性的差异是多么明显！正是这种个性差异使得荷花的丰富多样的美，在绘画艺术中得到了多方面的反映，并使欣赏者对荷花的多样的审美趣味得到满足。

齐白石《墨荷图》

潘天寿《映日》

但是，不能认为艺术家个人主观方面的任何一种特点都是值得肯定的，都能使他所特有的创作个性获得切合需要的表现。因为，如我们在第二章中已经指出过的，审美意识的个性差异同审美意识所包含的客观普遍的内容是辩证地统一在一起的。审美意识的个性差异所具有的意义和价值，它的存在的合理性和必然性，就在于它是客观存在的无限丰富多样的美的反映形式。审美主体个人主观方面的特点，只有同时又恰好是客观存在的美的一种独特的反映，才能形成真正的创作个性。相反地，如果它不包含客观的美的内容，那么，不论它如何独特，都不可能构成与群众的审美需要相适应的艺术家所特有的创作个性。如果艺术家把创作个性理解为主观随意性的东西，那么他的创作个性难免是一种虚假的创作个性，不具有客观的美学价值。

总之，创作个性就是一个艺术家区别于其他艺术家的主观方面各种具有相对稳定性的明显特征的总和，它是在一定的生活实践、世界观和艺术修养基础上所形成的独特的生活经验、思想情感、个人气质、审美理想以及创作才能的结晶。这种创作个性，集中地表现在如下两个方面：一是对于现实美的独特的感受和认识，一是独特的表现方法；这后一方面又可以从艺术构思的独特性和艺术传达的独特性上加以分析。

每一个具有自己鲜明的创作个性的艺术家，对客观现实的美都有一种不同于其他艺术家的独特的感受力，特别适合于敏锐地捕捉那打动了他的某一种特殊的美。这，不但表现在不同的艺术家各有其特别喜爱的取材范围，而且在同一取材范围之内，也各有其特别敏感的方面，独特的感受和情感体验，以及不同角度和深度的认识。这种和艺术家的个性气质相连的独特的审美感受的能力，就是构成艺术家的创作个性的最基本的东西。如果艺术家对现实的审美感受没有他自己独特的敏感性，他就不可能形成自己所独有的创作个性。同时，艺术家的独特的感受和认识，要求有独特的与它相适应的表现形态和方法。这既表现在不同的结构方式上，也表现在对一定的物质材料的掌握和运用的特殊方式和技巧上。

如果以取材范围相同的艺术家作比较，那么，在上述几点上表现出来的创作个性的区别，便看得很明显。例如，同样是要描写黄山之美，渐江对于黄山的幽深宁静之美，有一种非常细腻的独特的感受，而石涛则最善于捕捉黄山那出人意表的奇幻之美；渐江的黄山画，其构思常常是截取黄山的一角，反复地加以品味和玩赏；石涛的黄山画，则常常是“搜尽奇峰打草稿”，在广大的空间内画出黄山奇崛的气势和风貌；同样是运用中国画的笔墨，渐江的笔墨经常在追求着一种所谓“天真幽淡”的趣味，用墨以干淡墨为主，笔锋藏而不露，线条柔和婉转；石涛的用墨则常常是酣畅淋漓的，笔势的运动感极为强烈，以奔放雄浑取胜。又例如，同样是描写俄国社会下层人民的生活，契诃夫对下层人民在痛苦生活的压迫下仍然保持着正直、善良、纯洁、温和的品性有一种特殊的敏感和深切的了解，高尔基则非常注意和珍视下层人民那种对美好生活的毫不掩饰的热烈的渴望，他们的乐观、开朗、无畏的性格；契诃夫对俄国下层人民生活的描写，常常是选取一个看来是很平凡的情节，据此对人物的内心世界进行细致的搜索、发掘和钻探；高尔基则常常是在剧烈的矛盾冲突中，在人物对周围世界的同情或反感的行动中来塑造人物。契诃夫和高尔基在语言的运用上，一个以细腻、精确、柔和为其特色，一个则即使是在进行细致的描写的时候，也显出一种刚劲、明快、饱含激情的特色。

艺术家对现实的审美感受和认识的独特性与表现方法上的独特性，这两者的一致、符合或统一，就构成了真正的创作个性，其中前者是最根本的东西。当然，在艺术家还没有取得与自己的独特感受和认识相适应的表现方法之前，还不能说最终形成了现实的创作个性。但是，无论表现方法具有多么重要的意义，如果离开了对现实的独特感受和认识，即使追求形式上的与众不同，甚至企图“惊世骇俗”，也会变成实质上的空虚、卖弄、矫揉造作。

石涛《黄山图》

二、创作个性的形成和发展

艺术家的创作个性的形成，既同艺术家个人自觉的追求和探索分不开，又跟社会历史的因素密切相关。

从社会历史的发展来看，一定历史时代的审美需要对艺术家的创作个性的形成，起着最为重要的影响。它规定着艺术家朝着怎样的方向去形成和发展自己的创作个性，并给他的创作个性打上深刻的社会历史的烙印，赋予它以具体的社会历史的内容。唐代“边塞诗人”岑参的那种具有强烈的崇高感的创作个性，只有在唐王朝对自己抗御强敌的力量还未失去信心，同时它的内部矛盾又已经开始尖锐起来的历史时代才能形成。鲁迅那种无情地揭露一切黑暗现象，在极度的冷静中又饱含着热烈的激情的创作个性，只有在他生活的那个“风雨如磐暗故园”的严酷的斗争时代才能形成。艺术家是时代的产儿，不论他是不是自觉到这一点，他的作品的命运决定于这些作品能否满足一定时代的一定社会群众的审美要求，他的创作个性不可能不受到时代的审美要求的影响。一个真正革命的艺术家的创作个性的形成和发展，总是和群众的审美需要密切结合着。有时艺术家自以为他是在违背着时代或社会的审美需要而独立地形成和发展着自己的创作个性，其实这是由于在社会上流行和占统治地位的审美需要之外已经有某种新的审美需要发展起来，社会要求在促使能够适应这种需要的具有新的创作个性的艺术家产生。艺术家认为他可以不管社会的任何审美需要而独立地形成他的创作个性，这实际上只是一种未必能为艺术家所认识的假象。

社会历史因素对于创作个性形成所起的作用，还表现在传统的继承和同时代艺术家之间的相互影响方面。艺术家的创作个性的形成，是同他继承前人的成就这一历史条件分不开的。艺术家只有广泛地从前代大师的成就中吸取适合于自己需要的东西，才能形成、丰富和发展自己

沈石田《庐山高图》

吴镇《溪山高隐图》

的创作个性。这种吸取不应当是生搬硬套，而应当是既有所舍弃，又有所吸收的。

每一个艺术家的创作个性的形成，都同对前代的艺术家的伟大创造的批判继承分不开。大量的事实告诉我们，艺术家在形成自己的创作个性之前，开始都要经历对前代的艺术家的模仿这样一个幼稚的阶段。这既是学习吸取前人的成就所必需的，又是通过了解前人的成就，从中受到启发，进而发现自己特有的个性气质所必需的。但是，如果忽视自己的个性气质，止于机械地模仿前人，那就是一种不利于形成创作个性的因袭。模仿只应该成为艺术家形成自己的创作个性的一种必要的准备和手段，它本身绝不是目的。此外，为了形成自己的创作个性，艺术家既要尽可能广泛地了解和学习前人的成就，同时又要特别重视对那些同自己的个性气质相近以至相反的艺术家的学习。如沈石田对吴镇等画家的学习，鲁迅对果戈理、显克微支、嵇康、唐代传奇等的重视研究，对于形成他们的创作个性都起了重要作用。而对于不应当如何创作的自觉性，也往往是从艺术家对于与自己的艺术个性不协调的作品的观摩活动中形成的。

肯定创作个性的形成在客观上受社会历史条件的制约，并不意味着它是纯粹消极被动的。恰恰相反，不论在哪个时代，出人头地的创作个性的形成，都是艺术家进行积极主动、艰苦探索的结果。这种探索集中地表现在前面说过的两个方面，即对现实美的独特发现和寻找相应的独特表现方法。

艺术家的创作要避免与别人雷同，首要的一点就是必须在对现实的认识方面多下功夫，努力发掘别人尚未认识或认识不深的方面、特点和意义，争取达到感受与认识的新的高度或深度，这样才能产生具有美学价值的创新，才能为创作个性的形成发展打下巩固的基础；否则就难免流于平庸，不但作品中的人物会“千人一面”，连同艺术家本人也不能不是“千人一面”的，无创作个性可言了。当然，探索独特的表现方式（包括构思和传达），在艺术上也不是可以轻易达到的。我国文学史上记载的许多诗人“苦吟”的事迹，表明了这种探索的艰苦性。“两句三年得，一吟双泪流”，这样的描写未必就是夸张。李贺为了寻求表现他那举世无双的奇特感受的方法，确实到了呕心沥血的程度。唯其如此，他才在文学史上成为一个具有不可重复的鲜明的创作个性的作家。

倪云林《容膝斋图》

对于创作个性的探索的艰苦性，有时由于外部条件的影响而复杂化。在某些情况下，由于某种已经过时的或腐朽的审美需要在社会上占着绝对统治的地位，艺术家为形成和过去时代不同的新的创作个性而进行探索的主动性、积极性遭到了压制。但从人类历史的发展来看，这只能是一种暂时的现象。社会的审美需要终究要冲破一切保守的力量而向前发展。当这一种新的审美需要在一个保守的社会内部萌发和生成起来以后，它就会随着它的发展而成为推动许许多多艺术家去进行新的探索的强大的力量。在艺术史上这种深刻转变的时期，如我国的盛唐时期，西方的文艺复兴时期和19世纪末至20世纪初这一时期，艺术家为了形成和新的审美需要相适应的创作个性，不但要在艺术上进行紧张艰苦的探索，而且还要同已经过时的或腐朽的审美需要进行斗争。这种斗争相当复杂，往往要比艺术家在艺术上进行的探索更为艰苦。

为了有利于创作个性的形成，艺术家应当既了解社会的健康的审美需要，同时又了解自己的个性气质的特点和优点的所在，在长期的生活实践和艺术实践中，扬长避短，通过充分发展自己的个性气质的优越性，去找到自己的个性气质同社会的审美需要的联结点或通道，最后形成自己所特有的创作个性。历史上许多艺术家的经验告诉我们，发挥自己的个性气质之所长而避其所短，对艺术家的创作个性的形成具有重要意义。相反，硬要追求某种同自己的个性气质格格不入的创作个性，其结果只能遭到丧失个性的失败，至少会走一段弯路。例如，明代的大画家沈石田，在青年时代学画的时候，他的老师要他临摹以“平淡天真”为其特色的倪云林的画，他总是不能把倪云林的那种若不经意、含而不露的笔墨趣味接受过来，表现出来。这就说明沈石田的个性气质和倪云林的那种创作个性不能相投。而沈石田在他后来的艺术实践中，没有强使自己去追求倪云林的那样一种创作个性，而是着重学习同自己的个性气质相近的巨然、董源、吴镇等人的画法，从而进行新的创造，终于形成了他

王维《辋川图》（唐摹本局部）

自己在笔墨方面很有特色的创作个性。

艺术家的创作个性形成之后，并不是一成不变的，而是自觉或不自觉地处在变化之中。这种变化，基本上有两种情况。一种主要是量的变化，是已经形成的创作个性的不断丰富和完善。另一种是质的变化，即从原先形成的创作个性转变到一种具有崭新性质的创作个性；尽管这种转变并不会使艺术家失去他的创作个性的前后的一贯性或连续性，但这种转变是一种明显的质的变化。

艺术家的创作个性基本形成之后，需要不断加以丰富和完善。只有在这种不断丰富和完善的过程中，他的创作个性才可能保持着常新的生命。否则，那已经形成的创作个性，就会逐渐地变得贫乏、单调，以至于完全消失。拿鲁迅的小说艺术来说，他的《狂人日记》的发表，无疑标志着他所特有的创作个性的形成。在这之前，他曾用文言文写过小说，那时还缺乏鲜明的创作个性。《狂人日记》发表之后，鲁迅连续不断地写了一系列小说，而每一篇新的小说的发表，都从某些方面使鲁迅的已经形成的创作个性得到了丰富、发展和完善，以更加突出鲜明的形态呈现在读者的眼前。我们试把他的《狂人日记》和后来的《孤独者》加以比较，虽然两者都鲜明地显示出鲁迅特有的创作个性，然而后者在对人物的个性心理的刻画上有了很大的发展，比《狂人日记》更加细腻、深刻和丰富，更能够显示出鲁迅那种在冷静的观察和描写中饱含着热情的创作个性。有一些艺术家，在他们的第一篇成名之作中相当鲜明地显示出他们的创作个性，然而在后来的作品中，这种个性却一天天地变得淡薄起来，像影子似的消失了。这是由于艺术家的创作个性本来就不成熟，而且在初步形成了自己的创作个性之后，又没有进一步去努力发展它、丰富它。其所以如此的原因，可以是多种多样的，但最重要的原因常常是财力的不足

马约尔《河流》

莫奈《日出印象》

和生活积累的不足。对于艺术家来说，为了不断地丰富和发展自己的创作个性，最重要的是始终努力保持着自己对生活所特有的活跃的和新鲜的感受，在不断深入生活的过程中，不断开拓自己的创作新领域，并且在对艺术的形式和技巧的掌握等方面，孜孜不倦地进行探索性的实践，始终不满足于既得的成就。如果艺术家老用同一的方式讲述着人们已经听厌了的老故事，那么，他的创作个性虽仍存在，但它的生命却完结了。

社会生活本身是充满着矛盾冲突的，所以，艺术家的创作个性也会在某些情况下，由于社会生活的重大变化或艺术家个人的生活经历中某种深刻的转折和变迁而发生变化。这种变化常常不只是原有创作个性的更加丰富和完善，而是在根本性质上产生了判若两人的状况。例如，唐代诗人王维，早年的作品具有一种积极进取的精神，在相当广阔的范围内反映了唐代的社会生活和斗争，其意境常常是振奋的、壮美的；到了晚年，王维却转而集中描写田园山水的自然美，在意境的创造上致力于追求一种宁静中的优美，其情调有时是低沉的。这种变化，从着重描写社会生活斗争中的美转向着重描写自然的美，从着重创造壮美的意境转向着重创造优美的意境，明显地表现出王维的创作个性在早年和晚年发生了性质上的变化。如果从王维对社会生活斗争厌倦、逃避转向田园山水来看，可以说是一种消极的变化。但从王维开拓了他自己的创作的新领域，在对自然美的表现上作出了贡献来看，又具有不能一概否定的积极意义。不同历史时代的艺术家，其生活和创作的发展道路是极其复杂的。我们在分析艺术家的创作个性在他的一生中所发生的性质上的变化时，需要作具体的历史的考察。有些变化是向前发展的变化，是向一种更高的新的创作个性跃进，有些则是一种向后倒退的变化。也有一些变化，从某一方面来看是倒退了，从另一方面来看却又包含有某种积极的意义。

前面我们已经指出过，艺术家的创作个性的形成不只是一种个人的现象，而且是一种社会的历史现象。文学艺术史的事实告诉我们，某一门艺术的高度繁荣时期，也正是艺术家的多种多样的创作个性得到充分发展的时期。如我国唐代诗歌艺术的繁荣就是这样。艺术的繁荣同艺术家的创作个性的充分发展，是相互依赖、相互促进的。相反，当艺术走向衰颓的时候，艺术家的创作个性就会变得模糊不清，单调一律，或者用各种主观随意的虚假的创作个性来冒充真正的创作个性。此外，在不同的艺术部门中，艺术家的创作个性的形成和发展，也带有不同的历史特点。例如，在雕塑、绘画艺术中，当着强调对客观对象的再现时，艺术家虽然也有着各不相同的创作个性，但他们之间的共性却占着优势，相互类似的地方多于相互区别的地方。如古希腊的雕塑、我国北宋的山水画就是这样。相反，当着强调艺术家的主观的思想感情的表现时，艺术家的不同的创作个性之间虽然也会有某些共同点，但他们的相互区别却占着优势，个人的独特性显得十分突出，如西方 19 世纪以来罗丹或马约尔等人的雕塑，中国元代的山水画，19 世纪末期法国印象派的绘画，就是这

罗丹《思想者》

样。艺术家的创作个性的历史发展的问题，是一个复杂问题，需要以艺术品和艺术家为主要对象，作许多辛勤而又有趣的研究。

我国现代进步的、革命的艺术，自“五四”运动以来，艺术家的创作个性得到了显著的发展，出现了不少具有自己的鲜明的创作个性的艺术家。但由于我国长期是一个封建的、家长制的个体小生产占优势的国家，文化落后，在长期的革命斗争中又处在极其艰苦严酷的生活条件下，人民的个性虽已从反动统治阶级的压制下解放出来，但是因为种种原因，还没有得到可能有的充分发展。这种情况，不能不对当代艺术家的创作个性的发挥产生不利的影响。为了繁荣我们的艺术，我们需要不断清除阻力，克服一切妨害艺术家的创作个性发展的错误思想，例如唯心主义形而上学。

第四章 艺术创作活动

艺术创作活动是内在的认识活动和外在的制作活动的统一体，也就是艺术构思活动和艺术传达活动的统一体。因此，对艺术创作活动的科学的考察，不外从表现什么与怎样表现二者之间相互的联系与作用中，分别考察构成艺术创作活动的这两个方面的规律性。

第一节 艺术创作中的构思活动

艺术构思是一种极为复杂的精神活动。艺术形象是怎样在艺术家的头脑中产生的，艺术家在他的脑中构成艺术形象的途径和规律是怎样的，到目前为止，还是一个尚待从各方面进行深入研究的问题。我们在下面所谈的，只是一些粗浅的看法。

一、艺术构思作为一种认识活动的特点

艺术构思在本质上是一种认识活动，是在艺术家的头脑中反映、再现客观现实的感受、认识过程。它遵循着人类认识的普遍规律，也是从现象深入到本质，从感性认识发展到理性认识。但是，艺术家通过构思创造艺术形象以再现现实的活动，与理论家通过抽象思维达到“思维的具体”以再现现实的活动，显然各自有其不同的特点。关于艺术家反映、再现现实的认识活动的特点问题，在中外文艺理论和美学史上，早就受到重视并作过许多探讨。例如，古希腊的阿波罗尼阿斯指出了“想象”是“指导”艺术家“造型”的特殊的智慧；中国古代诗论中的“比、兴”，也与联想和想象有关；刘勰在《文心雕龙》中使用“神思”这个概念来表述艺术构思的特点，也是想象的意思。但在很多情况下，这种研究还只是限

于单纯地对想象这种心理活动形式的描述。明显地把想象与理性对比来研究，并把二者绝对对立起来的，是欧洲古典主义文艺理论家。18 世纪初的维柯把想象与理智看成互相排斥、绝不相容的两件事：诗歌完全出于想象，而哲学则完全出于理智。他认为“推理力愈薄弱，想象力愈雄厚”，因此“诗的性质决定了任何人不能既是诗人，又是大哲学家。”[①] 中国清末的王国维称赞李煜的“赤子之心”对词创作的重要，也提出了偏颇的看法。[②]19 世纪的一些德国古典哲学家，从不同的哲学基础上企图把艺术家的认识活动中的感性与理性调协或结合起来。康德在其思辨的哲学体系中安置了一个“反省的判断力”的原则，认为艺术创作活动靠的是“天才”的“直观的理性”，这种直观的理性既非理智，又非感觉，而是二者之间的调解环节。但是，由于康德在其美学理论中特别强调审美活动不以概念为基础，是一种非逻辑活动，这就为后来发展成完全排斥理性的直觉主义美学观点打下了基础。例如，克罗齐就宣称“艺术，即创造，即直觉”。黑格尔从另一个角度很高地评价了康德的“直观的理性”的原则，并在客观唯心主义的哲学基础上发展了这个原则。黑格尔认为：艺术家不应当“按照哲学方式去思考”，艺术家认识活动的特点是“想象”，但这种想象活动并不与理性活动相排斥，相反地，艺术家也要“求助于常醒的理解力”，“没有思考和分辨，艺术家就无法驾驭他所要表现的内容（意蕴）。”[③] 继承了黑格尔思想的俄国文艺批评家别林斯基第一次使用了“形象思维”这个术语，用以表述艺术家在观念中构思艺术形象的活动的特点；此后，俄国革命作家高尔基、法捷耶夫等人接受了这一术语，并进行了发挥。我国的文艺界，建国以来普遍地采用了这个术语，把它运用于

①《古典文艺理论译丛》1966 年第 11 期。

② 王国维：《人间词话》。

③ 黑格尔：《美学》第 1 卷第 3 章。

文艺理论和文艺批评中。“形象思维”这一术语是否确切和妥当，或者是否另有更好的术语来表述艺术构思的特点，还可以继续研究。我们认为重要的不在于术语，而在于如何具体揭示艺术家构思活动的过程及其心理机制，从中找出既符合于认识的一般规律性，又有别于一般规律的特殊规律性。

实际上，艺术家创作艺术形象的认识活动，并不是单纯的感性认识，更不是什么脱离理性而独立的直觉。它虽然带有不同于科学家的认识活动的特点，但实质上仍然是对客观世界本质的认识；感性和感情固然重要，但不能离开理性。艺术的反映不仅仅从现象上如实地记录生活，同时还这样那样地解释生活，对生活现象作出相应的评价和判断。例如，莎士比亚、巴尔扎克、托尔斯泰、高尔基、鲁迅以及其他各个时代的许多伟大的作家，如果在创作时没有理性的作用，就很难设想他们如何能够在自己的作品中那样深刻地揭示出时代生活的本质。创作反映复杂的社会斗争、高度概括一个时代的社会生活的作品，固然必须有理性的作用，就是创作描写山水花鸟的作品，在根本上也离不开理性的作用。因为艺术家对客观世界的形象的反映，例如对自然景色的描绘，总是或明或暗地表现出他对于某种社会生活的思想情感、看法或理想，而这种理想是和艺术家在长期生活实践中对生活的理性认识分不开的，是和艺术家对于生活的根本看法——世界观分不开的。就连资产阶级艺术家中那些根本否认思维的意义的神秘主义者，在实际上也不能离开思维而创作，只不过他们的思维是脱离现实、任意歪曲生活的错误思维罢了。普列汉诺夫曾正确指出：“一个神秘主义的艺术家并不轻视思想内容，只不过赋予思想内容以一种特殊的性质。神秘主义也是一种观念，不过它只是像雾一样模糊不清和没有定形的一种观念，它同理性是绝对不能相容的。神秘主义者不但不反对叙述，而且甚至也不反对论证。不过神秘主义者所叙述的是一些‘从未有过’的东西，而在论证中也是以否定常识为出发点的。”①

但是，由于艺术是通过对客观世界的感性具体的反映去揭示生活的本质，而不是以理论的概括去揭示生活的本质，这就使得艺术家和科学家在具体的思维过程中有其不可互相混淆的特点。对于现实事物的感性具体的形象的直接感受，无论对于艺术家或科学家说来都是认识的起点，但在认识的进程中，科学家的认识一旦达到了理性的阶段就脱离了感性具体的个别事物，把它转化成了抽象的概念、范畴、规律，通过由这些概念、范畴、规律等等所构成的理论的体系去揭示出事物的本质。艺术家的认识则不是这样。艺术家对事物的本质的把握虽然和科学家一样必须从感性认识进到理性认识，运用概念进行判断推理，但艺术家对事物的本质的思维过程，始终不脱离对事物的具体的形象的感受；所得到的结果也不是一个抽象的理论体系，而是集中显示了事物本质的典型的艺术形象。艺术家对事物的本质的思维同他对事物的具体形象的感受这两者的不可分的结合，就是艺术家的认识活动的特点。

有一种不符合艺术创作实践的论调，它把艺术构思过程中的概念和形象分成两个阶段，以为第一个阶段是通过思维获得对事物的本质的抽象的概念的认识，然后再把所获得的这种抽象的概念的认识加以“形象化”，或把它“复现”为形象，“翻译”成形象等等，这对于艺术的创作构思，是一种不符合于创作实际的机械的理解。如果按照这种说法去进行创作，其结果只能割裂艺术创作这一有机活动的整体，丧失油然而生的激情，难免产生公式化、概念化的作品。

事物的形象是直接诉诸人的感官的个别的东西，而思想的对象则是事物的内在本质，是只有通过思维的活动才能把握的一般的东西。列宁曾经说：“个别一定与一般相联而存在。一般只能在个别中存在，只能通

① 普列汉诺夫：《没有地址的信·艺术与社会生活》，第240页。

过个别而存在。任何个别(不论怎样)都是一般。任何一般都是个别的(一部分，或一方面，或本质)。”[①] 现实生活中个别与一般相联系而存在的辩证法，是艺术家之所以能够在个别与一般的直接统一中去把握现实的客观根据。然而一般的东西虽是与个别相联系而存在的，却不是仅凭感觉可以把握的，即不是对个别事物获得一个感觉印象就能认识事物的内在本质(一般的东西)。因此，艺术家要直接从个别之中把握一般，只有在这样一种情况下才是可能的，那就是艺术家不仅对个别事物所呈现的种种感性具体的现象有着丰富的、确定具体的认识，而且对这些现象所包含的本质的意义有着相应的理解。如果艺术家在生活中所见到的只是种种感性具体的个别现象，对这些现象的本质没有理解，那就不能设想艺术家怎样能从对感性具体的个别事物的直接感受之中把握到事物的本质。毛泽东在论证认识从感性阶段到理性阶段的辩证发展时曾指出：“感性和理性二者的性质不同，但又不是互相分离的，它们在实践的基础上统一起来了。我们的实践证明：感觉到了的东西，我们不能立刻理解它，只有理解了的东西才更深刻地感觉它。”[②] 由此看来，直接从个别之中把握到一般，客观方面是因为现实生活中个别与一般、现象与本质是相联系而存在的，主观方面是因为艺术家对现实的认识达到了感受与理解的统一。

艺术构思是在感受与理解的统一的基础上产生的，因此，当艺术家对事物的认识还没有达到感受与理解的统一，两者之间还有矛盾，艺术构思就不能顺利地进行或遭到破坏。从艺术家对事物的理解方面看，如果艺术家对事物的理解还仅仅停留在抽象的概念的认识上，而不是从大量的丰富具体的感性经验中获得的理解，并且是和对事物的感性形象的

① 列宁：《哲学笔记》，《列宁全集》第 55 卷，人民出版社 1990 年版，第 409 页。
② 毛泽东：《实践论》，《毛泽东选集》第一卷，第 263 页。

直接感受结合在一起的理解，这时艺术家就会陷入简单地为某个抽象的概念寻求形象的图解，导致创作上的公式化、概念化；从艺术家对事物的感受方面看，如果艺术家对事物的感受还仅仅停留在纷乱的现象上，艺术家对他所感觉着的客观事物还没有深刻的理解，认识不到事物之间相互依存、相互影响的关系，这时艺术的创作就会陷入从表面上记录现象，形成浅薄的自然主义作风。

艺术家在构思活动中达到的对生活的感受与理解的统一，是艺术家在长时期内反复认识生活的结果。艺术家的每一件作品的创造，和他全部的生活和思想的发展过程有着密切的关系。如果我们孤立地去考察艺术家的某一作品的创作过程，而不是把他放到艺术家全部的生活和思想的发展过程中去考察，就不能正确地说明艺术家对生活的认识是怎样达到了感受与理解的统一的，于是就会把构思活动神秘化，把它说成是和理性完全对立的某种神秘的直觉。实际上，许多艺术家的创作过程告诉我们这样一个基本的事实：艺术家在创作某一作品之前，不仅经历了种种生活斗争，积累了丰富的直接的和间接的生活经验，而且对他们所经历的生活有着一个从感性到理性的长时期的认识过程。越是伟大的艺术家，生活经验越是丰富和广阔，越是不满足于对生活的一知半解，而是对客观实际逐渐形成了非表现不可的认识，这种认识在作品中的体现影响着人们的思想，并且力求以相应的艺术形式回答他们所生活的时代向艺术创造所提出的重大问题，为了寻求这些问题的解答而进行了长期艰苦的探索和思考，在他自己的头脑中进行着既苦恼而又愉快的斗争。

在艺术构思中，通过感受与理解的统一的活动，达到对生活的现象与本质、个别与一般相统一的把握，这实质上是典型化过程中的一个重要的思想活动。创造典型形象，是艺术构思的根本任务和中心环节。

典型形象是个别与一般的统一。在这个统一中，个别是充分地显示着一般的个别，一般是充分地表现在个别中的一般。而在现实生活里，个别显然也是与一般相联系而存在的，但由于种种原因，不能充分地显示出一般。典型形象与现实生活中的形象的区别，就在于通过艺术家对生活的能动的反映，使个别集中地体现出一般，从而使生活的本质较之生活本身更为鲜明和强烈地呈现在人们的眼前，对一定社会和阶级的读者或观众、听众产生强有力的感染教育作用。在艺术构思的过程中，艺术家一方面在深入地探究着一般，与此同时又在精细地感受着个别。因为努力捕捉那些最为生动和微妙地体现了一般的个别，把它们加以集中和组合，这就具备了在观念中再造出一个通体都活生生地体现了一般的个别的可能性。这样一种体现了一般的个别，就是富于代表性的典型的形象。如果艺术家在构思中割裂了一般和个别的相互依赖关系，那他就根本不可能成功地创造出典型形象——既区别于类型又区别于对素材作平庸记录的艺术形象。在一般与个别相脱离的情况下，或者艺术家对于事物的普遍本质的认识不是从他的全部丰富具体的生活经验之中获得的，不是与对于事物的丰富的个性特征的直接把握联系在一起，并且就体现在这些个性特征之中，而是依靠单纯的逻辑思考所获得的，是按照某种理论原则去推论出来的，这时艺术家就只能制造出一些苍白、贫乏，千篇一律，千人一面的东西；或者艺术家就只有对五花八门的现象世界的一种零散的肤浅的感觉，而不理解这些现象的内在的本质，这时存在于艺术家头脑中的就只能是各种杂乱的感觉印象，不可能产生出充分显示着以个性为基础，使个别与一般相统一的典型形象。只有在思维中达到了一般与个别两者的结合，典型形象的创造才是可能的。

二、艺术构思的基本过程和心理活动

（一）艺术构思的基本过程

艺术构思活动的过程，从许多艺术家的创作经验来看，大致可以分为三个阶段：第一，形象在生活实践中的受胎；第二，形象的具体酝酿或再孕育；第三，形象在构思中的基本完成。

卓越的，例如富于典型意义的形象的形成，是艺术家在对生活进行反复的观察、体验、分析、研究的过程中，为生活中的某些人物、事件或自然景象的强烈吸引，从中领悟到了生活的某种意义、价值和美，产生了一种要把它在艺术上表现出来的念头或冲动而进入创作过程的。在尚未进入具体创作活动的初期，有人称这种形象为创作的准备阶段。不论对于这种形象作怎样的表述，也不论这种形象是否成熟，它都标志着艺术家后来所创造的形象第一次浮现在艺术家的观念之中，激起了他的创造的意念或欲求。也不论它的出现是迅速还是缓慢，这种作为审美主体对审美客体的反映的结果，我们姑且称之为形象的受胎。如果艺术家认真追溯他创造某一艺术形象的全部历程，可能发现都有一个或长或短的所谓受胎的时期或阶段。

形象的受胎，从表面上看，有时显得是突如其来的，似乎是一时的心血来潮，仿佛是不期然而然的。有人称这种现象为灵感来临的结果。实际上，它是艺术家对生活进行了长期的观察、体验、分析、研究的产物。有些形象的受胎，甚至可以追溯到艺术家的儿童时代。并非自觉地要做一个艺术家的儿童，他当时的生活经历，在他头脑中所留下的深刻印象，在成年以至老年时期仍有可能成为艺术创作的胚胎。特别是一些富有想象和幻想的儿童，如果把他们那些聚精会神的游戏当作一种艺术创作的构思来考察的话，那么它将作用于他们当时的生活感受，而这种感受的特殊性既可能成为艺术家的才能，也可能成为艺术家的创作活动的推动力和创造形象的一种依据。当然，由形象的受胎而产生的艺术家企图创造某一艺术形象的最初的设想或意念，后来不一定都得到了实现。有些设想由于种种外在的原因被艺术家放弃了；有些设想在进一步明确化和具体化过程中发现其不适当或没有多大的意义和价值，因而也被艺术家放弃了。只有某些设想始终牢牢地留存在艺术家的意识中，并推动着艺术家最后去完成它。

构思的第二阶段，是有了具体的创造欲望或创作意图，对于反映在头脑中的生活的再认识的阶段。尽管它与第一阶段有同一性，也具备一种形象的酝酿或孕育的性质，但它和第一阶段不同，它是以完成艺术作品为目的，因而这一阶段对于形象的受胎来说，是属于使最初浮现在艺术家意识中的设想或意念进一步明确化和具体化的阶段。艺术家关于某一艺术形象的最初的设想，虽然包含着使艺术家深为激动并竭力要把它表现出来的某种重要的、本质的东西，但常常是不够明确和具体的，因而这一阶段的主要任务，就是要在生活实践的基础上，深入地去把握对象，使正在构思中的形象不断变得明确和具体起来。这种对于对象的深入的把握，包含着相互联系和相互作用的两个方面。一个方面是对对象的本质作深入的探究，不断加深对对象的本质的认识，抓住其中最重要、最根本的东西；另一个方面是对和本质相联系的特定对象的各种具体特征作深入的再认识。在以历史题材进行创作活动的过程中，这种再认识的对象，从它和艺术家的关系来说，不是直接的，而是间接的。因为历史现象一去不能复返，艺术家对它的认识就只能是从类似的生活现象中，探索这种生活现象与另一种生活现象的内在联系，从而使具体形象的特殊性明确起来，避免形象的抽象和一般化。因为认识活动的感性因素十分重要，它对艺术家提出了一种重新熟悉生活（类似的生活）的要求。就这一意义来说，第二阶段与第一阶段之间没有绝对的界限。不论是对形象所蕴藏的思想内容的掌握，还是对形象的独特个性的掌握，都依赖艺术家对于对象的具体特征的认识的深化，从而抓住那些最能显示对象的本质的特征。这两个方面在艺术家的构思活动中，往往是密切结合，交互作用的。通过形象的酝酿或再孕育的阶段，艺术家对他所要反映的对象的内在的本质和外在的具体特征两个方面，都有了比在第一阶段更加清晰、确定和深入的认识；基本上弄清对象的本质的各个方面，又弄清了对象的具体特征的各个方面之后，他对原先所设想的艺术形象将怎样具体地构成就越来越清楚了。但这时艺术形象在艺术家的构思中尚未完全形成。只有当艺术家在他的实践活动中，对他已经深切地感受、观察和理解了的对象的各种具体特征加以选择、集中、提炼、组合，塑造出一个能够充分显示对象的个性和本质的形象，即典型形象，才算是完成了艺术构思第三阶段的任务。

和艺术构思的第二阶段即形象的酝酿和再孕育的阶段比较起来，在第三阶段即形象形成的阶段上，艺术家的工作，最主要的不是对于对象的感受、观察、理解，而是通过想象以至虚构，把前一阶段的感受、观察、理解所已经取得的成果，进一步加工改造，把对象的各种具有本质意义的形象特征综合为一个有机的整体，创造出个性鲜明而又比生活中的原型更充分、更集中、更强烈地显示出生活的本质的艺术形象。高尔基说："想象，结束了研究和选择材料的过程，并且，把它最后地形态化为活生生的——肯定地和否定地——重要的典型。"[①] 典型形象在艺术家的观念中的形成，标志着艺术构思活动的基本结束。当然，主体对客体的认识活动，是一个长期的有反复的过程。艺术家在第三阶段改

高尔基

① 高尔基:《关于创作技术》,周扬编:《马克思主义与文艺》,解放社 1950 年版,第 77 页。

变创作意图的现象，在许多艺术家的创作经验中是常有的现象。这种现象足以说明，实际上这三个阶段的划分，不过是为了论述的方便，其实是不可割裂的。

我们通常所说的艺术构思，一般主要是指以上所说的第三个阶段。但是，如果对艺术构思作全面的考察，那就不能把艺术构思的全过程局限在第三个阶段。因为没有形象的受胎，艺术构思的活动就不会发生；没有形象的酝酿或再孕育的阶段，通过想象以构成典型形象的第三阶段也不会到来。尽管主客观条件不同的艺术家的构思途径和方式常常很不一样，同一个艺术家在创造不同的作品时的构思途径和方式也不尽相同，但从全体上和从本质上来看，一切艺术构思都要经历上述的三个阶段。

（二）艺术构思中的心理活动

在艺术构思的过程中，有一系列复杂的心理能力在发生作用。和科学的认识活动相比，在艺术构思中各种心理能力的作用表现得十分显著。因此，要了解艺术构思的规律，不但要从认识论上去研究它，还要从心理学的角度去研究它。这个牵涉到心理学的复杂课题，还有待于我们去进行深入的研究。下面，我们只限于对艺术构思活动中的一些最明显的心理现象，作一些初步的经验性的说明。另外，需要说明一下的是，这里对各种心理现象的说明，主要是就艺术构思活动而言的，但基本上也适用于后面将要讲到的艺术传达活动。在艺术传达活动中也有各种心理能力在起作用。这些能力所起的作用，同它们在构思活动中所起的作用基本上是一致的。

在艺术构思的一系列心理活动中，中心环节是想象活动。参与整个艺术构思活动的心理能力，当然并不仅限于想象，艺术家其他的一些心理能力，例如感觉、知觉、记忆、体验等心理能力也在发生作用。但所有其他的心理能力，都是围绕着想象活动而展开的。在谈到其他一些心理能力的作用之前，我们先来探讨一下想象在艺术构思中的重要作用。

想象是一种在观念形态上再造或创造现实的表象和形象的心理能力。马克思在谈到人的劳动与动物本能的活动之间的根本区别时说，这种区别就在于人在劳动开始时，劳动的成果就已经在头脑中“观念地存在”着了。这同样也适应于解释艺术创作。在艺术创作中，在既定的创作意图得到传达以前，未来的形象已经以观念的形式存在于艺术家的头脑之中。这种以观念的形式存在于艺术家头脑中的形象，是艺术家的想象的产物。艺术家的传达活动就是要给这种头脑中想象出来的某种具体形象以物质体现。不论是在头脑中的表象，还是物质化于作品中的形象，它们所反映的不等于已经存在的事物，而是可能存在的事物。经过物质体现而获得了完成的艺术形象的成就如何，首先取决于艺术家头脑中所想象出来的形象的成熟程度如何。想象是创造形象最重要的心理条件，也是艺术能够区别于现实的重要前提之一。没有想象，艺术家就无法以艺术的方式概括生活，创造不出高于生活的艺术形象。高尔基曾指出想象是“创造形象的文学技术之最本质的一个方面”。[①] 高尔基的话不仅适应于文学的创作，对一切艺术创作都是适用的。

想象在艺术构思中的重要作用，可以从多方面加以考察。首先，想象之所以在艺术创作中有极为重要的作用，最根本的原因就是构思必须从对事物的感性形象的直感表象的基础上去认识事物的本质，并造成比现实中的个别事物的形象更能集中地显现事物的本质的形象，即典型的形象。没有想象，艺术家就不可能使创作活动所需要再现的客观事物的感性特征的一切最微小的细节，都清晰地浮现在知觉表象中，从直接观照中把握事物的内在本质。例如，鲁迅在创造阿 Q 这一形象时，连他所戴的帽子应该是怎样的一种帽子，也清晰地出现在想象中；这帽子具有怎样的形状，对阿 Q 的形象的典型性来说并不是无关紧要的东西，而是

① 周扬编：《马克思主义与文艺》，解放社 1950 年版，第 78 页。

与阿Q那种“有农民式的质朴，愚蠢，但也很沾了些游手之徒的狡猾”[①]的性格的表现有关的。其次，想象的重要作用还在于，它使艺术家能够从广阔的范围内去反映客观世界，创造艺术形象。不论艺术家的生活经验多么丰富，如果他的创作活动只限于某些对象的直接模仿，那么艺术对于现实的反映，无论在空间或时间上都不能不是狭小的。艺术家对于现实的形象的反映，不局限于他所见所闻的事实，曾经经验过的生活；欣赏者对艺术的要求，也决不只是对生活的一种如实的模拟。艺术创作本身常常向艺术家提出了直接经验所不能解决的任务，而想象的发挥便是艺术家打破直接经验的局限的重要手段。艺术家通过想象，他所能把握的生活领域远比直接感知过的领域要广泛得多，深刻得多。所谓“精骛八极，心游万仞”的想象，可以把握到当前直接的感觉和知觉所不能把握的事物。最后，想象的重要作用还表现在，没有它，艺术家就不可能综合和改造从生活中所获得的种种感觉印象，使它在表象上得到提炼取舍，从而造成比生活本身更能集中显示出事物的本质的形象。狄德罗曾经指出：“假使大自然从来不以异常的方式把事件组合起来，那么戏剧作家在超出一般事物的简单平淡的统一性而想象出来的一切就会是不可信的了？但事实并不如此。戏剧作家怎么办呢？他要么就是来采纳这些异常的组合，要么就是自己想象类似的组合。不然在自然界中我们往往不能发觉事件之间的联系，由于我们不认识事物的整体，我们只在事实中看到命定的相随关系，而戏剧作家要在他的作品的整个结构里贯穿一个显明而容易觉察的联系，所以比起历史家来，他的真实性要少些，而逼真性却多些”。[②]例如，在鲁迅的小说《药》里，华老栓用人血馒头治肺病和革命者被杀这两个事件在实际生活中可能是独立存在，互不联系的，但是革命

① 鲁迅：《且介亭杂文·寄〈戏〉周刊编者信》，《鲁迅全集》第6卷，第117页。
② 狄德罗：《论戏剧艺术》（一）。

作家根据特定主题的需要，重新组合，使两个独立的事件之间产生了“一个显明而容易觉察的联系”，从而生动地反映了这一悲剧的深刻性。艺术家正是依靠自己的想象能力，才使作品远远“超出一般事物简单平淡的统一性”。正是想象帮助艺术家把某些生活印象加以改造并包括到一种为特定主题需要的新的关系中去，以“大自然”所没有的“异常的方式”，把生活中的事件、人物等等“组合起来”，并借助于这种新的组合方式，使形象比生活本身更易于认识。

从心理活动的机制上看，一般说来，想象活动似乎是自由的、不受限制的。实际上，想象归根到底要受客观现实的制约。艺术家的想象总是以他的生活实践为基础，他所积累的生活经验愈丰富，他的想象活动也就愈自由，愈有创造性。在日常生活中，人们当然可以脱离现实、毫无根据地胡思乱想，因为想象这种心理机能提供了这种可能性。但是，一方面，从根本上说，人们的任何想象总是一定现实生活的产物；另一方面，艺术家的想象如果不以现实生活为根据，那就产生不出有意义的艺术构思。

情感也是艺术创作活动中的重要心理因素，它渗透到整个艺术构思活动中，而情感又是和想象活动不可分地联系在一起的。在整个创作过程中，艺术家对客观现实始终保持着特定的情感态度，并且把他对客观现实的情感态度体现在他所塑造的艺术形象中，通过艺术形象而作用于艺术欣赏者的情感，影响和形成欣赏者对客观现实的情感态度，从而推动人们这样那样地去改造生活。高尔基说：“艺术的本质是赞成或反对的斗争，漠不关心的艺术是没有而且不可能有的，因为人不是照相机，他不是‘摄照’现实，他或是确定现实，或是改变现实，毁灭现实。”[①] 就连原始的狩猎民族在描画动物时，也不仅是单纯的“模仿”，还同时表现了他们的情感，表现了他们希望在狩猎中能够更容易地捕获动物的愿望。

① 高尔基：《文学论文选》，第 414 页。

从想象与情感的关系上看，艺术构思中的想象是始终与情感的体验交互作用着的。艺术家在生活实践中培养起来的情感体验，不论在艺术构思或艺术传达活动中，都在伴随着想象力而产生重要作用。高尔基说：“文学家在描写吝啬汉的时候，虽然不是吝啬东西的人，也必须要把自己想象作吝啬汉；描写贪欲的时候，虽然不贪欲，也必须感到自己是个贪欲的守财奴；虽然意志薄弱，也必须带着确信来描写意志坚强的人。”[①] 汤显祖为杜丽娘而落泪。文与可画竹而“身与竹化”，福楼拜在写到包法利夫人自杀的时候尝到了砒霜的滋味，都说明了情感体验在艺术创作中有重要作用。没有深入的情感体验，艺术家所创造的艺术形象不可能产生巨大的感染力。人物形象的塑造固然必须有情感的体验，就是对于自然形象的把握也必须有情感的体验，“鹰击长空，鱼翔浅底”“红雨随心翻作浪，青山着意化为桥”等诗句，没有情感的体验是不可能写出来的。

想象和情感之间的交互作用，使构思得以活跃地展开，导致艺术形象不断深化和个性化。从情感对想象的作用上看，情感是激发想象的力量，反过来说，想象也激发着情感，使情感得到深化。艺术家的想象只有和情感相结合，才能使他头脑中的种种感性知觉表象鲜明生动起来，理解到它的内在意义，并加以改造和综合，从而造成充分显现事物本质并且具有高度艺术感染力的形象。

不论在艺术构思或艺术传达活动中，要使情感与想象两者活跃地交互作用，推动艺术形象的创造，艺术家对事物的认识必须取得思想与情感两者的协调一致。艺术家的想象必须有正确的思想为指导，但这种正确的思想必须是艺术家依据自己全部的生活经验、并在自己内心的情感中深切体验过的思想，也就是同艺术家的情感协调一致的思想。在艺术构思活动中，思想并不是以某种抽象的概念去规定想象，而是把想象的

① 周扬编：《马克思主义与文艺》，解放社 1950 年版，第 78 页。

自由活动导向一定的理性认识，通过情感而对想象发生作用。只有这样的思想才能够在形象思维中实际发生作用并且能够具有感染力。反之，未经艺术家根据自己直接的和间接的生活经验而深切体验过的思想，即令是完全正确的，也难于和艺术家的想象力的自由活动融为一体。生硬的概念只能妨碍想象，导致作品丧失感染力。其次，就情感与思想的关系来说，艺术家的想象虽然必须伴随着情感的活动，但情感的活动只有以正确的思想为指导，才能激发艺术家正确发挥想象从而抓住生活现象中具有本质意义的事物，造成性格和环境都具备着鲜明个性（特殊性）以显示生活本质的艺术形象。相反，以错误思想为指导的情感，只能把想象引上歪曲生活的道路。正确理解思想在想象中的作用，无论在理论上和实践上都有重大的意义。

在创作活动（构思活动和传达活动）中发生作用的，除了想象之外，还有其他一些心理能力，如感觉、知觉、记忆等。

人们对客观世界的一切知识开始于感觉。艺术创作本身的特点要求艺术家在感觉方面具有特别精细敏锐的感受力和鉴别力，并且由于艺术样式的多样性，不同的艺术样式又向艺术家的感觉器官提出了各自特殊的要求。例如，绘画对画家的色彩和形体的比例感觉提出的特殊要求，音乐对音乐家的音响、音调的感觉提出的特殊要求等等。艺术家的特别精细敏锐的感觉能力，是在生活实践和艺术创作这种特殊的劳动方式中长期训练和培养起来的。不同艺术样式对艺术家感觉器官所提出的特殊要求，还使艺术家在日常生活中对各种事物的感受认识经常有意或无意地保持着一种知觉的选择性。

艺术家的知觉的选择性主要表现在能够迅速地把反映对象的某种特性、特征、标志等，根据艺术创作的特殊要求优先地选择出来，舍弃一些与创作要求无关的其他方面。当观察的目的就是为了探索和研究某种能够提供创作素材的社会现象的时候，艺术家的知觉选择性更表现得十分显明。特别是当创作任务明确后，在一定创作意图下的生活的再深入，知觉的选择性是十分强烈而敏感的。艺术家围绕着一个既定创作意图而进行观察时，观察结果提供创作以感性材料，而这正是想象的基础。知觉的选择性使艺术家所积累起来的生活经验能够大量地在他的创作活动中发挥作用，而在具体的想象活动中，想象力对于生活经验的选择也比较能符合于既定创作意图的要求。

记忆这种心理功能在创作活动中也起着不可忽视的作用。在构思活动中，艺术家直接面对的常常不是客观世界的实体对象，而是内心世界的记忆表象。创作活动只有当艺术家在生活里积累了一定的生活素材之后才能进行，而积累起来的生活素材在艺术家头脑中的再度浮现，是特定的原因（例如一定的创作意图）所唤起的形象记忆或情绪记忆。记忆力是艺术家积存他的生活经验并使之进入想象活动的一种重要的心理能力。高尔基认为“创作是记忆工作所达到的一定紧张程度，在那里记忆工作非常迅速，从知识和印象的库藏中间抽出最显著和富于特征的事实、景象、细节，把它们包括在最确切、鲜明、众人了解的言词里”。[①] 当然，想象并不是记忆表象简单的复现，而是把各种记忆表象组成一种新的结合体。在想象中，可以发现艺术家以往知觉过的各种事物，但是想象中的事物，不仅已经不完全是原型的复现，而且包括并未存在过以至不可能存在的事物。新民歌中的“千里山水万里云，草原紧靠天安门”，虽然在这些诗句中还能找到诗作者原先所取得的记忆的材料，但已经在想象活动参与下，经过一定的改造而重新组合为艺术形象了。女娲补天或精卫填海等神话或寓言，其形象就不可能直接存在于客观实际。记忆既使艺术家能够把他从生活中得来的知识和印象蓄藏在他的头脑中，又使艺术家能够随时在他的头脑中唤起这些知识和印象以供他的想象驱

① 高尔基：《文学论文选》，第 348 页。

使。没有记忆就不可能有想象,也不可能有艺术创造。

艺术构思或艺术传达都是作为过程而展开的,在其中发生作用的各种心理能力的活动也是作为过程而展开的。在这个过程中,常常会碰到一种引人注目的心理现象——灵感,它和艺术创造有着密切的联系。

灵感在艺术构思的过程中,是形象的孕育由不成熟到成熟的质变阶段的表现,也就是艺术家在构思过程中所产生的强烈的创造欲望在形象上的体现。作为一种豁然贯通、喜出望外的心理现象的灵感,在形态上表现为突然而来,出人意料,茅塞顿开,文思如涌的现象。在中国古代的文论、画论中,对灵感现象已经有着十分生动的经验性的描述。例如,苏轼说的“见其所欲画……振笔直追……少纵即逝”,杜甫说的“下笔如有神”等等,都根据不同的创作实践,生动地描述了灵感现象的特征。艺术家处于灵感来临的情况下,往往能够想象出他平时所未曾以至无法想象的东西。灵感在艺术创造活动中是一个重要的心理现象,它不仅促成独创的形象的产生,而且也是推动创作活动的一种心理动力,它加强着艺术家的创作冲动。在整个的创作构思活动中,灵感的来临常常是直接伴随着想象的,也是通过想象中的活跃得以表现的。在每个具体的想象环节中,灵感常常使想象中的形象趋向于高度的完美。真正成功的艺术创作总要出现灵感现象,内容复杂的艺术作品常常要出现多次的灵感才能完成。尽管历来就有对灵感的唯心主义的歪曲,但灵感是一种客观存在的心理现象。灵感问题其所以曾引起很多美学家的注意,就因为它在创作活动中有重要地位。

灵感虽然在形态上表现为一种难以捉摸的心理现象,但它产生的基础却仍然在于艺术家的生活实践和艺术实践。灵感的产生首先依赖于艺术家平时的生活经验和观察所得的感性印象。艺术家的生活经验愈是丰富,获得灵感的机会和可能就愈多。一个生活经验贫乏的艺术家,在他的创作过程中很难产生什么灵感。其次,灵感的产生诚然与艺术家

列宾

柴可夫斯基

丰富的创作经验密切相关，但却更依赖于艺术家在艺术实践中对他所企图创造的艺术形象的百折不挠的追求。艺术家有了丰富的生活经验不一定就能产生灵感，灵感的产生还需要在生活经验的基础上为创造一定的艺术形象而经历一个艰苦的构思阶段。正因为构思的目的是为了探索能够充分体现创作意图的艺术形象，灵感不仅可能突然得到想得而未得的形象，而且它也可能反作用于既成的认识成果。因此，灵感与构思有着内在的心理联系。灵感经常是在艺术家高度紧张地进行构思的过程中出现的。它的来临的突然性，实际上是艺术家长期持续的构思过程所达到的某一个突变在艺术家的心理上的反映。袁守定说“得之于顷刻，积之在平日”；柴可夫斯基把灵感看作是“巨大劳动的结果”；列宾说“灵感是对艰苦劳动的奖赏”；这一切都证明着艺术家的苦思与灵感之间有着密切的联系。艺术家不能在完全没有苦思的情况下等待灵感的来临，相反，只有在缺乏灵感的状态下，仍然坚持不懈地探索形象，灵感才能令人欣喜地出现。

灵感的产生常常同某些偶然因素的刺激联系在一起。戏曲《空印盒》所描写的由偶然现象而预想出放火烧屋以愚弄政敌的斗争方案的形成，也生动地证明着偶然因素对产生灵感的积极作用。但这些偶然因素的刺激不过对艺术家的已经达到了成熟的构思的出现起了一种触发的作用。因此，灵感的产生虽然同偶然因素的刺激有关，但这种刺激决不是产生灵感的决定性的因素。离开艺术家的生活经验和构思中的艰苦探索，侥幸地追求偶然刺激以招邀灵感，灵感是不会光临的。灵感所具有的想象和思考的敏捷和自由，与失去理性控制的下意识活动毫无共同之点，它不是靠外在刺激所唤起的生理本能。自由只能是认识了必然的结果，灵感作为创作活动中高度自由的获得也不例外。西方一些资产阶级美学家强调灵感的无理性，或把它归结为神的意志，或把它解释为不朽的灵魂从前生带来的回忆（柏拉图），或把它解释为动物性的生理本能（弗洛伊德），等等。这种把灵感和理智完全对立起来和神秘化的观点，是根本错误的。

第二节 艺术创作中的传达活动

艺术创作这种反映什么与如何反映的统一体，它以给人们提供通过感官把握的实际存在的欣赏对象——艺术作品为自己的目标。因此，作为与艺术构思活动密切联系的艺术传达活动，是艺术创作的一个重要方面。艺术作品是艺术构思的物质体现，传达活动是实现这一体现的不可缺少的手段。只有通过传达活动，艺术创作才能最后完成。要了解艺术创作的规律性，就必须研究传达活动的本质，研究传达活动和构思活动的关系，以及艺术传达与艺术技巧、手法的关系等问题。

一、艺术传达的本质

（一）艺术传达在艺术创作中的地位和作用

艺术作品是一定社会生活在艺术家头脑中的反映的产物，因此艺术创作就它同现实的关系来看，本质上是一种反映现实的活动。不过，艺术与非艺术的功能不同，它们在反映什么与如何反映方面也有差别。由于艺术家头脑中所构成的艺术形象需要用一定的物质材料体现出来，这又使得艺术创作成为一种实践性的创造活动。它不同于一般的认识活动，还需要在这种实践性的创造活动中，发挥艺术手段的独特功能。例

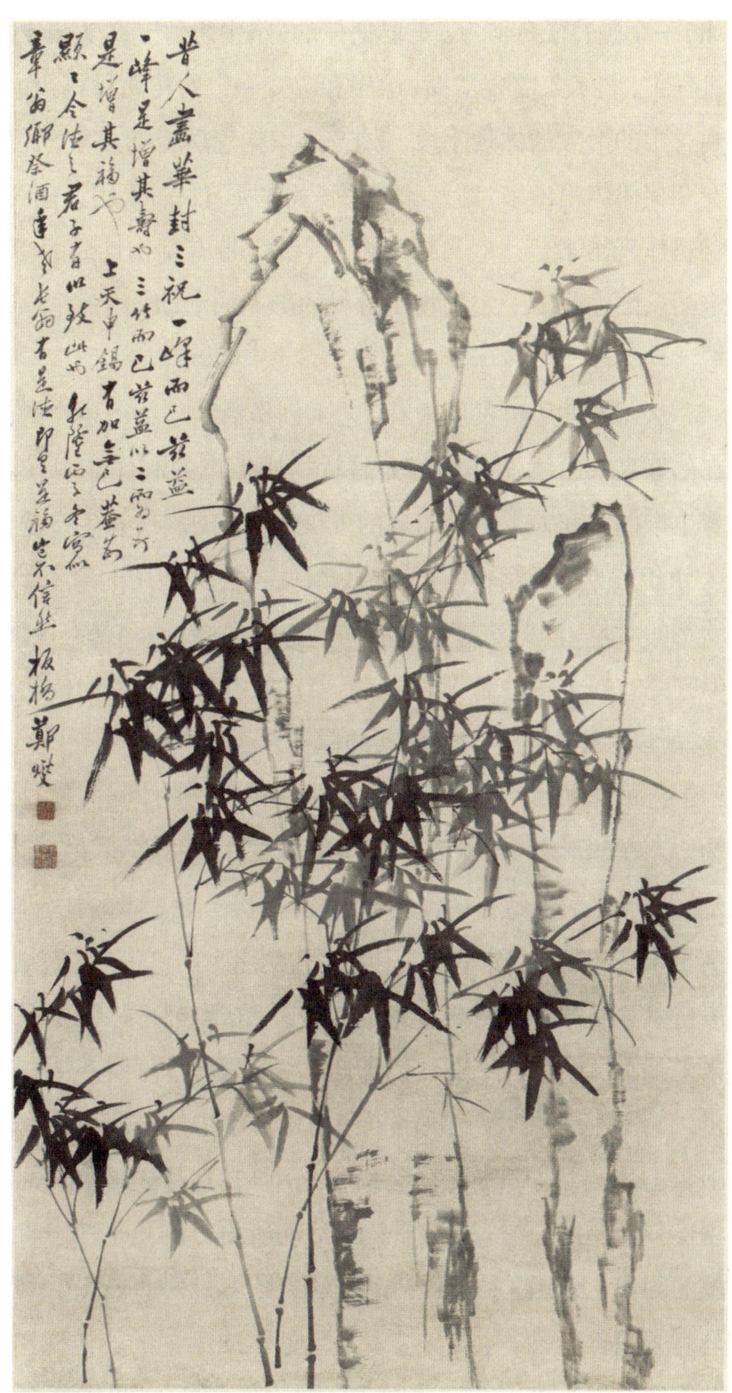

郑板桥《竹石图》

如，一个画竹子的画家，需要把他的“胸中之竹”，化为纸上之竹。在这个过程中，艺术家需要掌握、运用和改变一定的物质材料，使之成为艺术家观念中的形象的体现手段。如音乐家构思所得的形象，需要用声音的节奏和旋律体现出来，雕塑家构思所得的形象，需要用大理石、青铜等物质材料体现出来。这些与构思相适应的、带有制作性质的活动，是按照一定的意图去改变一定的物质材料的形态的活动，因而是一种实践性的创造活动。

从艺术的历史发展来看，艺术创作活动与物质生产的制作活动有内在的联系。艺术制作的能力是从物质生产的制作能力发展起来的。随着生产能力和人类审美需要的发展，艺术的制作和生产制作日益明显地区分开来。它所制作的产品，一般并不提供适用的对象，而是为了提供欣赏的对象，因此这种制作活动，与生产实践活动是有性质上的区别的。但它终究还是一种制作活动，需要使某些物质材料为传达艺术的内容服务，所以又带有某种实践活动的意义。

艺术作品作为艺术家对生活的反映的产物，只有通过传达而获得了物质存在的形态，才能为广大群众所感知，在社会上得到流传，并在社会生活中产生它所特有的作用。因此，一切肯定艺术的社会作用的艺术家、美学家，一般都十分重视制作活动在艺术创作中的重要地位，就连康德、黑格尔这样的资产阶级古典唯心主义者，也都承认制作活动对艺术创作来说是不可缺少的。在现代资产阶级美学中，克罗齐从右边来批判黑格尔，以形而上学的观点攻击了黑格尔哲学中的辩证法。在艺术创作问题上，克罗齐把一切种类的艺术传达活动排斥于艺术创作之外，认为艺术创作只需要内心的直觉，而传达活动所面对的只是“物理的事实”，是机械的制作，虽然这种制作活动（“外射活动”）对保存艺术品（“直觉品”）具有某些价值，但却是与艺术活动的本质无关的。他说：“那些叫作诗、散文、诗篇、小说、传奇、悲剧或喜剧的文字组合，叫作歌剧、交响乐、奏鸣曲的声音组合，叫作图画、雕像、建筑的线条组合，不过是再造或回想所用的物理的刺激物。”①

克罗齐这种观点的错误，首先在理论上完全割裂了认识与实践、精神与物质的关系，把艺术活动归结为纯认识性的、静观的直觉活动，否认以物质实践活动为基础、具有某种实践性质的制作活动是艺术创造的有机的、必然的组成部分。克罗齐这种形而上学地割裂艺术构思与艺术传达的观点，必然在实践上导致否认艺术与社会生活、艺术家与群众的密切联系，否认艺术的社会作用，从而走向神秘主义。现代资产阶级极端脱离群众的艺术观点，在克罗齐的追随者考林乌德那里表现得更为系统、更为突出。考林乌德认为艺术只是表现情绪，而决不是引起别人的情绪，因而就创作活动本身来说，作为情感交流的必要环节的特殊传达活动与艺术的本质无关，考林乌德斥责那些企图用艺术来挑起别人情绪的作品是把艺术降低为娱乐（使别人愉快）或魔术（达到某种适用目的），或者归结为宣传、广告，而为宣传、为影响别人的思想情感（所谓“挑起情绪”）、为人们的健康的娱乐而创作的艺术品，在考林乌德看来，完全是“伪艺术”。从这种观点出发，考林乌德认为艺术只是“艺术家自言自语的见证者”。克罗齐及其追随者把艺术创作归结为神秘的内心直觉，割裂艺术构思与艺术传达的关系，从而把传达活动排斥于艺术活动之外，这显然是不符合艺术创造活动的实际的。

艺术的传达活动，是一种实践性的活动，是实际制成艺术作品的活动。没有传达活动的艺术创造活动不过是唯心主义者的梦呓，它在实际上是不存在的。作为整个艺术创造活动的不可缺少的一部分，传达活动在美学中占有不容忽视的地位。但是，我们也要看到，传达活动虽然是实践性的活动，但它终究是一种制作艺术作品的活动，不同于直接改造

① 克罗齐：《美学原理》，作家出版社1958年版，第90页。

自然和社会的生产实践和阶级斗争实践活动；它所制成的艺术作品，虽然是一个物质的存在，但它终究是艺术家对客观的物质世界的反映，并不是被反映的客观的物质世界本身。画上的饼不同于真的饼，所以画饼不能充饥。艺术家把自己对客观世界的认识用一定的物质材料传达出来，与科学家把自己的理论和思想用语言文字或设计图样表达出来，在本质上都不是直接改造物质世界的实践活动，而是一种把自己对物质世界的认识或反映传达出来的活动。但是，艺术家的传达与科学家的传达活动又是有区别的。科学思想本质上是用语词概念的系统表达出来，虽然科学的插图或模型也利用某些艺术的形式，但本质上仍然是说明既定的科学概念的。而艺术的思想、情感内容，则不仅可以用语言，而且可以用其他物质材料（雕塑用青铜、大理石；绘画用彩色、线条等）传达出来。语言在科学家那里，只是思想的符号，在交流科学思想中，人们并不停留在语言形式上，而是通过并扬弃语言的形式掌握思想内容。但艺术的语言（艺术的媒介）在艺术传达中就不仅仅是一种符号。由于长期的历史发展，并且经过艺术家创造性地加工的艺术语言，本身就具备再现和描绘事物的感觉上的具体性，成为艺术作品不可分割的一个部分。所以，欣赏者不仅对艺术品的思想内容感兴趣，而且对艺术品的感性形式也感兴趣。在欣赏过程中，这两者是结合在一起的，欣赏者在把握作品的思想内容的时候，并不完全扬弃艺术的感性形式。因而，物质媒介在艺术传达中和在科学思想的传达中的地位和作用，是有显著区别的。混淆这种区别，仍然会导致忽视传达中实践性制作活动的重要意义。艺术传达活动、科学思想传达活动和物质实践活动的关系是复杂的，它们既有联系又不能等同。

（二）艺术传达与艺术构思的关系

正因为艺术创作活动本质上是一种特殊的认识性的活动，而这种活动的成果的产生过程又带有实践活动的性质，艺术传达的制作活动既不同于科学思想的传达，又不同于物质实践的制作，所以，在艺术创作活动中，艺术传达与艺术构思之间表现出非常复杂的关系。既不能在过程关系中把它们割裂开来，又不能在性质上把它们等同起来。

就科学思想的表达来说，语言是思想的物质外壳，虽然脑子里的思想与口头或书面的语言有所不同，但按其本质来说，没有语言就没有思维。当人们说有一个思想找不到恰当的语言表达时，实质上是它所要表达的思想还不成熟、不清楚的缘故。所以说思维与语言是分不开的。对特定语言（作为思想的符号）的掌握，固然需要付出一定劳动，但语言的训练和思想的训练基本上是同时进行的。因此，思想与表达思想的语言之间带有某种直接性，而艺术构思与艺术语言之间的关系就比较复杂。一方面，艺术构思与艺术语言之间同样具有像思想与语言之间的直接性，艺术语言不能外在于艺术形象；但是，另一方面，艺术创造又具有制作活动的一面，它像物质实践活动一样，不仅在“设计”时需要反复推敲，而且在“施工”时更必须付出艰苦的劳动。在物质实践活动领域里，不能认为只要画出了设计图样，或心中有了工作安排就可以直接实现了，纸上的或胸中的“设计”，要通过一定的艰苦劳动才能在物质世界中得到实现。在具体的创作活动中，如果艺术构思未能充分利用物质材料表现出来，一方面固然是因为艺术构思本身的不完善，同时由内在的意象到外在形象，也还有作为传达手段的技巧问题。得心应手的艺术传达，需要熟练地掌握某种特定的艺术材料，需要准确地使这种材料按照艺术内容的要求加以灵活运用的高度技巧。

艺术家用以进行艺术创造的构思能力，最基本的固然是由社会生活实践所培养起来的，但是，艺术传达、作品制作活动本身，对艺术的构思显然有着重要的制约作用。由长期创作实践积累起来的艺术传达的具体方式，决定着特定艺术家所特有的感觉、思维方式。黑格尔曾经说过，艺术家“形象表现的方式正是他的感受和知觉的方式”，“例如一位音乐家只能用乐曲来表现在他胸中鼓动的最深刻的东西，凡是他所感到的，他马上就把它变成一个曲调，正如画家把他的情感马上就变成形状和颜色，诗人把他的情感马上就变成诗的表象，用和谐的字句把他所创作的意思表达出来”，黑格尔把这种特殊感觉方式，叫作“实践性的感觉力”①。黑格尔看到了构思与传达两者之间的辩证的联系，他的这些说法是合乎实际的，而且也是深刻的。音乐家和画家反映同一对象的构思本身总是渗透着不同艺术种类各自的特性。艺术构思之所以成为艺术构思，正在于它是在一定的传达方式、物质媒介的特性的制约下进行的。虽然在由构思到作品的完成，例如演员由体验到体现的整个创作过程中，能不断地修改自己的设计，但这种修改，也都是在一定的传达方式和艺术媒介制约下进行的。戏曲演员与话剧演员的体验和体现，都具有不能混淆的特点，二者的表演设计的修改也不能不受特殊的传达方式的制约。

艺术传达与艺术构思不可分割的辩证关系，还表现在：不仅艺术构思时受着艺术传达各种因素的制约，而且在艺术传达时，艺术家的构思活动不是停止，而是更加集中、更加深入、更加具体。就一定意义而论，艺术传达是对于艺术构思的一种检验。因为艺术家构思所得的形象，当它还仅仅以表象的形式存在于艺术家的观念中，这一形象就还多少有模糊的不确定的地方。只有通过传达活动把它化为实际可见的物质存在之后，艺术家才能清楚地看出自己的构思是否完善。因而，艺术创作虽然在理论上必须分别这两个不同的方面，但在具体创作过程中却是完全统一的，不可分割的，有时是互相交错地起作用的。就某一具体的创作过程而论，艺术构思是艺术传达的准备，艺术传达则是艺术构思的继续和深化。艺术传达与艺术构思的不可分割、互相制约互相渗透的联系，在语言艺术里表现得更加明显。中国文学史上流传着许多“字斟句酌”的著名范例，态度严肃的诗人为一个字而反复推敲，表面上看来仿佛只

① 黑格尔：《美学》第1卷，人民文学出版社1958年版，第353页。

不过是怎样传达的问题，实质上却既是传达问题，又是构思问题。贾岛的“僧敲月下门”的“敲”字，王安石的“春风又绿江南岸”的“绿”字，都是反复修改的产物。诗人对于自己的诗句之所以要反复修改，其中固然有关于追求音节等形式美方面的问题，但主要却是因为诗人不满足于原有的艺术境界，所以反复思索，否定既有的构思成果而争取产生内容更丰富的境界。这种修改，既是传达，又是构思，二者是不可分割的。艺术构思在传达过程中的继续，是对已在构思中产生的艺术形象的进一步完善，也是艺术家对生活认识的进一步深化。态度严肃和要求严格的艺术家，不满足于已有的构思成果，在给构思以物质体现的过程中还要不断地深化和完善自己的构思。应当说，只有当物质体现的活动结束，作为生活的反映的形象的构思活动才告结束，艺术形象才算最后完成。

艺术制作的能力和受这种能力制约的构思能力，需要在长期艺术制作实践中培养、锻炼起来，但它的最根本的基础，还在于社会物质生产实践。只有在物质生产实践发展的基础上，艺术制作的手段、技巧和能力才能得到进一步的发展。只有不仅深入艺术创作实践、坚持艺术锻炼，而且深入生活实践、坚持生活锻炼，加强认识生活的思想的武装，艺术家的构思的内容和形式才能得到逐步的提高，从而推动艺术制作的技巧和能力的提高。艺术传达的能力是在物质生产的实践过程中发展起来的，其运用和提高又必须服从由长期的社会生活实践培养起来的艺术家对实际生活的感受、体验、认识、评价。因此，艺术构思与艺术传达虽然具有认识与实践的关系的某些性质，但艺术创作活动本质上仍然是对现实的一种反映活动，因而归根结底要受社会物质实践所制约。

二、艺术传达与艺术的技巧、手法

（一）艺术传达与艺术技巧

艺术构思虽然对艺术传达具有主导作用，但是既然艺术传达需要一

石涛、八大山人《黄澥诸峰图》

个带有实践性的制作过程，所以，如何传达，依靠什么手段来传达，就有自己相对独立的要求。

艺术传达运用某些物质材料来塑造形象，因而艺术家在进行艺术传达时，首先必须掌握一定物质材料的性能和规律。艺术传达所用的物质材料是艺术家从客观世界汲取来的，对于这些材料的运用，要遵循特定材料作为艺术媒介的本身的规律。为了不仅从理论上认识这些规律，而且也能在实际上运用这些规律，艺术家就必须进行艰苦的、长期的基本训练。从属于艺术技巧的一定的技术，是某一特殊艺术部门的艺术家所掌握的特殊工具，如果不加以练习、改进，艺术家将不能成为艺术家，也就不能使其劳动成果充分发挥其作为艺术的特殊的社会作用。歌唱家不锻炼自己的嗓音，演员不锻炼自己的形体和语言，作家不锻炼遣词用字的功夫，雕塑家不熟悉工具和材料的性能，就像战士不善于使用他手里的武器一样，不能很好地发挥应有的作用。当然技术是不能代替艺术的，离开了艺术的内容，将会流于专门卖弄技术的形式主义作风。但技术却是构成艺术技巧，体现创造意图，完成艺术传达任务的重要条件。缺乏

这些条件，多么高明的艺术构思都不能得到完美的实现，甚至不能产生区别于别种艺术的特定的艺术构思。

艺术传达的物质材料的运用，必须和特定的艺术构思相适应，而特定的艺术构思并不排斥如何传达的预见性，因而这种运用是灵活的、自由的，既不违反材料本身的规律，又为艺术家的特定目的服务。具有高度技巧的艺术家，在进行艺术创作时，总是自由的，面对很难掌握的物质材料（如雕塑家的大理石等），艺术家依然表现出轻巧、熟练，似乎艺术家的任何思想感情和意图都能适当地体现在物质材料上。中国古代许多思想家和艺术家曾指出，艺术传达活动固然是有规律和规则的，但同时却又不是按照某种规定好的程序去进行的机械操作；规律与自由在艺术创作过程中是完全统一的。庄子有著名的“庖丁解牛”的故事，把高度熟练技巧所达到的自由的境界，形容得十分生动。葛洪曾说：“总章无常曲，大庖无定味”。[1] 大画家石涛也说：“至人无法。非无法也，无法而法，乃

① 葛洪：《抱朴子·辞义篇》。

为至法”。[①] 这些都说明了，艺术传达的规则，要为具体的、独创的艺术构思服务，要以“意”为帅，以求“法”与“意”的高度统一。当然，这种“随心所欲不逾矩”的高度自由的境界，是建筑在艰苦锻炼的基础之上的。正如斯坦尼斯拉夫斯基所说，演员的技术必须熟练到成为自己的第二天性，才能与演员的内心体验融为一体。

不仅为了更好地再现现实，同时也是为了更好地沟通艺术创作与欣赏需要之间的关系，使艺术在实际上更好地起到艺术的作用，就产生了一系列的艺术传达手法。艺术传达手法是艺术传达问题的重要方面。

（二）艺术传达与艺术手法

一切艺术传达手法的最基本的目的，是为了更有效地让欣赏者自觉地接受作品所给予的感染和影响。艺术的传达活动，不是把艺术家自己的观念强加于人。艺术作品对欣赏者的作用既是潜移默化的，也是自觉的，它不能强制欣赏者接受任何即使对他有益的思想。而艺术传达手法的特性的形成，是和更有效地激发并引导欣赏者接受艺术的内容的目的相联系，是在了解如何善于激发欣赏者根据自己生活经验从而对原有艺术形象进行创造性的想象等实际经验这一基础上丰富和发展起来的。

在艺术传达手法中，描写的手法是比较常用的。它以直接再现对象的多方面的性质为主要特征，可以反映现实生活的多样生动的面貌，并通过这种客观的描绘，反映艺术家对生活的感受、体验、态度、理想。艺术以感性形象来反映现实生活，作为艺术传达手法的描写，也是以感性的现象为直接的对象。大体说来，描写的对象主要有可视的和可听的两种，而在描写的方式上，基于描写对象自身的相互依存、相互作用的关系，又有直接描写与间接描写之分。

描写手法虽然以客观描述为主要特征，但描写并不等于机械地如实

① 石涛：《画语录·变化章》。

地再现对象，而是在对客观对象的典型的描述中表现艺术家的感受、体验和态度，没有“纯客观的”描写。自然主义的描写，同样也表现了艺术家对现实生活的主观态度。艺术形象所突出的对象的方面以及描写的具体方法，都可以或明或暗、直接间接地显出艺术家的特定的思想倾向。

描写的手法受着艺术种类的制约，在叙事性的文学作品中用得比较普遍，而在抒情性的作品中用得较少，而且称为白描的描述，在叙事性文学中具有特殊的魅力。雕塑、绘画的描写手法常常表现为对对象的某个瞬间的相对静止的现象的直接再现，而不能像戏剧、小说那样对事物的活动过程作更为充分的描述。

任何种类的艺术所能直接再现的生活范围都是有限的，艺术作品并不是只给欣赏者提供一种有限的生活印象，而是要通过这种有限的生活方面的直接的再现，引起欣赏者感受和认识更为广阔的生活。对艺术创作说来，这是一种限制，它迫使艺术家必须采用准确、鲜明、生动的艺术手法。但同时，这也给艺术家提供了创造性地运用各种手法的可能。莱辛在《拉奥孔》里说：“绘画也能模仿动作，但是只能用暗示的方式通过物体来模仿。”① 莱辛这里所指的绘画所用的暗示，在语言艺术中和其他艺术中，为不同的形态所体现。暗示（或隐喻）的手法得以成立的重要原因，在于它激起欣赏者的联想，使欣赏者根据艺术家所指示的方向去体会艺术家的意图。

暗示作为一种艺术手法，它的特点在于并不直接再现所要再现的生活的一切，而是通过直接再现的生活的某些方面，间接地再现与这一方面有密切联系的其他方面，把丰富复杂的内容用精练的形式概括地加以表现。暗示手法的适当运用，可以构成艺术的含蓄和明确相统一的表现力。中国古代艺术家，对发挥艺术作品含蓄的作用有深刻的体会：“情在

① 莱辛：《拉奥孔》，《世界文学》1961 年第 1 期。

意中，意在言外，含蓄不尽，斯为妙谛。”[①] 莱辛也说：“到了顶点就到了止境，眼睛就不能朝更远的地方去看，想象就被捆住了翅膀……”[②] 当然，艺术间接再现生活的可能性受直接再现生活的具体性所制约，片面强调艺术形象的间接性，形象不免迷离恍惚，捉摸不定，从而脱离群众，所以在强调含蓄的同时，也反对晦涩，避免主题不明确的梦呓式的作风。前人认为：“夫辞短意多，或失之深晦；意少辞长，或失之敷衍。名家无此二病。”[③]

与暗示近似而又不同的，还有象征的手法。象征手法的特点在于利用象征物与被象征的内容在特定的经验条件下的某种类似和联系，以使被象征的内容得到强烈而集中的表现。象征也可以说是一种暗示，但比起暗示来，它的特点在于带比喻性。不过象征又不同于一般的比喻，它具有比一般的比喻更为深广的内容，并且更有概括性。象征手法与一定的民族、时代、阶级的生活经验和审美经验直接联系，因而和暗示手法一样，它的普遍性是相对的。象征和暗示一样，脱离了艺术欣赏者的审美经验就不能成立。松柏作为坚强不屈的性格的象征，这是我国人民长期生活经验和斗争经验培养起来的一种观念；斧头、麦穗、镰刀在人们的观念中同工人和农民的劳动斗争有着十分经常的明显的联系，因而它们可以当作劳动人民的伟大力量的象征。正是基于艺术家对于人们的经验在欣赏活动中的作用的感受和理解，他才敢于而且有效地运用并不以直接模仿客观事物见长的各种艺术手法。在欣赏活动中，人们看到象征物时，并不需要作过多的思考就可以理解它所指示的意义，这是以他在实际生活中的感受和理解的经验为心理基础的。艺术作品不能也不必再

① 梁廷枏：《曲话》。

② 莱辛：《拉奥孔》，《世界文学》1961 年第 1 期。

③ 谢榛：《四溟诗话》。

现所有欣赏者的一切感受和理解，由于人们的生活经验与某些事物发生特定的联系，欣赏者虽没有完全相同的经验，也可以设身处地地了解对他说来并不是完全熟悉的事物，也可以由此及彼地了解形象所比喻所象征的某些生疏的事物的意义。

由于长期艺术实践的积累，艺术表现手法是十分丰富的，各种手法之间也有复杂细致的联系和区别，需要进行深入的研究。我们在这里只讲了几种手法，当然不是说手法就只有这几种。如对比与照应也是运用很广的重要的艺术手法。艺术表现手法的丰富性和互相之间的复杂关系说明了艺术内容与欣赏者审美需要、审美能力的丰富性和复杂性。描写、暗示、象征的手法，不是互相孤立、绝对排斥的。描写不必要也不可能是“纯客观”“照相式”的，在描写的直接对象中总还要“暗示”着更加广阔的社会内容；暗示和象征手法的运用，对于用来作暗示、象征的事物也必须有描写。但是，不论艺术表现的手法如何纷繁复杂，其运用必须服从于一定的艺术内容的表达，并与欣赏者的审美能力相适应。不同艺术个性的艺术家，对于手法的选择、掌握和应用，应当是自由的。丧失了这种自由，难免毁损艺术创作的个性。但是为手法而手法的形式主义作风，不能发挥手法在艺术传达中的积极作用，只会破坏艺术传达的真正感人的效果。

第五章 艺术作品

现实生活的美，经过艺术家的反映、加工、创作（包括构思和传达）这个环节，生产出艺术作品，这才为满足社会的审美需要提供了实在的具体的欣赏对象。可见，艺术作品是艺术创作活动的结果，又是艺术欣赏活动得以开始和展开的基础。

第一节 艺术作品的内容和形式

什么是艺术作品的内容和形式？对于这个问题，美学家根据他们不同的哲学观点，给予了不同的解释。

在西方美学史上影响最大的，是亚里士多德的一种形而上学的错误观点。这种观点的错误，在于它把内容与形式机械地割裂开来，认为事物的内容原是没有形式的僵死的材料（所谓“材料因”），而形式（所谓“形式因”）则是可以脱离内容（“材料因”）而预先存在的“理式”；事物的形成，便是由无形式的“材料因”纳入“形式因”，二者机械地结合的结果。把这种观点应用到艺术作品上来，就是把艺术作品形而上学地分割开来，内容与形式成了两个没有内在联系的部分；无形式的消极的素材、物质手段和脱离素材预先存在于艺术家头脑中的“理式”，二者的结合便形成了艺术作品。

亚里士多德关于内容与形式的这种观点，虽然在肯定“材料因”的客观性方面具有唯物主义因素，但是他所说的“形式因”，则无疑是唯心主义的。因此，在内容与形式问题上，我们也可以看到亚里士多德摇摆于唯物主义与唯心主义之间的特征。从美学史上看，正是这个在他的哲学中唯心主义因素最多的观点，被许多唯心主义美学家所利用，在资产阶级的美学理论和文艺理论中发生了长期的广泛的影响。例如，新柏拉图主义者显然就是利用了亚里士多德关于“形式因”的特殊作用的思想，并把它放在柏拉图的哲学观点的基础上，以此来宣扬一种唯心主义艺术观的。新柏拉图主义的创始人普罗丁曾经说过：“物体美是什么……依我们看，它们之所以美，是由于它们分享的一种理式。因为凡是无形式而注定要取得一种形式和理式的东西，在没有取得一种理式和形式时，对于神圣的理性就还是丑的，异己的。……但是当理式来到一个单纯的或各部分同质的东西上面，就使那东西在全体上显得美。”[①] 这一流派在十七八世纪的一个重要代表夏夫兹博里说：“美的，漂亮的，好看的都决不在物质（材料）上面，而在艺术和构图设计上面；决不能在物体本身，而在形式或是赋予形式的力量。”[②] 另一个唯心主义流派托玛斯主义的创始人圣·托玛斯·阿奎那也曾说：“艺术的形式从他（指艺术家——引者）的知识流出，注入到外在的材料之中，而构成艺术作品。”[③] 对内容与形式（质料与形式）的这种唯心主义观点，直到克罗齐等人那里，仍然继续宣扬和发展。

从方法论上看，这些观点都是从形而上学观点出发而不能了解内容与形式的相互联系与相互转化。为了论证他们的形而上学观点，他们常把艺术创作的物质手段跟创造作品的素材以及作品内容混同起来。用石头雕刻一个人像，当然这个人像的原型并不存在于石头中，因为石头并不是借以创造人像的素材，它只是用来传达、体现艺术形象的物质手段。雕像的素材是社会中客观存在的一定的人物；这一定的人物作为创作的素材，它原有自己的内容，也有自己的形式，同时它又既包含着将转

① 普罗提诺：《九章集》，第1部分卷6。

② 夏夫兹博里：《道德家们》，第3部分第2节。

③ 圣·托玛斯·阿奎那：《反异教大全》，《西方文论选》上卷，第151页。

化为作品（雕像）的形式因素，也包含着将转化为作品的内容因素。当这些素材经过艺术家的综合、熔铸创作成艺术作品时，它就不但改变了原来的形式，也改变了原来的内容。

在美学史上，从辩证法的观点理解艺术作品的内容与形式的重要代表是黑格尔。黑格尔关于内容与形式的观点是建立在他的客观唯心主义哲学体系基础上的。他认为艺术作品的内容是作为“绝对精神”发展的一个阶段的“理念”，它的来源是精神自身，而不是客观现实生活，它的形式便是这“理念”自身的“显现”，即“感性形象”。这是唯心主义的论断，但是，黑格尔的辩证法思想，却使得他把对于艺术作品的内容与形式的理解推进到一个历史的新的高度。

黑格尔肯定“内容即具有形式于其自身”，内容与形式是对立面的统一：“内容非他，即形式之回转到内容，形式非他，即内容之回转到形式。”[①] 根据这种观点，他认为艺术作品的内容与形式也是这样相互包含、相互转化的。黑格尔认为：艺术作品从一方面看，“具体的内容本身就已含有外在的、实在的，也就是感性的表现作为它的一个因素”，而从另一方面看，“在本质上是心灵性的内容所借以表现的那种具体的感性事物，在本质上就是诉诸内心生活的”，“为着感情和思想而存在的”；而“只有因为这个道理，内容与艺术形象才能互相吻合”。[②]

正是从这种辩证观点出发，黑格尔提出了艺术作品的内容的“具体性”的思想。在黑格尔那里，作为艺术作品内容的“理念”，并不是只反映事物的本质的、抽象的思想，而是把本质与现象作为整体来把握的具体的意识，因此，它才适于感性的表现。“因为纯是抽象的普遍性本身就没

① 黑格尔：《小逻辑》，三联书店 1954 年版，第 286—287 页。

② 黑格尔：《美学》第 1 卷，第 85 页。

有办法转化为特殊事物和现象，以及普遍性与特殊事物的统一体。”[1]

应该指出，黑格尔这一辩证思想，是为它的客观唯心主义的哲学体系所限制的，艺术的内容本身虽然有特殊性，但它的基础和本质却仍然是“绝对理念”，是思辨的、概念的“绝对精神”的一个低级阶段；这种唯心主义观点当然是错误的。但是，后来的一些批判继承者往往忽略掉黑格尔关于内容与形式的辩证思想，因而得出否认艺术作品有特殊内容的论点。例如，别林斯基就说过：“从内容来说，诗的作品和哲学论文没有两样；在这一点上，诗和思维是没有任何区别的。然而，诗和思维毕竟不是一回事情；它们在形式上有显著的区别，这形式就成了它们各自的主要特征。”[2] 应该指出，别林斯基在强调艺术与科学的一致性，反对割裂艺术与科学、哲学的联系这一点上，是有进步意义的，但是把艺术与科学的区别只归结为形式上的区别，却是片面的。实际上，这仍然是把内容与形式作了形而上学的分割。

按照辩证唯物主义的观点，内容与形式是统一体的两个方面，二者彼此内在地不可分离地联结着。形式总是某种具体事物的形式；内容之为内容则就因为它包括着相应的形式。如果把内容与形式看成不相关联的两个方面，那就既不能正确地理解内容，也不能正确地理解形式。因此，当我们研究艺术作品的内容与形式时，把某些因素划归属于内容的范畴，把另一些因素纳入形式的范畴，就容易产生简单化的现象，这种做法无助于我们认识艺术作品的复杂的组织和构成。但是，内容与形式在客观上又具有一定的、相对的区别，忽视这种区别也不能把握事物的本质和多样的形态，因而在理论研究中把二者分别来考察，是可能的，也是必要的。

① 黑格尔：《美学》第1卷，第84—85页。

②《别林斯基论文学》，新文艺出版社1958年版，第10页。

一、艺术作品的内容

（一）艺术作品内容的特征

艺术作品作为一种满足人们特殊精神需要的审美对象，在内容上必然有不同于其他事物的特征；只有掌握这些特征，才能更好地理解艺术作品的内容。

艺术作品是一定的社会生活在艺术家头脑中的反映的产物，是观念形态性的东西。作为观念形态性的东西，它的内容的特征，取决于它所反映的对象的特殊性和把握方式的特殊性的统一。从这方面看，艺术作品跟科学著作在内容上的区别，首先就在于科学著作透过现象而且舍弃现象去反映客观事物的本质；艺术作品则在事物的本质与现象的统一中反映现实。所以，艺术作品的内容的显著特征便是具体性，即本质与现象的统一、普遍性与个别性的统一，而不是脱离具体的、感性的形象对生活本质的抽象的概念的把握。

正因为艺术作品具有这种区别于科学的审美特征，所以它的内容虽然可以通过概念来概括，但这只能说是掌握了作品的内容梗概，而梗概并不等于作品的具体内容。例如，人们可以用描写封建时代的农民起义斗争一句话来概括《水浒传》的内容梗概，也可以用反映大革命前后在共产党领导下的河北地区农村阶级斗争和革命运动这句话来概括《红旗谱》的内容梗概，但这都不能揭示出这两部作品的全部丰富具体的内容。因而，如果人们要掌握一部艺术作品的内容，接受它的全部影响和教育，就只有直接去欣赏它本身，即使多么生动的评介文章都不能代替的艺术形象。关于这一点，别林斯基曾经说过这样的话："再没有比叙述一部艺术作品的内容更费力、更不愉快的事了。…… 叙述内容应当有一个目的，应当找出作品的主题思想，以便后来显示出诗人是怎样正确地把它体现出来的。那么，这将怎么做呢？把整个作品重写一遍是办不到的。但是为了保持一定的篇幅，从这卓越的、整部作品中选出一些片断，丢掉一些片断，这样做是多么糟糕啊！然后，再用自己的散文描写把所写下来的部分联系起来，而把作品的鲜明美妙的东西，作品的生命和灵魂都留在书中，只拿出一个没有生命的骨架，这又是多么糟糕啊！”[①] 有一些大作家也曾说过类似的话。如歌德在别人问他《浮士德》的思想内容是什么时，他说：“如果我能够把《浮士德》里所描写出来的那种丰富多样、极端复杂的生活统统串连在一个贯串一切的思想所组成的那根细弱的导线索上，这倒是一桩妙事啊！”[②] 列夫·托尔斯泰也曾说：“如果我想用词句说出我原想用一部长篇小说去表现的那一切思想，那么，我就应当从头去写我已经写完的那部小说。”[③] 这样一些说法，也正是反映艺术作品内容的具体性的特征。

在我们的文艺理论和文艺评论中有一个习惯的用语，即把艺术作品的内容称之为“思想内容”，每当具体分析某一作品时，又常常把这个“思想内容”归结为某一个或几个抽象的概念，于是便造成一种误解，似乎艺术作品的内容就是它表现了某种思想或者概念；而组成作品的生活图景的大量感性内容，如人物、情节、细节等，则被抽象掉了。这样一来，一部艺术作品的内容便被归结为一句话或一个概念，并且以为掌握了这句话或这个概念就等于掌握了艺术作品的全部内容。这种对艺术作品内容的看法是不正确的，人们从欣赏经验上就可以觉察到它不符合实际。因为，如果问题果真如此，那么还要艺术作品做什么呢？理论著作不是比艺术作品简明扼要得多吗！艺术作品之所以不能被理论著作所代替，就是因为不能把它的内容归结为一个或几个抽象概念。当然这并不是说，

①《别林斯基论文学》。

②《西方文论选》上卷，上海文艺出版社1963年版，第477页。

③《文艺理论译丛》1957年第1期，第231页。

艺术作品的内容中没有思想，或者说“思想内容”这个概念不能使用，更不是说批评家不应该把包含作品内容中的思想概括地提出来加以分析。如果这样了解，那也是片面的。这里所要强调指出的是：在艺术作品的内容中，思想与生活二者是融合无间的统一；“思想”不以思想的抽象形态存在，而是作为反映于作品中的生活现象的认识（即内在关系）融贯于形象之中，它比抽象形态的思想要丰富和具体得多。关于这一点，我们在下面分析主题和题材时还要谈到。

总之，艺术作品内容的具体性，是它区别于其他意识形态的首要特征。不能正确地理解这个特征，便往往会陷入两种片面性的错误观点。一种错误观点认为艺术作品内容只是反映生活的现象，只表现艺术家的感觉、印象，而不是或不必去反映生活的本质，表现艺术家的思想。另一种错误观点也是否定本质与现象的统一，片面地认为作品内容只是反映生活的本质，表现艺术家的思想，而形象等不过是思想的注释，这种观点的应用容易在创作实践上造成图解、概念化，在文艺批评上产生简单化的毛病。所以，只有反映了作为本质与现象有机统一的活生生的现实生活，才有可能创造出形象鲜明、生动因而富于感染力的艺术作品。

然而，仅谈到具体性，还不能充分说明艺术作品内容的特征。从具体性、“生动性”来说，纪录影片中的动物可能比艺术家笔下的动物“高”得多，但艺术家寥寥数笔勾画成的动物形象，却可以是真正富于美感的欣赏对象。这表明，单只具体性一点，还不能规定艺术作品内容的全部特征；而且这具体性本身的必然性，也应得到说明。这就需要从艺术反映对象的特殊性方面寻求合理的解释。

我们知道，艺术反映的对象虽是统一的客观世界，但却是客观世界的特殊方面。就社会现象来看，现实生活也是以它的一定方面进入艺术的。艺术家描写生产劳动，其兴趣主要不在于复杂的技术过程，主要不是为了说明劳动的经济价值，而是要通过对劳动事迹的描绘，表现劳动人民的性格品质和精神面貌。炼钢、积肥、开车、做饭有它们的生产和经济上的意义，但在艺术作品中，侧重的是人物在这些活动中的表现，以揭示他们的力量、智慧、精神品质和交织在这些活动中的社会生活意义。高尔基曾经明确地告诫作家，不要用操作过程去代替人物的描写，他说："原因就是：你详详细细地描写熔矿炉，描写金属的熔炼和辗轧，机器的构造和工作，你对金属工人所说的，他们知道得大概不一定比你差，……而且要鲜明到使内行人看到他们所不知道的东西，这样的诗意描写你做得很不成功。……只有下面这些是例外：你描写工人们怎样自己降低生产和物品的价值，他们这些真正新文化的创造者，怎样英勇地不惜献出自己的力量来努力做到这一切。"[①] 可见，那种将描写工厂的作品变为厂房、机器、操作过程的图解，将描写战争的作品变为军事技术、战略、战术的图解，其本身便失掉了艺术的特殊内容。因为艺术反映的对象，是作为人的社会本质与其丰富多彩的表现相统一的生动、完整的现实生活，所以，人 —— 赋有时代、民族、阶级、个性特征的活生生的人，总是艺术反映的中心对象。这种对象的特殊性，根本上决定了艺术作品内容的特殊性。

即使就自然界的事物来说，虽然艺术家有为"花鸟写生""山水留影""为万虫写照，百鸟传神"的说法，但进入艺术作品的自然事物，其意义不同于自然科学中的研究对象。如果艺术家以为作品里的自然不过是自然本身的一些属性的直接再现，而不是同时就是人的社会生活和精神面貌的间接表现，其作品就不能满足人们对艺术的特殊要求。不论表现得明显或隐晦、直接还是间接，那傲岸的松、柔媚的柳、坚定的石、自在的云等等，都是某种社会生活条件所形成的人的性格或精神特征的象征。所以，古代画论说"凡画山水，最要得山水性情"，而且说"山性即我

① 高尔基：《给青年作者》，第 101 页。

性，水情即我情”[1]。那些在生活中主要是有害的老鼠、蝗虫等，只要具备一定的条件，在艺术中可以成为引起美感的对象，其原因就在于它们既不是被当成生物学研究的对象，也不是当作生产和生活上的有害动物来认识，艺术家不过取其某些方面的特征，来表现与人的兴趣有关、为人喜爱的特点。忽视艺术表现艺术家的兴趣、爱好的这一特点，往往使一些描写自然风景、山水花鸟的作品失掉感人的诗意。

这样，我们就可以给艺术作品内容的具体性这个特征，作进一步的规定：所谓本质与现象的统一，这本质，实质上是指人的社会本质，亦即社会生活的本质；这现象，就是社会生活的丰富多彩的表现。人们要认识自己的本质，认识社会生活的本质，可以通过各门社会科学，通过对复杂社会现象的分析，达到对它的理论的把握。但是，如果一定时代、阶级的人要欣赏自己，它就需要在思维与直观的统一中去把握在本质与现象相统一中的活生生的社会生活。因为生活只有在现实的形态中去把握、反映，才是它自身的样子，才是人们在日常生活中不仅通过思维，而且通过一切感官所感受、把握到的样子；当以抽象思维来分析社会生活时，就不仅从客观方面说为了抓住本质而舍弃了丰富的现象，同时从主观方面说也抽掉了各种生动的感受。这样一种以反映纯粹社会生活本质为内容的理论思维产品，除了给人以规律性的认识以外，当然就难以唤起主观方面的各种直接的感受，即把生活当作活的整体来把握时的各种感受。

这就是艺术作品内容的具体性的根据，也就是为什么艺术作品必然要从本质与现象的统一中去把握现实的根本原因。因此，我们可以说，艺术作品的内容，就是社会生活在其本质与现象的有机统一中的把握，但是，艺术作为观念形态虽然反映现实，却并不等于现实本身；艺术家在反映生活时是能动的。

① 唐志契：《绘事微言》。

现实生活转化为艺术作品内容时，要经过艺术家的选择、提炼、概括、集中，因而具有更典型、更理想和更有普遍性的特征。作品内容不是生活现象的照相和死板记录，而是通过艺术概括揭示生活的本质。亚里士多德早就说过："诗所描写的事带有普遍性，历史则叙述个别的事"，"因此写诗这种活动比写历史更富于哲学意味。"[①] 自然主义的"模仿自然"，只是表面现象的复写，反映不出生活的真实。

当艺术家对生活素材进行选择、提炼和概括时，不能不表现他对生活的认识、评价和理想。艺术作为现实的反映和艺术家对现实的态度的表现，它的内容是客观因素与主观因素的统一。不管艺术家自觉或不自觉，他的观点、理想都要在创作中起作用。这种认识、评价和理想往往与强烈的情感结合在一起，或通过对事物的情感体验表现出来。这一点与艺术对象的特殊性，从而与艺术把握本身的特点密切相联系。在第二章里，我们已经论述了审美感受中情与理的关系，在涉及艺术作品的具体内容时，我们更进一步地看到，凝结在艺术作品中的艺术家的客观认识与主观情感的紧密的统一，这种统一是与艺术家具体研究主题、选择题材分不开的。在艺术作品的具体内容中，在艺术作品的主题、题材等因素中，无不渗透着艺术家的思想和情感。中国文论、诗论中所说的"理在情中"，黑格尔和别林斯基所说的艺术必须表现"情致"，都指出了作品内容的这个重要特征。

概括地说，艺术作品的内容包含这两个方面：一是对现实生活在其本质的统一性与现象的丰富性相结合的形态上的把握与反映，二是这种反映既然要经过艺术家的选择、概括、加工和评价，所以作品必然蕴含着艺术家的思想情感和理想。而在艺术家的思想情感和理想中，又可能相应地反映和集中着一定时代、一定阶级的人的思想情感和审美理想。

① 亚里士多德：《诗学》，人民文学出版社 1962 年版，第 29 页。

（二）艺术作品内容的构成

上面关于艺术作品内容的规定，也可以这样来表述：任何一部艺术作品的内容，都是一个生动的、具体的、自身完整的艺术形象，它由艺术家所选择、加工过的一定生活方面、生活现象所组成，并为艺术家对这些生活的认识和情感所统摄。可以简要地说，作品的内容就是构成艺术形象的一切因素的总和。当然，仅仅做出这种概括的规定是不够的，特别对于文艺评论和艺术研究工作来说，还需要对这个完整的内容进行分析，考察它是由哪些因素构成的，其间又有着怎样的相互关系。

在具体分析艺术作品的内容时，通常使用题材、主题等概念。这里首先需要指出，关于题材和主题的概念，正如内容与形式的范畴一样，人们经常在不同层次的意义上加以使用。比如，我们有时从一定艺术种类的特殊性出发，说这是适于戏剧或电影的题材，那是适于音乐或绘画的题材等等。这里所说的题材，是就现实生活的一定方面适应于某种艺术种类而言的，即指这种艺术种类范围内所有艺术作品在题材方面的一些共性，例如，包含矛盾冲突特点的外在生活现象是适于戏剧艺术形式的题材的共性，表现内心生活中的情感活动而又缺乏外在形象的题材是适于音乐艺术形式的题材的共性，等等。这种意义上的题材概念与一部具体作品中的题材概念相比，具有广泛性和普遍性；它只是和别种艺术种类的题材相比，才显示出特殊性。关于主题的用法也是如此，有时人们从一些具体作品的主题所包含的共性出发，说某些作品的主题是爱国主义的或反封建的，或者说劳动的主题、爱情的主题等等。在这里，主题的含义实质上是指这些具体作品所反映的生活现象的共同本质和艺术家对这些生活现象的评价的思想实质。上述意义上的题材与主题，跟谈到具体作品中的题材与主题时的含义并不完全一样。

其次，还要指出，我们在使用题材和主题这些概念时，应当注意不要把它们当作是相互外在、彼此孤立的一些“因素”；实际上它们只是从不同角度去把握作品内容所得出的概念。所以，当应用它们去分析具体作品时，就可以发现，在使用某一概念，即从某一方面分析作品内容时，它定会牵涉到和转化到另一概念，即作品内容的另一方面。例如，对于一幅油画，如果不是只谈它的素材范围，而是把握它的题材特征，那就一定要涉及它的主题，因为这一画中的具体题材，是从属于它的主题的。或者说，基于作者的认识，对素材有所选择，从而组织起来的那一定的生活现象，对具体的主题的特殊性起着规定作用。总之，离开了一定的具体的主题，就没有严格意义上的题材；那还只是些未经加工转化为题材的素材。根据同样的道理，这些概念跟通常放在形式范畴中讲的另一些概念（如情节、结构等）之间的关系，也是相互联系和转化的，不可将它们机械地割裂开来。

按照严格的意义来说，每一部艺术作品的题材和主题都是具体的、特殊的。如果这部作品的内容是有独创性的，它的题材和主题都不是所谓一般化的，也就是不可重复的。从这个意义上来说，题材就是艺术家在观察体验生活的过程中形成，根据一定创作意图进行选择以至虚构，而进入艺术作品的一定生活方面、生活现象。

题材不同于素材。素材是艺术家在进入创作活动之前的准备阶段从生活经验中得来的各种印象、事实、人物和图景等。它与具体的创作意图没有直接的联系，因而带有不确定性。它只是供进一步选择、概括和加工而形成主题和题材的原始材料。作家、艺术家积累的生活素材越丰富，便越有利于主题的提炼和题材的选择。

题材虽是经过作家选择过的材料，但它主要是属于作品内容的客观方面，它说明的是作品反映的一定生活现象的范围。可以说，题材是构成已被规定了的作品内容的基本材料，是作品内容的基础。要认识一部作品的内容，就要首先把握它的题材，即它反映的是怎样一种具体时间、地点、条件下的生活现象。

如果我们就一定时代、一定阶级、一定流派的作品加以考察，可以清楚地看到，艺术作品的题材的范围无例外地是有历史性、时代性的。由于处在社会发展的不同阶段，各个阶级的生活条件和立场观点的差异，题材的选择总要受到历史的、阶级的制约。作为古典主义理论的经典，实际上表现了封建贵族阶级艺术趣味的布瓦洛的《诗的艺术》，就明确规定了什么事物可以进入艺术，什么不可以进入艺术。到了资本主义社会，题材的范围有了扩大。在无产阶级的文学中，题材的范围理应更为广阔。因为无产阶级的解放，不但从主观方面提供了创造广大的审美主体的可能性，也从客观方面提供了扩大现实生活的美的可能性。基于欣赏需要的多样性和生活内容的丰富性，社会主义文艺的题材应该是多样化的。

不论对一部作品，或是对一个时代、一个流派的许多作品，如果对它们的题材进行研究，考察题材所可能包含的社会意义，也就是题材的思想容量（或形象在思想方面的性质），这就不能不涉及题材与主题的关系。

主题是艺术作品所反映的一定生活现象的社会意义和艺术家对于这种生活现象的认识与评价。高尔基说："主题是从作者的经验中产生，由生活暗示给他的一种思想。"[①] 可见，作品的主题不是赤裸裸的抽象思想，而是与生动具体的题材和形象的特殊性密切结合着，从形象中自然流露出来或可以察觉得到的思想。这种思想如果是深刻的，那么它是和艺术家的生活经验的深度分不开的，是艺术家在提炼题材的过程中，对生活进行了深入的体验和分析的结果。

艺术作品的题材与主题之间的关系，其表现形态是很复杂的。首先，要承认题材在思想容量上的客观限制和差别，要看到题材对作品思想内容的制约性；同时，又要看到这种限制和制约关系是有限的、相对的，不是绝对的。

① 高尔基：《文学论文选》，第 296 页。

一定题材的思想容量有一定的限度，因而不同的题材在思想容量上存在着客观的差别。这是因为，作为题材来源的社会生活本身，它的不同侧面的社会意义不是相等的，它们与生活本质、历史主流的联系有广狭、深浅的差别。就社会意义来说，显然不能把日常生活的任何片断，与推动社会飞跃的革命斗争事件之间画等号。一般说来，社会历史进程中的巨大事件、波澜壮阔的革命斗争，常常是更集中、更充分地体现出社会生活的社会本质及其发展趋势，因而它就有可能发掘和表现更深广、巨大，具有重大社会意义的主题。

然而还应该看到，题材的思想容量同作品的思想内容之间的制约关系是相对的、有条件的。题材思想容量的客观可能性，转化为艺术作品的思想内容，需要经过艺术家的认识、发掘和表现。当然，由生活素材到艺术题材的转化，其中也反映了艺术家的思想认识和艺术表现方面的修养。艺术家描写什么，对什么有兴趣，是与艺术家的主观条件分不开的。但是，未经艺术家发掘出来，或者认识到了而未能表现出来，还不是实际存在的作品的思想。因而不能把题材体现思想容量的可能性当作衡量作品实际思想内容高低的唯一标准。可能性是不是变为现实性，取决于艺术家主观方面的认识水平和艺术才能。事实表明，同一题材，由于认识方面的差异或发掘深度的不同和传达能力的高低，可以产生不同性质和不同思想水平的作品。如果艺术家缺少丰富的生活经验、深刻的思想和足够的艺术修养，即使是意义重大的素材，也可能被处理得平平庸庸；反之，如果艺术家有深刻的见识、丰富的生活感受和高超的艺术技巧，即使通过生活的细小侧面，也可以有力地揭示生活的本质，显示深刻的社会意义，从而产生引导读者深入地理解生活、认识生活的真理的社会效果。问题在于：作为审美主体的艺术家，如何努力和善于从这些题材中，尽可能发掘更深广的社会意义，反映和表现时代的某些本质方面。

不能把题材社会意义的可能容量同作品的实际思想内容等同起来，

还因为在作品的思想内容中常常包括有艺术家的主观解释。这些主观解释，有的是体现于形象之中，即通过处理事件和人物的关系表现出来，有的是表现于形象之外，即通过艺术家在形象之外所附加的议论表现出来。它们有时与生活真实不符合，但既然客观地存在于作品之中，并且对读者发生一定的作用，因而也是作品内容的组成部分。这就产生了艺术作品思想内容中艺术家的主观认识同题材所蕴含的客观思想的关系这个十分复杂的问题。

艺术家的主观认识可能与生活真实相符合、相一致，因而在作品中就会达到艺术家的体验、认识、评价同题材的客观思想的和谐、统一；但艺术家的主观认识也可能同生活真实不符合，这样，就可能出现或者如上面所说的艺术家的主观认识作为错误的主观解释渗透于形象之中，使整个作品内容失掉真实性；或者艺术家的主观认识中部分地存在着错误的成分，同题材所蕴含并经艺术家所表现出来的生活真实相矛盾。

对于这种矛盾现象，需要具体分析，不能简单地称之为作家的主观认识和作品的客观思想的矛盾。前面说过，构成作品内容的思想，是经过艺术家的发掘与表现的；从这个意义上讲，作品中的思想，特别是贯穿在作品中的基本思想，不可能是同作家的认识完全没有联系的。在分析这种矛盾现象时，需要注意的是：不要只将艺术家自觉的观点、明确的意图，甚至某些直接的议论归属于主观认识的范围，也不要将为艺术家所感受、体验和把握，并反映于作品之中，但却缺乏明确、自觉的意识的部分，当作是与艺术家的认识无关的纯客观的思想。杜勃罗留波夫曾经说：文学作品所以成为某一思想的表现，可能不是因为作家在创造它时倾心于那个思想，而是因为现实中这样一些事实激动了作者，而这种思想便从这些事实中自然流露出来。显然，不能认为那激动了作者并通过作者描绘的事实流露出来的思想是不属于艺术家的认识的。不论它的表现是否明显，只能把它认作属于艺术家的认识的一部分，不过可能是处于不够自觉、缺乏明确意识的那一部分罢了。

的确，有时候，艺术家自己常常说不出他的作品表现的是什么思想，或者认为批评家对作品的解释是他自己从来没有想到的。但是我们不能以此作为根据，证明好像作家、艺术家常常不知道他在写些什么和表现什么。有些艺术家说不出他的作品的思想，这同前面说过的艺术作品思想内容的特点有关，即作品内容中的思想是具体的，而一些艺术家常常又不善于或不惯于用抽象的语言来表述作品中的思想。至于说到批评家的解释是艺术家没有意识到的现象，如果批评家的解释是符合作品内容的实际而不是脱离作品内容的随意设想的话，那么，为艺术家所感受到却还没达到清晰、明确而自觉的意识的情况，是可以从心理学中找到科学解释,而并不是神秘莫测的现象。

当然也应该看到，生活现象本身十分复杂，同一对象具有多方面的意义，艺术家往往只能从一定的角度或方面去观察和反映它；而形象的客观性，可能不受作者认识的局限性的束缚。这就是说，只要作品是按照生活的规律提供一些现实的正确画面和事实的，它也就为欣赏者和批评家提供了从另外的角度或更高的观点去观察它，去重新感受和认识它，因而从中发现比艺术家本人所自觉认识到的更加深广的内容和意义的可能性。

当我们分析作品内容时，我们通过题材和主题等方面去把握它，但是这并不是说题材与主题思想相统一就等于作品的内容。我们知道，内容之成为内容，是由于它具有了相应的形式。如果艺术作品的内容因素没有得到确定的形式，那还不能说内容已经真正存在。内容必然向形式转化。这种转化本身已是具体的内容的展开，就是形象。或者说，题材按照主题的要求和生活现象内部的规律组织起来，即得到一定的结构，就使内容转入形式，转入具体形象。这种形象是用一定的物质材料体现出来的。艺术的内容只有转入形式，才能成为实际存在的具体可感的艺术作品，从而为人们所欣赏和把握。

二、艺术作品的形式

形式问题在美学领域里占有重要的地位，这是由艺术这种意识形态的特殊性所决定的。

如前所述，在谈到艺术中的形式问题时，需要注意形式概念的不同含义。在这里，我们首先要谈的是具体艺术作品的形式。概括地说，作品的形式就是作品内容的存在方式。

（一）作品形式的两个方面

所谓作品内容的存在方式，实际上包含着两个密切联系着的方面：一是内容的内部结构，即题材的各种因素或部分的内部联系和组织；一是形象的外观，即形象呈现于感官面前的那种样式，或者说是艺术形象所借以传达的物质手段的组成方式。如同在创作过程中构思和传达是紧密联系着的那样，在艺术作品中，形象的内部结构与外部显现也是结合在一起的。但是，这并不是说二者不能分别地加以考察。人们通过思维的分析能力是不难把这两个密切联系的方面加以区分的。

前面我们说过，内容之所以成为内容，是由于它具有了相应的形式。从艺术作品的形成过程来看，当艺术家虽然有了大量的感受和印象，但还没有找到恰当的形式将它们组织起来时，也就还不存在确定的内容，只存在着可能构成未来作品内容的基础的素材。所谓找到恰当的形式，首先就是指按照生活自身的规律，发掘出事物之间的内在联系，从而根据主题的需要从素材中选择必要的成分加以适当的组织，即赋予题材以一定的结构。可见，形式也不能离开内容去把握，特定的内容要求与它的特点相适应的特定形式。每一部具有独创性的艺术作品，如同它的内容是具体的、独特的“这一个”一样，它的形式也是具体的、独特的这一个。认为形式可以脱离内容而独立存在，好像一个工具“模型”，只要浇进任何材料就可以铸成作品，这是一种对创作实践十分有害的形而上学的理解。在这里，应当把通过比较、归纳，从一些作品中抽象出来的形式上的共同因素（如种类、体裁等），跟这种形而上学的理解区别开来。艺术形式的共同因素（种类、体裁等）并不是抽象地独立存在的，它只是存在于某一种类或某一体裁的作品中的一些普遍性的特点。它是适应于一定的内容和一定的物质手段而产生的，反过来也对内容起制约作用。艺术家认识、熟悉和掌握某一艺术种类、体裁的特点与规律，当然是必要的；但是，仅仅掌握一般种类和体裁的规律，并不能保证创作的成功。正如许多艺术家自己叙述的那样，虽然他们已写了许多部同样“形式”（种类或体裁）的作品，像人们所说的那样，熟练地掌握了这种“形式”（种类或体裁），但每再创作一部同样种类或体裁的新作品，却感到要给这部作品找到恰当的形式，即具体形式，还需要根据具体内容来创造；原因就在于每一部具体作品的形式，如同它的内容一样，都是具体的、独特的，不可重复的。

这种具体形式之所以是具体的、独特的，就在于它是由具体、独特的内容所决定的那些因素的具体、独特的相互关系。一定的内容，要求有与其独特性相适应的独特形式。这种形式的内部结构，也可以叫作艺术作品的内部形式。从这个意义来讲，形式也就是内容；它是从整体的各个部分、各种因素的联系、组织这个侧面来把握内容的。不理解形式与内容这一对范畴的辩证关系，便往往陷入形而上学的两极对立的观点——总是追求把形式的因素与内容的因素截然分开，而结果总是落入不可解决的矛盾之中。

作品内容的内部结构，即形象的各个部分、各种因素的相互关系和组织，在不同艺术种类中的表现是有不同形态的。以文学、戏剧等艺术来说，它包括性格不同的人物的相互关系、特定关系所形成的情节、环境和细节等。如何使形象的各个部分、各种因素的相互关系安排合理，有重点而又协调、匀称、完整，以便准确、充分、完善地把主题思想表现出来，这是内部结构的主要任务。

主题的特殊性，决定作品的结构的特殊性。艺术家正是通过结构来反映生活现象的意义和表达他对生活现象的认识和评价的。例如，王实甫的《西厢记》以张生金榜题名、同莺莺洞房花烛这个相当落套的结尾结束，虽属作者理想的表现，却也反映了作者反封建婚姻的思想不够彻底。现代一些改编者把结尾改为张生、莺莺共同出走，目的在于加强反抗性的思想。这种修改虽然可能引起争论，但它足以表明，不同的创作意图、不同的主题思想，规定作品不同的结构、不同的形象的组织方式。

我们不应仅从作品的内部关系、内容与形式的关系上去考察结构；一部作品的内部结构可能充分、完满地体现了主题思想，但是，如果主题思想违反生活的真实，其结构也必然会违背社会生活的内部联系。不论多么强调独创性，艺术作品的结构仍然必须根据现实生活的客观规律。当艺术家对生活的规律有了正确的认识时，才能构思出富有创造性而又合理的作品结构。如果艺术家的认识违反生活的规律，就将使作品内部结构产生违反现实的后果。例如，在高鹗续的后四十回《红楼梦》，穿插了贾府的“兰桂齐芳”“门庭再造”的情节。这种穿插可能与整个作品结构所显示的这个封建大家族的必然没落趋势相冲突。从另一方面说，艺术作品的结构固然根源于现实生活，但作为表现艺术家的创作意图的一种手段，结构不应当是现实生活的具体关系的机械模仿，而必须给以创造性的处理。譬如我国著名京戏演员盖叫天，他塑造武松在打虎时的形象，并不是单纯模仿生活中可能有的打虎的姿势。他在处理这个动作时，既根据生活的真实而全神贯注于老虎，给人一种紧张、危险的气氛，同时又不是低俯着头望着老虎。这一方面固然为了让观众看清武松的面部表情，更重要的是突出武松的英雄气概，使打虎这一姿势，进入雕塑般的造型性，引导观众进入崇高而紧张的境界。

盖叫天《武松打虎》剧照

题材得到一定的内部结构，就在艺术家的头脑中成为确定的具体形象。但艺术形象还要通过一定的物质材料表现出来，才能成为客观存在可供观赏的艺术作品。这种以一定物质材料组成的具体形象的物化的形态，是形象直接显现的方面，也可以称作作品的外部形式。不过，这里所讲的外部形式，同那种跟内容毫不相干的外在形式（例如书籍的外表与书的内容可能并无关系）不是一回事。艺术作品的外部形式，即艺术形象的感性外观，与艺术作品的内容有着密切的关联。

不同种类的艺术使用不同的物质材料。如文学用语言文字，绘画用线条、色彩，音乐用声音，雕塑用石头、黏土等。物质材料就其自身来说，还只具有成为外部形式的可能性。只有当它从属于特定的创造意图，成为具体形象的体现者，即按照形象的要求而被利用起来时，它才能现实地起着构成作品的外部形式的作用，也才能反作用于艺术的构思过程，使它拥有如何体现的自觉性与确定性。

在科学理论著作中，也有内部形式与外部形式的问题。但在科学理论著作中，作为外部形式的语言，它所体现的是概念、判断等，而在艺术中，例如文学作品中的语言，其所体现的则是形象。列夫·托尔斯泰曾经谈到，文学作品的内容不可能直接用词句来表现，而只能间接地——以词句来描写形象、行动、情况。因此，对艺术作品的形象塑造来说，外部形式具有特别重要的意义。客观现实的事物，其外部形式并不直接影响它的实用价值或科学内容，然而却深刻地影响它的审美价值。

区分内部形式与外部形式，对于了解艺术作品的构造、艺术创作和艺术欣赏的规律等，都有重要的意义；同时也有助于理解艺术创作实践和艺术的历史发展中的许多矛盾和问题。经验表明，在创作实践中，作品的内容的表达，同外部形式与内部形式的需要之间常常产生矛盾，例如在诗的格律结构与形象的内部关系之间，在绘画的外部构图与“物象构图”之间，在戏曲的程式与人物具体动作要求之间，都常常有这种矛盾发生。这种种矛盾产生的原因，就在于内部形式（形象）的要求同外部形式美的规范以及“艺术语言”的物质特性方面的要求之间，存在着差别。

艺术作品的外部形式有三个不同的方面，各有不同的要求；这是由不同物质材料构成的“艺术语言”的三种特性所产生的，即：一、“艺术语言”作为“一切事实和思想的外衣”（高尔基），它的首要任务是准确、鲜明、生动地表现形象；二、“艺术语言”有它的物质特性，这就要求艺术家拥有掌握和使用它的技术；三、作为物质材料自身及由它所构成的一般形式，对它有一种相对独立的审美要求（例如戏曲的“字正腔圆”）。只有同时实现这些要求，才能完满地完成外部形式的创作任务。

从根本上说，外部形式的任务是准确、鲜明、生动地表现艺术形象。高尔基说：作为一种感人的力量，语言的真正的美产生于言辞的准确、明晰和动听，这些言辞描绘出作品中的图景、人物性格和思想。他这里说的是文学语言，但同样也适用于各种“艺术语言”（例如雕塑的“量感”）。艺术家只有借助于丰富的“艺术语言”（例如绘画用笔的书法味），才能塑造出生动完美和构成形式美特征的艺术形象；他从丰富的语言中寻找、挑选那最能确切表达他所要表达的东西的“词汇”。所以，历来艺术家都十分重视“艺术语言”的锤炼。我国古人讲求“练字”“遣词”“一字之工”；外国艺术家也有所谓“一字说”，如福楼拜曾经说过：“这里，我们所要表达的东西，只有唯一的字可以表达出：说明它的动作的只有唯一的动词，限定它的性质的只有唯一的形容词。我们不能不搜索、寻找这唯一的名词、动词、形容词，直到找到了它为止。仅止发现了与这字相近的字也不能满足，不能因为这样做困难而马虎了事。”以准确的艺术语言，充分而完美地塑造表现出对象的个性的艺术形象，这就是对如何艺术地处理外部形式的第一个要求。

为了创作优美的外部形式，艺术家不但要深刻研究和掌握“艺术语言”的丰富的含义方面，还需要研究它的物质材料本身的特性。如雕刻家对于石头、青铜、泥土的不同特性，画家对于笔、墨、颜色、纸、布等的特性，都需要研究、了解和熟悉，并锻炼出熟练地使用它们的技术。这虽然是属于技术性的东西，但缺乏这种技术也谈不到完美的艺术形式的创造。像齐白石所画的虾，那躯体的透明感，那须或腿的动态感，所以能显得真切而生动，就是与老画家对笔、墨、纸等的性能有充分的研究，掌握了足以自由地驾驭它们的高度技巧等主观条件分不开的。在艺术作品中，甚至仅只从物质材料制作方面所表现出的高度技能，就可以使人欣赏，“能唤起人对自己的创造才能感到惊奇、骄傲和快乐”（高尔基）。

构成“艺术语言”的物质材料，除了作为一定意义、事实和图景的承担者或体现者之外，还有它自身的材料及结构方式的审美特性，因而有它那特殊的审美要求和合规律的规范。这就是外部形式美的问题。根本否定外部形式的美学意义，片面地以生活原型作为唯一标准来衡量形象的得失，容易落入形象缺乏内在意蕴的自然主义；可以说，艺术中的自然主义，往往不仅损害生活的本质真实，而且也损害艺术的外部形式美。如果以为诗可以不讲究韵律和节奏的美，雕刻可以不讲究结构的样式化

齐白石《虾》

的美，绘画可以不讲究色彩、线条的美，演员可以不讲究形体的美，那么受到损害的就不仅是外部形式，而且是整个艺术形象。人们可能有这种经验：一首就其内容来说是相当完整的新诗，常常因为缺乏必要的韵律和节奏，而给人以不完整的破碎感觉；相反地，一首缺少完整内容的旧诗，往往却因其外部形式的严整，读来抑扬顿挫而能造成一种似乎完整的印象。所以，外部形式美既有区别于内部形式的特殊要求，又密切关系于艺术形象的塑造。一般说来，艺术的加工，不仅是进行艺术概括和提炼，寻找恰当的完善的内部形式，而且包括外部形式美的创造。

外部形式正因为自身具有独特的审美特性，它在艺术作品中具有不可代替的地位和作用。各种艺术都适应于自己的特点注意形式美的创造。文学讲究语言的声律美和节奏感等。我国传统戏曲艺术对形式美的重视，成为这种十分讲究程式艺术的艺术种类的突出特点，也成为它受群众喜爱的重要原因。戏曲在表现各种丑恶的事物时，总是竭力避免引起生理厌恶的自然主义的描绘，而力求使其外部形式既不影响对其内容的真实暴露，又在艺术加工时给以按照形式美规律的处理。如反面角色脸谱的图案化，表现人物痛苦或愤怒的情绪状态时，注意口形的视觉的美，声音的听觉的美等。可以说，每种艺术都适应于自己的特点注意形式美的创造。

艺术作品外部形式美是一般形式美问题的一个特殊领域，它是作为艺术作品的组成部分而存在的。这种形式美自身的审美意义，需要服从整个艺术形象的要求，因而是相对的；脱离形象的需要，单纯追求形式美，就会走到形式主义。然而，却不能以此来否定艺术作品外部形式的相对独立的审美特性，更不能以此根本否定一般形式美。问题是如何正确地理解它，认识它的审美特性，掌握它在艺术作品中的地位和作用。不论对于艺术创作或艺术欣赏来说，不论从反对形式主义或反对庸俗化观点方面来说，正确地认识形式美都是十分重要的。

（二）形式美和形式感问题

在西方美学史上，形式美的问题曾经受到许多美学家的重视。他们在关于形式美的一些规律的研究方面，有值得肯定的贡献；但是，由于这些美学家总是离开美的社会性去研究美的本质，因而对于美的一种形态——形式美的认识常常不是陷于机械唯物主义就是陷入唯心主义。从古希腊的毕达哥拉斯学派起，经过新柏拉图派、文艺复兴时期的一些艺术家，十七、十八世纪一些经验主义美学家到后来的各种形式主义美学流派、实验派美学家等，都在形式上寻求美的本质。他们有的把美归结为自然事物本身的一些规律，如和谐、比例、对称等；这只是揭示了一些现象而没找到本质，这样一些自然形式规律为什么美，仍然有待解释。而进一步的解释则往往是从这种种形式规律的符合“理式”“合目的性”等方面去找，结果陷入唯心主义以至神秘主义。

美的本质不在自然形式，特定意义的形式美不过是美的一种表现形态。通常我们所说的形式美，是指自然事物的一些属性如色彩、线条、声音等，在一种合规律的联系如整齐一律、均衡对称、多样统一等中所呈现出来的那些可能引起美感的审美特性。

色彩、形态等本是现实事物的一些属性，它与具体事物的质的规定性是不可分的。但人们在长期的社会实践基础上所形成的认识能力，能够采取各种分析、综合的方式，逐渐把它们与事物的其他属性相对分离开来并加以把握。恩格斯说过：“几何学的结果不外是各种线、面、体或它们的组合的自然特性，这些组合大部分早在有人类以前就已在自然界中出现了……”[①] 这些属于自然界事物的某种特性的色彩、形态等，按照一定规则组合起来，而具有了审美意义，其原因显然不能简单归之于这些自然特性本身。当然，不能否认自然物质材料的结构与人的感觉等心

① 恩格斯：《〈反杜林论〉的准备材料》，《马克思恩格斯全集》第20卷，第664页。

理结构之间的合规律关系在形式美欣赏中的意义；这种合规律关系，是构成形式美欣赏的一种客观基础。但是，形式美作为一种引起美感的审美对象，其根据主要在于一定的色彩、线条等具体特征，同一定的社会生活内容的联系；同时，能欣赏、感受形式美的主体方面所表现出来的人的主观感受的丰富性，也只有从社会实践中才能找到合理的解释。

在第一章中，我们论述了审美对象是社会历史的产物。作为美的形态之一的形式美，也是从人类实践的历史发展中产生的。要使形式美的研究取得有效的成果，需要以社会实践的观点亦即历史唯物主义观点为指导。普列汉诺夫在《没有地址的信》中关于原始艺术的研究，对于认识形式美问题很有启发。

如果认真研究我国新石器时代的陶器的造型和纹饰，对于认识形式美的历史继承性大有好处。普列汉诺夫曾用大量的实例，从历史发展中证明了审美的同有用的这一对矛盾之间的联系，证明了色彩、线条等自然属性和对称、节奏等自然规律，如何同一定的社会生活现象相联系，从而取得了审美意义。这就接触到形式美的形成和它的本质问题。

例如，在原始民族的装饰中，动物的皮、爪、牙齿和羽毛等起着很重要的作用，这种现象能否单纯用色彩和线条的组合来解释呢？普列汉诺夫认为，从历史发展上看来，毋宁是相反；即这些东西之所以被作为装饰，在"最初只是作为勇敢、灵巧和有力的标记而佩带的"，它表现佩带者自己所具有的品质以至愿望。这是不难理解的，"谁战胜了灵巧的东西，谁就是灵巧的人，谁战胜了力大的东西，谁就是有力的人"。因而，这些东西就"可以作为他的力量、勇气或灵巧的证明和标记"。而这些东西之成为纯粹装饰品，成为审美对象，是在后来，"只是到了后来，也正是由于它们是勇敢、灵巧和有力的标记，所以开始引起审美的感觉，归入装饰品的范围"。

那么，从有用到审美的这一转化是以什么为标志呢？普列汉诺夫说：

“当狩猎的胜利品开始以它的样子引起愉快的感觉，而与有意识地想到它所装饰的那个猎人的力量或灵巧完全无关的时候，它就成为审美快感的对象，于是它的颜色和形式也就具有巨大和独立的意义。”[①]

在这里，普列汉诺夫提出了两个对于了解形式美具有重要意义的论点：一方面，一定自然形式具有审美意义是在它跟社会生活现象的客观联系中（有用与愉快并存的形态中）取得的；另一方面，只有当这种联系具有普遍性而失去个别的具体联系的特征时，它才真正成为具有独立性的形式美这种特殊的审美对象。

这是完全可以理解的。因为不同的自然形式为什么具有不同的美，正是要从它们跟不同的生活现象，生活实践的普遍联系上才能得到解释。例如，红色不同于安静的蓝色，而给人一种热烈的感受，就是它与具有这种特点的事物的客观联系中取得的。格罗塞在《艺术的起源》中，曾分析了一些原始部落的人们对红色的爱好，他说：“这种种的事实都证明了红色的美感，是根本靠着直接印象的。然而在另一方面，这种直接印象在人身上所生的效力又随着感情上强烈的联想而增加，也是真的。在原始民族中有一个情境比其他的都有意义些，这就是红是血的颜色。人们总是在狩猎或战争的热潮中，或者说正在他们感情最兴奋时看见血色的。第二个原因，是一切关于施用红色的联想都会发生效力的——如对于跳舞和角斗的兴奋情形的联想等。”[②] 不是任何形态的红色都是可能引起美感的，但格罗塞在特定意义上的论证，足以说明，正是在人类的生产实践（例如狩猎）和社会斗争（例如战争）中，某种自然形式与某些社会生活现象的普遍必然联系，才使它具备不同于其他形式的审美特性。从这种观点出发，我们就不难了解为什么曲线是波动的、柔和的，方形是安

① 普列汉诺夫：《没有地址的信·艺术与社会生活》，第 137 页。着重点是原有的。
② 格罗塞：《艺术的起源》，第 65—66 页。

撒哈拉地区岩画

定的、刚直的，放射状的线是开朗的、伸展的等等。如果离开这些抽象形式在生活实践中同流动的、柔软的东西，或安详、稳定、伸张的东西在发展和变化中的联系，这一切就很难得到合理的说明。

然而，如果这种联系只是停留于直接、有限、个别的关系，它们还没有转化为形式美。因为在这时，对象还以其所代表的个别有限的社会内容方面占了压倒优势。只有当这些个别性在一定条件之下被扬弃，事物的“样子”即“颜色和形式”等，才成为更带普遍性的，即更有广泛的适应性的审美快感的对象，它才转化为形式美。

所以，一般地说，形式美就是一定的自然属性如色彩、声音、线条等，以及一定的自然规律如整齐一律、平衡对称、多样统一等，通过在社会实践中跟一定的生活现象所建立的普遍的必然的联系，从而形成对于这种生活现象的广泛而概括的表现。换句话说，在一定的自然形式中表现着广泛而概括的社会生活的意义，而不是为形式美而形式美，这便是形式美的实质。

跟形式美产生的过程相一致，在人的主观方面相应地产生了感受形式美的形式感。

客观上一定的自然形式与一定的社会生活现象的联系，在实践过程中反映到人的头脑里，经过千百次重复，在头脑里进行着一种深刻的概括过程，逐渐地把握其普遍、必然的联系，并在主体方面（包括心理的、生理的）肯定下来，于是便形成各种带独立性的形式感（例如富于流动感的波浪形或漩涡）。

形式感是以直接的形式出现的。人们看到红色，并不一定间接联想到各种斗争、流血的热烈场面，而是立即发生直接的反应，就像它本身就具有热烈的性质一样。其实，我们现在通过直观就能直接把握形式的能力，正如马克思所说，是“以往全部世界史的产物”。由于这个原因，“人的眼睛跟原始的、非人的眼睛有不同的感受，人的耳朵跟原始的耳朵有不同的感受”。因为人的感觉通过社会实践的改造已经成了“理论家”，具有了与理性不可分离的性质；正是这样，才形成了区别于野蛮人的那种“感受音乐的耳朵，感受形式美的眼睛”[①]。所以，正如形式美不是自然事物自身的属性一样，形式感也不是人的一般生理快感，而是一种富于社会内容的美感。

形式美和形式感，一方面由于它们的概括性、抽象性，因而看来具有极大的普遍性；另一方面又因为它们是对一定生活现象的概括表现，故而在不同时代、不同民族、不同阶级里，这种普遍性的表现形式在其具体应用时，也是会有差别的。就形式的这些差别的根源来说，它是可以从不同的社会条件、不同的生活方式中找到解释的。资产阶级实验派美学把美的问题当成一个自然科学问题，企图用实验的方法找出能引起人们普遍愉快的色彩、声音和形状来。他们这种实验，固然积累了一些资料，探索了一些形式与人的心理结构之间的关系；但是，他们始终不能解释为什么同一线条、同一色彩，却可以引起内容上有差别以至对立的感受。

正确地认识一般形式美的本质，才能更好地理解艺术作品的外部形

① 马克思：《1844 年经济学 — 哲学手稿》，刘丕坤译，人民出版社 1979 年，第 78—79 页。

凯绥·珂勒惠支《磨镰刀》

式美，也有助于艺术创作的创造性。革命的艺术家既需要熟练地掌握形式美的某些共同规律，又要深入研究和懂得群众的审美习惯、经验和发展着的趣味，从而推陈出新，创造出适合自己的时代要求，为群众喜闻乐见的新的形式美。

每种艺术都有自己特殊的形式美。由于各种艺术长期历史的发展，在运用形式美的规则方面，每个艺术部门都积累了相当丰富的经验。要掌握并自由运用这些形式美的规律，必须付出一定的劳动。有些部门（如舞蹈、歌唱等）还要经过相当艰苦的形体锻炼。在这些部门中，对特定的外部形式美的特性的掌握，往往成为重要的基础锻炼。

三、艺术作品的内容与形式的辩证关系

就内容与形式这对范畴的本来意义而言，内容自身便包含着形式。没有无形式的内容，也没有无内容的形式——每一个概念都包含着对方。在这个意义上，内容与形式既是相互对立的，而又是完全一致的。对

于一部已经完成的艺术作品来说，其内容与形式的长处或短处，往往是不可分离地结合于同一体之中的。在成功和完美的艺术作品里，形式与内容的关系不是可以任意更动的。凯绥·珂勒惠支的版画《磨镰刀》表明，反抗压迫的满腔怒火是这个妇女此刻的情感内容，而它的表现形式则是恰到好处的，人物形象塑造得十分鲜明，她那磨刀的神态，使人一看就觉得不像是为了收割庄稼。如果说这幅版画的思想内容是歌颂被压迫者的革命斗志，那么，着重刻画人物即将从事的不是生产劳动而是武装斗争的神态的特殊性，这样的形式，就是十分确切地从属于上述内容的创造性的表现形式。这种艺术作品，并不是消极地模仿生活，也不是图解概念，它的构思的深度，是形式与内容达到如此和谐的高度的重要原因。而对于那种不成功的艺术作品，我们总是能够从表现形式的缺陷方面看出它的内容的不足。对待这种未能体现形式与内容应有的辩证关系的作品，是不能以“内容”很好只是“形式”不完美的说法来宽慰和辩解的。其实，这种所谓的“内容”，不过是或者指作品所反映的历史事件的重要性，或者指作者据有一个正确的观点和良好的意图，还算不上是在作品中实际地体现出来的真实内容。可见，这里首先还是一个是否具有作为艺术作品内容的特征问题。至于所谓内容中所反映的生活的社会意义的大小或作者观点的正确与否，其实质则不是内容与形式的关系问题，而是属于其他范畴的问题。

在艺术理论和艺术批评中，人们常常从不同的意义上谈论内容与形式的矛盾。

从艺术创作过程来看，“恒患意不称物，文不逮意”[①]，是艺术家经常碰到的矛盾。在这里，“物”与“意”的关系，是以现实生活作为内容，而以艺术家对它的感受和认识作为反映形式的关系。艺术家通过生活实践、

① 陆机：《文赋》。

观察、体验、分析、研究，在大量生活素材的基础上形成一定的创作意图，同时就要求这种创作意图得到适当的体现。这时候，艺术家的“意”与现实的“物”之间，不是一下子就能达到和谐一致的；并且，越是富于创造性的构思，要对它形成完美妥帖的表现，就越是困难。如果换一个角度看，这里作为现实的反映形式的“意”，就是艺术形象的内容，这种尚存在于艺术家头脑中的作为“意象”的艺术形象，又需要表现出来，即以一定的物质手段传达出来，因而就发生了“意”与“文”的矛盾，这个“文”就是我们说的外部形式。如前所述，外部形式的“文”（或“言”“辞”）的首要任务，是确切地、自如地表达“意”，获得二者完美的统一。“铅黛所以饰容，而盼倩生于淑姿；文采所以饰言，而辩丽本于情性”[①]。这种对于内容与形式的关系的论证，是强调内容的重要性的。而“放庸音以足曲，恒遗恨以终篇”[②]，则是对“文”不逮“意”的创作成果的否定。但是，在艺术创作中，“文”与“意”的统一，也不是轻易可以达到的。“文不逮意”或“言不尽意”的矛盾，需要经过一个艰苦的探索过程才能解决。准确、精炼、恰到好处的“文”或“言”，往往有一以当十的作用，一旦找到就能使“意”得到充分的表达，而且可能形成“言有尽而意无穷”这样富于表现力和美感的境界。也正是在这种关系的意义上，人们提出了内容决定形式、形式反作用于内容的原则。艺术创作要“因情立体，即体成势”，这是使内容与形式完美统一的必要条件。而从另一方面说，当内容还缺乏与它相适应的形式，内容本身必然也受局限——往往是还不成熟的。此外，在进行传达活动处理外部形式各种因素的关系时，例如绘画中，画面上的静与动、虚与实、大小与高低、繁与简、刚与柔、直线与斜线的对比，色彩的黑白与明暗、浓与淡、强与弱的对比、调和等；诗歌中的格律声韵；戏曲中的各

① 刘勰：《文心雕龙·情采》。

② 陆机：《文赋》。

种程式，等等；都应依据形象内容的需要来加以安排；同时，这一切是否遵守外部形式美的规律，也不是无关紧要的。

如果从艺术样式（种类和体裁）的角度来考察内容与形式，也同样存在着这种作用与反作用的相互制约关系。有创作经验的人都不难觉察，从生活中摄取得来的某种题材和主题，往往只有用某一特定的艺术样式才能使它得到最充分的表现。没有富于戏剧性的冲突的题材，写不出富于戏剧特性的戏剧；具有广阔的社会画面和深刻的内心生活的题材，只有按照其需要给予长篇小说的形式才能使它的内容得到充分的展示。可以说，不同的艺术种类和艺术体裁，作为某类作品的共同形式因素，是适应于一定种类题材而形成的。但是，反过来，它也对题材起着制约作用。这种反作用，往往表现于艺术家对题材的选择方面。实际上，艺术家在研究素材和选择题材的过程里，他所习惯了的某种艺术样式不能不起作用，而往往是从特定艺术样式的角度来摄取、处理它们，以至引起对素材的某些特点的注意。不同的艺术样式（包括不同的"艺术语言"和表现方式），对艺术家的审美感受的特点有深刻的影响。音乐家对音响世界特别敏感；画家则善于捕捉视觉世界最微妙的地方；对于缺乏戏剧冲突的题材，戏剧家往往"忽略"过去，却能特别敏锐地从别人不注意的地方发掘出富有戏剧性的内容；等等。艺术家总是以一定的"艺术语言"来感受、体验和思维的。不同的艺术样式，不同的"艺术语言"，影响、制约着题材的选择和形象的塑造。如果不顾艺术样式的特点，不顾艺术家审美感受的特点，而要求一种样式（例如雕塑）去表现只适于另一样式（例如戏剧）的内容，那么就会违反特定艺术样式自己的特殊规律，导致创作活动的失败。

从广阔的历史范围来观察艺术作品，也可以看出内容和形式相互作用的辩证关系。我们不难看到，社会生活、阶级斗争的发展，如何作用于一定时代、一定阶级的艺术家，左右着他们选择一定题材、表达一定主题的倾向和范围；而这又如何影响艺术作品形式的变化和发展。

艺术作品的样式（种类和体裁）的演变，总是取决于内容的发展。马克思曾经指出，史诗这种样式是为古代人对于自然界和社会关系的神话幻想的看法这样一种特殊的内容所决定的。因而这种样式对于这样的时期是最合适的，即由于社会生产力的低下，人们对于现实生活抱“神话的态度”，持“神话的解释”的时期；而一旦这个时期随社会的发展而成为过去，史诗这种艺术样式或者消失了，或者在各种艺术样式中退居于次要的地位。

艺术作品的内容，要求与其特殊点相适应的形式。在历史发展中，当一个阶级取代另一个阶级成为统治阶级时，适应于表现一定阶级思想感情的需要，往往发生着艺术样式的递变。普列汉诺夫曾以18世纪法国戏剧和绘画的例子说明了这一点。“当贵族……在等级制度的君主政体所容许的范围里占据着完全的绝对的统治地位的时候，贵族的产儿，古典主义悲剧，也在法国舞台上占据着完全的绝对的统治地位。”[①] 这是因为这种悲剧专门描写帝王将相的“崇高”“伟大”，贵族生活的高雅显赫，君主政体的神圣威严；而这一切符合于表现贵族阶级的观点、趣味和理想的要求。但是，当资产阶级从封建社会内部兴起，“贵族的统治地位开始被否认，‘中等阶级的人们’充满着反对情绪的时候，这些新人开始感觉到旧的文学概念不能令人满意，旧的戏剧也可够‘富有教训意义’了。于是在那迅速衰微的古典主义悲剧之外，也出现了资产阶级戏剧。”[②] 这就是所谓流泪喜剧。资产阶级所以要用这种新的体裁代替旧的体裁，是因为资产阶级觉得要“宣扬资产阶级家庭美德”，要反映自己的面貌，那种“古代历史上的‘事变’的教训意义不够了”，而且他们也“不能容忍舞

①② 普列汉诺夫：《从社会学观点论十八世纪法国戏剧文学和法国绘画》，《译文》1956年12月号。

台上永远只描写帝王公侯”，由于表现新的内容的需要，推动着新体裁的出现，于是作为“十八世纪法国资产阶级的肖像”[①]的流泪喜剧，便从而取代了作为18世纪法国贵族的肖像的古典主义悲剧。可是，事情很快就发生了变化：新的体裁很快又退居不重要的地位，而古典主义悲剧又重新统治舞台。这并不是由于贵族阶级的挣扎而造成的反复，却是由于资产阶级自身的革命化。“那时候问题不在于消灭贵族的毛病，而在于消灭贵族本身”[②]，这就是说，社会生活提出了资产阶级取代贵族阶级成为统治阶级的问题，这种社会阶级矛盾，不经过残酷的斗争，只依靠道德的说教，显然是无法解决的。革命斗争的需要，要求革命的意识；而“资产阶级的文学‘肖像’并没有激起英雄主义的情绪”[③]，因为以自私自利作为本质的资产阶级根本缺乏自我牺牲、英雄气概的品质。就是在这种特殊的情势下，资产阶级感到需要召唤“古罗马的幽灵”来为它效力，“在罗马共和国的高度严格的传统中，资产阶级社会的斗士们找到了为了不让自己看见自己的斗争的资产阶级狭隘内容、为了要把自己的热情保持在伟大历史悲剧的高度上所必需的理想、艺术形式和幻想”[④]。于是又出现了古典主义悲剧占统治地位的情况。

处于革命时期的资产阶级的古典主义悲剧，同贵族阶级的古典主义悲剧，在内容上的不同是显著的。前者是要表现资产阶级的理想，因而它宣扬的是资产阶级的自由、平等、博爱的观点；后者则要表现贵族阶级的愿望和理想。它们在形式上是否完全一样呢？当然，从体裁方面说，二者是一样的，都是古典主义的悲剧，这是它们的形式上的共同之处。但是，这共同点也仅仅以此为限；内容的巨大变化不可能不引起形式上的

①②③ 普列汉诺夫：《从社会学观点看十八世纪法国的戏剧文学和法国绘画》，《译文》1956年12月号。

④ 马克思：《路易·波拿巴的雾月十八日》，《马克思恩格斯选集》第1卷，第604页。

变化。只要再作进一步的考察就会看到，它们所借用的古代的形象是很不相同的；正如普列汉诺夫所说，资产阶级“所迷恋的已经不是奥古斯都的君主政体时代，而是波卢塔克的共和政体时代的英雄人物了”[①]，这就必然引起在情节结构、各种因素的相互关系方面一系列的变化。因此，这并不是一成不变的“旧瓶”，它在保存“旧瓶”样式的某些特点的情况下，已是重新构造了的“新瓶”。唯其这样，它才能妥帖地适应“新酒”。这就涉及如何正确地认识历史的继承性问题。

在艺术的历史发展中，作品的内容与形式，既存在革新、创新问题，也存在继承、借鉴问题。特别是艺术作品形式方面的继承性问题，具有重要的理论意义和实践意义。

社会生活的发展，在艺术作品内容方面引起变革后，就必然要求创造适应新内容的新的艺术形式。但是，创造不能是凭空的，革命的新艺术必须注意继承和利用旧有的形式。继承与创造的关系，正如毛泽东所说：“我们必须继承一切优秀的文学艺术遗产，批判地吸收其中一切有益的东西，作为我们从此时此地的人民生活中的文学艺术原料创造作品时候的借鉴。有这个借鉴和没有这个借鉴是不同的，这里有文野之分，粗细之分，高低之分，快慢之分。”[②]

一般说来，形式方面的继承性，是指形式方面积累起来的一些知识和技巧在新的条件和新的要求下的被利用。艺术的各种样式（种类和体裁）都有自己的规律。在艺术发展中，这些规律被逐步由浅入深、由少到多地发现出来。关于这些规律性的知识越完备，就越能使这种艺术样式发挥它的特长，达到比较完美的表现。掌握一种艺术样式的规律性的知识，是进行艺术创造活动的必要条件；但要按照这些规律实际创造形象，

① 普列汉诺夫：《从社会学观点论十八世纪法国戏剧文学和法国绘画》，《译文》1956年12月号。

② 毛泽东：《在延安文艺座谈会上的讲话》，《毛泽东选集》第3卷，第817页。

阎立本《晋武帝》

还必须掌握与它相应的技巧，以及处理构成外部形式的物质材料的技术。这两方面的知识，是逐步地、一代接着一代地积累起来的。对于这一切规律、知识和技巧，了解、熟悉和掌握它们，有助于在新的艺术创造活动中的自由运用。

形式方面的继承性，不应当理解为既成的形式的生搬硬套。新的内容对形式有它新的要求，旧的形式方面的规范和技巧不可能完全适应于表现新内容的需要。因此，这种继承只能是批判地改造。必须对旧的形式方面的规律性的知识和技巧加以分析，区分哪些部分可以直接采用，哪些部分只具有一般借鉴、启发的作用。有些看来是属于技巧方面的东西，却与表现一定内容具有密切联系，不能机械搬用。例如，阎立本画的《晋武帝》像，用两个显然缩小的人物作为侍从捧着晋武帝的衣袖，以之来烘托帝王的显赫威武的气派。这手段，体现了重点突出的一般原理，但它对革命画家的创作任务来说，就不能简单地照搬。除非出自一种神化英雄的目的，否则的话，完全不宜把这种形式移过来描写今日的英雄人物与其同志的关系。总之，传统的继承，必须从表现新的内容的需要出发，有所选择，有所剔除，有所改造，即有所变革，才能成为与新的要求相适应的新形式。鲁迅说："旧形式是采取，必有所删除，既有删除，必有所增益，这结果是新形式的出现，也就是变革。"①

形式的继承，包含着民族形式的推陈出新和外来形式的批判地吸收这两个方面的问题。

艺术作品的民族形式，是在各民族独特的生活方式基础上形成的民族心理状态、语言等在艺术形式上的表现。艺术的民族形式的成熟性，常常成为这一民族艺术是否成熟的标志。文艺的民族独创性，是人民群众的创造性的集中表现，是一个时代、一个阶级的文学艺术成熟的标志。因此，民族形式，也就是在长期历史发展中相对稳定下来的，其中凝聚着一个民族长期积累起来的审美经验，为广大群众所喜闻乐见的艺术形式。

这种民族形式不能单纯归结为语言和结构上的特点；它还包括内部形式的各种因素，如个性、环境、肖像、心理特征、情节等。只有这样，我们才既能正确理解民族生活内容与民族形式的不可分离的内在联系，又能正确认识民族形式的相对独立性以及由此产生的种种矛盾。没有民族生活内容的民族形式是不可想象的，这主要是从内部形式来讲的；反过来说也是一样，离开了具有民族特征的个性、环境、心理活动等内部形式的多种因素，民族生活内容也无从表现。从这个意义上讲，民族形式与民族内容，是不可分割、彼此不能离开对方而存在的双方。

外部形式、艺术语言，就其作为艺术形象的体现者这一方面而言，当它真正表现了具有民族色彩的内容时，它的形式也必须是民族化的。单

① 鲁迅：《且介亭杂文·论"旧形式的采用"》，《鲁迅全集》第6卷，第20页。

纯作为物质材料，如音乐的声音、舞蹈的动作，那还只是构成作品形式的手段，不能把物质手段与“艺术语言”等同起来，不能认为“艺术语言”是世界的而非民族的。同时，艺术的外部形式当然也概括地体现了一定民族的审美趣味，但是外部形式既然有它的相对独立性，在这种情况下，就可能出现两种情况：或者披着民族语言外衣，而没有或者很少有民族生活内容的所谓民族形式的作品；或者反映了民族生活内容，却缺少鲜明的民族特性的语言，结果就不为人民大众所喜闻乐见。虽然后者优于前者，但二者都没有达到民族形式的要求。真正完美的民族形式，必须是在内部形式和外部形式这两方面都是民族化的；只有这样，才能真正形成为人民群众所喜闻乐见的民族作风和民族气派。

新的革命的艺术需要继承民族的传统，在此基础上创造出同新内容相适应的新的民族形式；这种新的民族形式只有从属于新的革命内容，才能使革命艺术在群众中生根开花。

民族形式自身并不是一成不变的；随着决定它的民族生活内容的变化，民族形式也将不断地除旧更新，不断地丰富发展。当一个民族的生活从经济基础到上层建筑都改变了的时候，它的艺术的民族形式也必然或迟或早地发生变化，以适应这种新的生活内容。因此，作为传统民族形式的自觉继承者——革命的艺术家，不能因循守旧。否则便必然要脱离群众生活于其中的现实，脱离群众已经丰富、变化和提高了的审美需要；结果，不是保存了传统，反而是使传统的民族形式停滞不动，失掉其应有的生命力。

至于说到表明某类作品的一些共同因素的艺术样式，它随着内容和内部形式的变化，根据不同的情况，也要发生这样或那样的变化，但也不能忽视，其中某些具有更大普遍性的成分，仍然具有很大的普遍适应性和无穷的生命力，可以为新的内容所征服和利用。有一些传统形式，例如我国传统戏曲的各种体裁，不论就其动作程式或音乐形式方面来看，为了表现新时代的革命内容，显然需要进行变化和革新；许多旧的形式（例如踩跷这种旧的程式），显然不能适应新的内容。守旧只能使旧的艺术样式枯萎。只有根据表现新内容的需要，进行大胆的探索、突破和革新，才能使旧的艺术样式具有新的生命，在新的基础上创造出内容与形式相统一的作品来。但是作为支配特殊程式的一般规律，并不因此而丧失其支配作用的普遍性。

形式的继承还包括外来形式的采用，这实际上也就是外来形式的民族化问题。

批判地吸收别的民族的艺术经验，采用外来的艺术形式和表现手法，对于发展本民族的艺术是十分必要的。唐代艺术的繁荣昌盛，同样证明着这一特点。各民族之间的这种相互交流、相互影响，丰富了各民族的艺术形式。不同民族形式的相互“嫁接”，往往促进新艺术形式的产生，从而丰富了整个社会的艺术花园。但是，吸取外来形式的精华，也不能生搬硬套，仍然必须服从艺术内容的特殊需要，加以必要的分析和改造。

形式继承问题，包括如何对待民族传统和外来形式这些具有重大意义的问题。对它的采用，既要反对虚无主义，又要反对对于古人和外国人的毫无批判的硬搬和模仿。只应当是在批判地继承、吸收、借鉴传统形式和外来形式的基础之上，创造出适应于表现新内容，而又具有民族特色的新的艺术形式。

第二节 艺术种类

在上一节中谈过，就具体艺术作品而言，每一部作品的内容与形式都有独特性；然而从艺术作品的总体来观察，又可以看出，一些艺术作品的内容与形式具有共性，可以归纳为一类，而与另一些具有共性的艺术作品相区别，因而在整个艺术领域里呈现出多种多样的样式形态，例如工艺美术、建筑、雕塑、绘画、音乐、舞蹈、文学、戏剧、电影等等，这就是艺术种类。每一艺术种类内部，还可以再分析、归纳为一些不同的样式，通常称之为体裁。所有不同艺术种类和体裁的艺术作品的总和，组成为百花争艳的艺术园地，满足人们的多种多样的审美需要。

不同的艺术种类，各有其特殊的规定性和规律性，同时又都遵循着艺术发展的共同规律，并在此基础上相互联系，相互渗透，相互影响。研究各门艺术的区别和联系，在美学上具有重要意义。具体揭示不同艺术种类的特点和规律性，可以帮助艺术创作更好地掌握和发挥各门艺术的特长，并且彼此取长补短，相互促进，有利于艺术整体的繁荣发展。

一、艺术种类的划分

（一）美学史上关于艺术种类的认识

在中外历史上，对于不同艺术部门的特点和区分这些种类的根据问题，很早便为人们所注意。

中国古代的思想家，观察并总结了一定时代艺术发展的状况和经验，对于艺术的种类和体裁的划分问题，提出了一些重要的意见。如在汉代人写的《毛诗序》中，就对诗、歌、舞的联系和区别作过这样的论述："诗者，志之所之也，在心为志，发言为诗。情动于中而形于言，言之不足故嗟叹之，嗟叹之不足故永歌之，永歌之不足，不知手之舞之，足之蹈之也。"在这个朴素的说法里，表现出作者看到了诗、歌、舞三种艺术的内在联系：它们都是表达人们的审美感受的。然而这三种不同种类的艺术，对于表达人的审美感受来说，又各有其特长和局限性，因此产生了使用不同的艺术手段，以便充分地表达种种审美感受的需要，从而导致不同艺术部门的划分。这个说法包含了从表现审美意识的需要和表现手段的统一来区分艺术种类的观点。到了魏晋南北朝时期，一些文艺理论家和文学批评家对文学的各种体裁的分类作了相当细致的探讨。例如，曹丕在《典论·论文》中说："夫文本同而末异：盖奏议宜雅，书论宜理，铭诔尚实，诗赋欲丽。此四科不同，故能之者偏也，唯通才能备其体。"所谓"本同而末异"，已经素朴地涉及各种体裁之间的一致性和差异性的问题，并对各种文体的具体内容和特性作了一定的阐述。陆机在他的《文赋》中提出并描述了诗、赋、碑、诔等多种文学体裁的区分，并指出虽然"体有万殊，物无一量"，但它们之间也有共同遵守的规律。后来，在挚虞的《文章流别论》和萧统的《文选序》等著作里，对风雅颂的变化发展，都不断地作过研究。萧统编选文章，就是按照体裁和时代编排的。他说："凡次文之体，各以汇聚，诗赋体既不一，又以类分，类分之中，各以时代相次。"至刘勰则更进一步，对文体的历史发展作了比较全面的概括。他说："故论说辞序，则《易》统其首；诏策章奏，则《书》发其源；赋颂歌赞，则《诗》立其本；铭诔箴祝，则《礼》总其端；纪传铭檄，则《春秋》为根。"自唐代开始，随着诗歌、书法、绘画、舞蹈、音乐的不断发展，这些不同门类的艺术之间

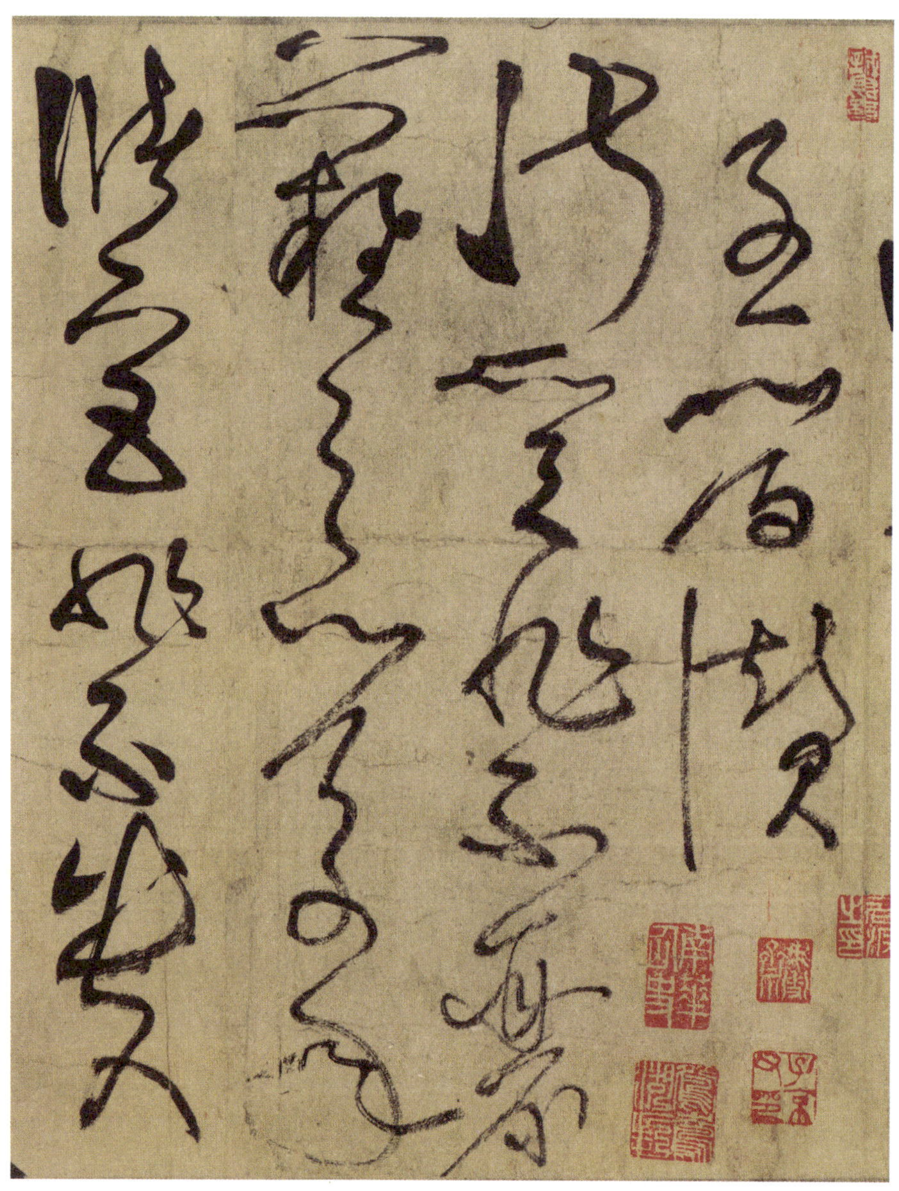

张旭《古诗四帖》（局部）

的联系和区别，开始为历代的艺术理论批评所注意，进行了不少有价值的探讨。特别是对于诗与画，从“有形”与“无形”、“有声”与“无声”上论述了两者的区别，同时又深刻地指出了两者的互相渗透的关系。

在西方美学史上，亚里士多德是最早比较系统地提出艺术种类问题的哲学家。他在《诗学》中，一开头就提出划分艺术种类的原则问题。他说：“史诗和悲剧、喜剧和酒神颂以及大部分箫乐和竖琴乐——这一切，总而言之，都是模拟，只是有三点差别，即模拟所用的媒介不同，模拟的对象不同，模拟的方式不同。”[①] 在这里，亚里士多德一方面认为艺术有共同的本质——模拟，同时又提出了不同艺术种类的多样性问题。就媒介来说，有用颜色和线条来模拟的，有用声音来模拟的。就模拟的对象来说，或是比我们更好的人，或是更坏的人，或是和我们相同的人；从这里，亚里士多德提出了悲剧和喜剧对象的不同。而就模拟的方式来说，可以用叙事的手法，也可以用表演的手法。进而，亚里士多德细致地考察了悲剧、喜剧和史诗的联系和区别，从内容和形式各个方面揭示了它们的特点。其中特别是对悲剧效果（悲悯、畏惧、净化等）的研究，虽然带有较大的局限性，但也说明亚里士多德已经朴素地注意到特殊艺术样式在欣赏效果方面的特殊性问题。

随着艺术的发展，各门艺术逐步积累了大量的创作经验，各艺术种类自身的特长和局限也日益明显起来，这就为从理论上进一步探讨艺术分类问题提供了客观条件。18 世纪德国启蒙运动的代表莱辛在对希腊艺术深入研究的基础上，在当时艺术实践中浪漫主义艺术与新古典主义艺术日益对立的情况下，进一步提出了诗和画的界限，语言艺术和造型艺术的区别问题。在《拉奥孔》中，莱辛从艺术模仿自然这个基本原则出发，从艺术媒介、题材和作品的艺术效果三个方面，论证了造型艺术与语

① 亚里士多德：《诗学》。

言艺术的区别。他指出造型艺术是空间艺术，以物体静态形状为主要对象，善于表现美的事物；而诗则是时间艺术，以动的情节为主要对象，可以描写丑及美丑的激烈斗争，给人以真实的感受。莱辛在肯定诗与画具有模仿自然的共同点的前提下，突出两者之间的区别，强调“颜色不是声音，眼睛不是耳朵”[①]，反对混淆不同艺术种类的界限。莱辛这种把艺术媒介与作品直接诉诸不同感官的差异，和时空、动静在题材方面的特点结合起来，从而考察各门艺术在表现真和美方面的不同效果的观点，对于艺术分类问题具有重要意义。但是，莱辛在当时浪漫主义和新古典主义日益片面发展的影响下，未免对诗与画的界限过分加以绝对化，以致把艺术表现的内容与形式的美割裂开来，作出美只限于绘画的结论。

由康德奠基的德国古典美学，第一次用系统的哲学观点来考察艺术的分类问题，企图对各门艺术的特点和发展作一番总结，找出它们各自最本质的特征。康德从主观唯心主义立场出发，把艺术的审美特性归结为想象力和知性的自由游戏，并以这种概念来说明艺术的分类问题。他以人的语言表现的三个组成因素作为标准，把艺术区分为：词——语言艺术，包括文学、雄辩术、修辞学等；姿态——造型艺术，包括绘画、雕塑、建筑等；音乐——感觉游戏的艺术，包括色彩装饰、音乐等。他把诗看成“想象力的自由游戏”，而把音乐和“颜色艺术”列入所谓“感觉游戏的艺术”[②]。康德这个分类原则虽然力图辩证地解决各门艺术在审美领域内的理性与感性、自由与必然、内容与形式的统一，但由于抹杀了形成各门艺术的审美特性的客观现实基础，把艺术与人的其他实践领域割裂和对立起来而陷入了反历史主义和不可知论。

康德以后，谢林从其“同一哲学”出发，根据理想和现实的关系，对艺

① 莱辛：《拉奥孔》。

② 康德：《判断力批判》上卷，第 51 节。

术现象作了考察。按照谢林的观点，哲学是理想占优势，艺术则是现实占优势，而在现实占优势的艺术现象内部，又可以划分为现实的与理想的两大系列。现实系列中有音乐（现实更占优势），绘画（理想更占优势），雕塑（现实与理想的综合）；理想系列中，则主要是诗，其中抒情诗以现实为优势，史诗以理想为优势，剧诗是二者的综合。谢林这种以哲学体系为根据的艺术分类原则以及在对具体艺术部门特性的揭示中，有一些中肯的地方，对黑格尔有很大的启发作用；但是他的哲学理论是主观唯心主义的，同时他的方法是形而上学的，他的理想与现实的同一，不是辩证的、矛盾的同一，而是直接的同一，因而使他对各艺术种类的看法具有浓厚的神秘主义的色彩。

黑格尔继承并发展了谢林的思想，在客观唯心主义基础上形成一个庞大的、系统的美学体系。在他的《美学》中，大部分篇幅是研究各艺术种类的本质和历史发展的。黑格尔根据理念内容和物质形式相统一的不同形态和阶段，提出了象征艺术（物质压倒精神），古典艺术（物质与精神和谐统一）与浪漫艺术（精神超溢物质）三大类别的著名理论。按照黑格尔的看法，建筑是象征艺术的代表，雕塑是古典艺术的代表，绘画、音乐和诗歌则是浪漫艺术的代表。在建筑艺术中，物质材料还占支配的地位，“建筑的特征在于内在的心灵还是与它的外在形式相对立的”，因此，“建筑艺术的基本类型就是象征艺术类型”，而在雕塑里，“内在的心灵性的东西才第一次显现出它的永恒的静穆和本质上的独立自足”，到了绘画、音乐和诗的领域内，“重点是摆在主观方面的”[①]，尤其在诗的领域内，达到艺术发展等级的最高峰。黑格尔对艺术种类研究的贡献在于，他第一次从历史与逻辑相统一的观点，详细考察了各艺术种类的特殊本质和历史发展，对每门艺术都有一些深刻的看法；但他的哲学观点是客观唯

① 黑格尔：《美学》第1卷，人民文学出版社1958年版，第102、103、105页。

心主义的，因而在解决艺术种类问题时，不是从艺术的现实和历史实际出发，而是从自己的逻辑体系出发，把艺术现象作人为的划分和割裂，因而他在具体论述各艺术部门的特征时，有许多武断和歪曲的地方。

黑格尔以后的近代资产阶级哲学家，虽然也从某些方面揭示过某些艺术种类的一些特点，但还不能对艺术分类的本质作出科学的理解。如卡瑞尔按照空间并存和时间序列的原则，把艺术分成造型艺术、音乐和诗三种，造型艺术包括建筑、雕塑和绘画，音乐分成器乐、声乐和二者的综合；诗分为叙事诗、抒情诗和剧诗三种。哈特曼根据审美外观的不同特点，把艺术分成知觉的（造型艺术、音乐、模拟的动作和舞蹈）和想象的（史诗、抒情诗和剧诗）。另外还有一些人，他们或是从主体感受的不同官能出发，或是从艺术对象的外部状貌出发，分艺术为视觉艺术（造型艺术等）、听觉艺术（音乐等）、想象的艺术（文学），或空间艺术（如造型艺术）、时间艺术（如音乐）、时空综合艺术（如戏剧）等等。在现代资产阶级美学中，克罗齐及其追随者则完全否定区别艺术种类的美学意义。克罗齐对艺术种类的这种观点，是他的直觉主义美学观的必然结果。克罗齐把美和艺术完全归结为内心的直觉（或如后来的追随者所发挥的，艺术只是情绪的表现），否定传达、物质材料具有任何美学意义，对这种统一的内心的直觉，当然无法进行分类，所以拒绝对任何艺术种类分别作美学的研究。

（二）艺术分类的根据和标志

美学史关于艺术种类的多种看法表明，人们是可以从不同的角度进行研究，对艺术作出各种不同的分类。因为任何事物都具有多方面的意义，所以应当承认，这些从不同角度对艺术种类问题的研究，都有助于揭示艺术作品内容与形式的复杂性，揭示其多方面的特点，对于认识各门艺术的特殊规律、对于指导艺术创作，都是有益的。即使是现在，为了特定的研究目的，从一定的角度去考察各门艺术的特点，也是完全必要的。

前人研究的成果不一定都很科学，对这个问题不应该绝对化；但否认从不同角度研究艺术种类问题的必要性，未必有利于艺术的发展。

不言而喻，艺术领域中多样化的种类和体裁，是客观存在着的事实，这个事实是人们仅仅通过知觉就可以觉察得到的。然而在美学研究中，却不能停留于罗列这些事实，也不能满足于从一个方面加以研究。重要的是，如何给这些多样化的形态的形成和发展以理论上的说明，这才是问题的本质所在。从这个观点出发，我们认为研究艺术种类的问题，必须考虑艺术作为审美意识的集中化和物质形态化的表现这个基本性质。

在本书第一、二章里讲过，审美意识是现实美在人们主观上的反映，它要转化为供人观赏的艺术作品，需要运用一定的物质手段，以构成可以通过感官把握的艺术形象。在这整个转化过程中，包含着三个必要环节或因素，即现实美，感受、反映的途径或方式以及物质手段。显然，一件完成了的艺术作品呈现出什么样式，必然要受这三者（特定的现实美存在形态，特定的感受、反映途径和特定的物质手段）的共同制约，从而形成一种特殊的内容与形式相统一的表现方式。每一种艺术种类的特点和规律，都需要从三者的统一中去把握，但这并不妨碍对它们分别地从其中的某一特点加以考察，而且这种分别地考察常常很有必要。例如，从现实美的特定存在形态（即一种艺术作品的题材所反映的现实生活的一定方面）去考察，就可以从空间与时间、静与动等角度进行分类研究；从审美主体的感受、反映的途径或方式去考察，就可以从视觉、听觉、想象等角度进行分类研究；从特定的物质手段角度去考察，就可以从形体、色彩、线条、声音、语言等不同材料的特点进行分类研究。然而不难看出，单纯从任何一个角度去考察，都不能充分地、完全地掌握各种艺术的特点和规律；只有把它们综合起来，从内容与形式相统一的表现方式的整体上去考察，才能得到比较完善的判断。

上面讲的是艺术样式形成的根据，由于这种根据，才规定了各种艺术的整体的特性和特殊的规律。我们应该把根据问题同艺术分类的标志问题区别开来。标志固然与根据有内在联系，但二者并不等同。在科学上往往以机体的某一个专有的特征作为分类的标志。对于艺术分类来说，也可以这样。从这个观点出发，我们认为艺术分类的标志强调各门艺术所使用的物质手段也是合理的。因为艺术作品是审美意识的物化形态，它们的实际存在的形态上的差别，自然要以其各自所使用的物质手段的特点为转移；而这种特定的物质手段既与现实美的特定存在形态有关，又与感受、反映的途径或方式有关，它只有与这二者相适应，才能够传达出作为现实美的反映的审美意识。因此，掌握它的特点，就不难推知它所传达的现实美的存在形态的特点以及感受、反映方式的特点；而且以它为分类的标志，跟我们通过知觉就可发现的艺术样式客观存在的事实状况也是完全一致的。此外，这也并不妨碍从别的角度、以别种特征为标志对现有的艺术种类再作各种各样的归纳。

穆欣娜《工人和集体农庄庄员》

以物质手段作为艺术分类的标志，符合艺术样式发展的历史。一个新的艺术品种的出现，是与发现新的物质手段分不开的。最显著的例子，是电影这个艺术品种对摄影技术及其材料的依存。一个种类里面样式的分化也是如此。油画的出现依赖于相应的颜料与工具的发明；中国的水墨画与特殊的纸、笔、墨的运用密切相关。在艺术史上，艺术品种的不断增多，常常与物质手段的增多相一致。因而可以预计，随着生产的发展，新的物质手段的发现和利用，新的艺术样式也将会不断出现，使得艺术的领域日益丰富多彩。

（三）艺术种类的多样性与统一性

研究艺术种类问题，其目的是从各门艺术的区别和联系中认识其特殊规律和一般规律。每一门艺术都遵循艺术的一般规律，但又有各自的独特的规律；艺术的一般规律，正是通过各艺术部门的特殊规律表现出来的。只看到矛盾的特殊性，而看不到各艺术种类的普遍联系，就会迷失于纷繁的现象中；只看到矛盾的普遍性，而看不到各艺术种类的特殊性，就会使理解停留在抽象的概念上，不能深入把握各门艺术的内部规律与特长和局限性，从而也不能更深刻地理解它们之间的联系。

现存各艺术种类，都经过比较长时期的历史发展，逐渐形成了自己的相对独立的艺术特征，这种特征制约着自己的艺术内容和形式。直接诉诸人的视觉的造型艺术与直接诉诸人的想象的语言艺术，就各自有自己的特殊要求，不能任意混淆。例如，高尔基的散文诗《鹰之歌》和穆欣娜的雕塑《工人和集体农庄庄员》，在总的方面如思想感情、精神面貌等等大体上是一致的，但通过特殊样式所表现出来的特殊内容，它给人的具体审美感受又是不同的。前者利用语言艺术的特点，以寓意、象征的手法抒发出人民群众的蓬勃的革命精神，后者虽然也运用象征手法表现理想，但它是以具体的、典型的形体塑造人物形象，给人以坚定、勇敢的感受的效果，与借助于鹰的比喻性特征不同。两个作品都不是生活的机械的复写，都带象征性地概括了无产阶级的革命朝气，可以说二者都体现了革命的乐观主义精神，但它们是通过不同的方式和形态达到这些效果的。由于艺术种类的差异而引起的欣赏者感受的差异，这两个艺术品的作用也是不能互相代替的。它们用不同的方式按照不同的艺术媒介的特殊作用，引起读者和观众对生活现象不尽相同的具体感受，从而提高人的革命精神，使这种精神更加巩固、更加自觉，也更为丰富。

就历史发展看，音乐、舞蹈、雕塑、绘画、文学、戏剧、电影等种类，在不同的时代都具有不同的地位和作用。在发展过程中，虽然它们彼此互相影响，互相制约，却并不因为出现了新的艺术品种，就必定要代替旧的或把旧的取消。电影的出现，并没有因为它的情节的重要性而取消戏剧和小说；摄影的出现，也没有因为它的造型性的重要性而代替了绘画。虽然电影也需要演员的表演，但观众面对在银幕上的演员和面对在舞台上的真人的表演，就各有不同的感受，对它也有不同的要求。前者的表演更带朴素的特征，后者容许一定意义的程式化。电影与戏剧同样需要故事情节和对话，但在戏剧中，对情节的要求就比较集中凝练，戏剧要求高度集中地反映生活的冲突；而电影就不像戏剧那样受时间、地点、条件的限制，其艺术形象比戏剧更接近生活的原始形态，故事情节的范围就可以更加广阔，因而电影观众要求它较之戏剧所反映的生活有更为独特的面貌。观众在话剧里要求听到内容丰富而深刻、语调铿锵而有力的对话；而在电影里，对话即使是引人入胜、富于表现力的，但把它看得比造型因素更重要就不相宜。它更要求运用蒙太奇技巧的高度的艺术匠心，以构成不是话剧语言所能代替的电影艺术的“语言”，例如不仅是靠对话、独白而是靠形象的视觉因素所构成的表现力，洗练而夸张地揭示角色那复杂的相互关系和微妙的内心状态，等等。

即使一种艺术种类内部也有各种艺术样式，它们由于运用的物质手段、反映的生活方面的具体特点，在本部门内适应着不同的审美需要，也是不能相互代替的。例如，同属于造型艺术领域的肖像画和情节性绘画，虽然同样以再现具体对象的精神面貌为特点，由于其取材的着重方面不同，它对欣赏者心理活动如体验的规定性也不完全一样。同属于戏剧种类，戏曲与话剧就各有其显著的特点。戏曲运用舞蹈化了的动作和音乐化了的对话和独白，即“唱”与“白”，在舞台上创造出比较灵活、比较广阔的舞台空间，对空间和时间的概括作用和构成的艺术境界，其表现力与艺术美，是分场分幕、把动作局限于三面墙的其他戏剧形式所缺乏的。当然，话剧的动作与对话也需要某种程度的夸张，但比起戏曲来，总是更接近生活的本来面貌。因为在反映生活上戏曲与话剧具有各自不同的特殊方面，所以有些情节适合于话剧，有些情节则更适合于戏曲。不遵循这些艺术样式的特殊要求，势必不能发挥其各自的特长，形成内容与形式的不协调，破坏特殊艺术样式应有的艺术效果。

肯定各艺术部门的相对独立性和艺术种类的多样性，这并不否认各种艺术之间的内在联系和一致性。历史上许多理论家从时间、空间，听觉、视觉，动、静，以及内容、形式等各个方面，对艺术进行的分类研究，实际上就是认识和发现某些艺术的内在的深刻联系和彼此相通的共同规律。例如，中外许多美学家都曾指出，雕塑是静止的舞蹈，舞蹈是活动的雕塑；音乐是流动的建筑，建筑是凝固的音乐等等。这些意见从内容和形式的共性方面，指出某些艺术部门之间的密切联系。只要不是因为强调它们之间的联系而忽视了它们之间的差别，这些意见对艺术家的成长都是具有积极意义的。人们的审美需要不仅具有不同的特点，而且具有共同的心理活动的规律。人的各种活动和能力有相互联系，直接诉诸视觉的绘画并不止于视觉的作用，直接诉诸听觉的音乐也不止于听觉的作用。而且，视觉活动的规律和听觉活动的规律有许多共同之处。譬如，舞蹈的视觉形象，与音乐的听觉形象之间的内在联系是极为明显的；而静止的建筑艺术与节奏感显著的音乐之间的共通点，也说明了事物运动的深刻的内在的规律性。同是诉诸视觉的雕塑和绘画，都要遵守视觉的形式美的规律；虽然建筑和雕塑在性质上大有区别，却都同样要求其造型的形体的外廓具备肯定、明晰、单纯的形式感。诗的朗诵，虽然不同于歌唱，却也要遵循着一定的音乐的听觉要求。中国绘画在服从视觉形象真实感的条件下，发挥了各种用笔的技巧，使中国绘画在线条以至墨色的运用上，与音乐、舞蹈的节奏有着深刻的联系。而中国的戏曲综合利用各艺术种类（戏剧文学、音乐、舞蹈、绘画等）的特长，融合成一个整体。这些不同的因素虽然互相制约，却产生了特殊的表现力，给人以丰富的艺术享受。中国的书法艺术，虽然诉诸人的视觉，却并不再现客观现实的具体形象，因而欣赏书法艺术的经验，不仅与绘画有联系（所谓“书画同源”），而且与欣赏音乐的听觉经验有着共同之处，而与具有较多表现因素的舞蹈，更有深刻的联系。由于人的各感觉之间，存在着一定的联觉作用，所以尽管诗与画的对象有其不同的特殊方面，不同的再现方式，却也可能达到“诗中有画、画中有诗”的所谓诗情画意相统一的境界。同理，音乐可以引起画面的联觉。中国民族音乐琵琶曲《十面埋伏》，就仿佛使人面临着准备战斗的图画，特别是引起战斗者的心理和情绪的体验。诗更具有一定的音乐性。“红杏枝头春意闹”，就是利用联觉的熟知的例子。各艺术种类之间的联觉作用，基于人在现实生活与艺术欣赏中逐渐积累起来的审美经验。春天盛开的杏花，那热烈的形体与色彩，在人们的主观感觉上可以引起“闹”意。

此外，各艺术种类所使用的物质手段固然是各不相同的，语言、声调、形体、色彩等等都有各自独特的性能和规律性，但作为自然的物质材料，它们之间又具有本质上的统一性，遵循着自然界的普遍规律。如书法家、画家所强调的“知白守黑”或“计白当黑”等有关笔墨的知识，一切关于对称、整齐一律、对比、照应、强弱、虚实、隐显等等——一切对立统一的知识，就是对立统一这一根本规律在艺术领域中的具体运用。因而人们可以从音乐欣赏中对雕塑、建筑的节奏感以至旋律性得到启发，也可以从舞蹈或音乐的欣赏中，对绘画、书法有相通的领悟。

由此可见，某些艺术种类适当地利用其他种类的特长，可以丰富自己的内容，增强艺术的感染力。正是由于各个艺术部门都有各自的特点，

古希腊帕提侬神庙

它们在运用特定物质材料和表现特定对象上都分别积累了大量的经验。某一艺术部门在可能和必要的情况下，运用别的艺术部门丰富的经验和手法，不仅是应该的，而且是重要的。就艺术修养而论，画家要有诗人审美的敏感和丰富的想象力，诗人要像画家那样善于从可视的对象里，直觉到自然的社会性，例如“感时花溅泪，恨别鸟惊心”的能力。中国古代的王维或西方近代的罗丹，他们的作品或言论表明，别一部门那规律性的知识，对本部门的创作实践具有很大益处。

正确地认识艺术种类的多样性与统一性，从理论上阐明各门艺术的特长和局限以及它们之间的相互影响、相互渗透，显然有助于艺术家更自觉地掌握艺术创作的规律，也有助于提高欣赏者的审美能力。

二、各艺术种类的基本特点

对于各门艺术进行详细地分析和论述，不属于本书的任务。每一种艺术，都有它自己专门的理论体系。在这里，我们只能从它们作为艺术美的不同表现形态的角度，概括地谈一谈它们的审美特性，以及它们之间的差异和同一。限于知识水平,我们的看法不一定是中肯的。

(一)建筑艺术

在人类发展史上，建筑是人类将自然界改造得符合自己的需要而作出的一项重大创造。然而建筑成为审美的对象，却是一个历史的产物，有它那从实用到审美的发展过程。这一过程是建立在生产发展和整个社会生活发展的基础之上的。最初的建筑，仅仅是基于实用的目的而营造的，是遮风避雨、防寒御兽的简陋住所。作为不是简单地利用自然界的现成东西，而是人类实践活动的创造物，人们固然能从其中体现出来的自己的智慧和力量以观照自己而感到愉快，但在这个阶段上，就观照的内容来说,其善的因素仍然压倒美的因素；就其形式来说,也是极其粗糙、较为单调、并不包含有意追求形式美的意图。只是随着物质技术的发展和社会生活的进步，建筑才越来越具有审美的性质，直至发展成为以引起权势象征为重要目的的宫殿建筑，以供观赏为重要目的的园林建筑。但从总体说来，建筑仍然是一种实用与审美相结合的艺术。这是它与别的艺术相区别的一个重要特点。

建筑的实用功能与审美功能的矛盾,在不同的建筑对象中的表现各有不同,它们可以有所偏重。例如,一般住宅和厂房建筑,实用功能就超过它的审美功能。而纪念式的或园林式的建筑则相反,审美功能是主要的。

建筑既然是从实用需要的基础上产生的，因而一般说来，它的审美特性总是受实用功能的制约，这主要表现在它使用的物质材料和形体结构上。笨重的材料和庞大的体积决定了建筑艺术在表现审美意识上的特点和局限性。正是因为要在克服比其他艺术领域更大得多的物质材料等等困难上发挥创造性，建筑艺术才能以其特殊的形式体现一定时代、一定社会的审美意识(例如象征帝王权势的巨大的石木建筑物)。

建筑的审美特点，主要是在其特殊的物质材料和技术的基础上建立的形体构造所体现的造型的美。这种建筑美，不是直接地模仿和再现自

苏州网师园

北京颐和园

埃及金字塔

然或人自身，而是偏重于概括性地反映一定时代、一定社会的精神面貌、情趣、理想的形式美。因此，建筑的美尽管带有一定的“抽象”性，但是我们完全可以从其内容与形式相统一的风格上，看出其时代性和民族性的特征。

受固定的不可移动的地点的限制，是建筑的一个特性，因而如何处理好建筑物与周围环境的关系，是构成它那审美属性的重要条件。建筑的艺术性要求使建筑物与周围的环境互相配合、协调一致、融为一体。我国庭园设计艺术所强调的“借景”，就是在观赏的视野中，使某一占地有限的庭园容纳着本来并不从属于这一个体中的景物。例如，北京的颐和园，就是把它背后的玉泉山以及远处隐约可见的西山，作为“借”来的一些景物，纳入它的整体结构，从而构成一个更加广阔深远的建筑艺术境界的。一般的建筑物虽然不能达到这样高度的要求，而且自身也难于控制外界环境的变化，但是，如何使它们与周围环境相协调，而不是相背离，也是构成建筑的美的不可忽视的条件。建筑的艺术境界，既与建筑物本身的结构、体积、形状、色调有关，又与周围环境中的空间、其他建筑群、自然景色等有关，由此而形成或宽旷、或幽深、或雄伟壮丽、或小巧玲珑等等意境，使人得到不同的审美享受。中国古代建筑艺术在封建社会的长期发展中，具有深厚的传统。基于人们对建筑的适用和审美需要的多样性，中国建筑发展了各种不同的建筑艺术的特性。宫殿、庙堂、住宅、庭园、城垣、桥梁……有各种不同的用途，也有各自不同的审美特性。例如，南方的庭园以优美见长，而宫廷的建筑则宏壮华丽，横跨长江的大桥英姿雄伟，溪涧间的小桥玲珑可爱，等等。建筑艺术在古代埃及、希腊、中世纪（哥特式的建筑）也都有杰出的历史成就。北京的十大建筑，就建筑艺术来说，尽管它们还处于探索过程中，但它是以一种新的技术，明快而庄严的风格，表现了社会主义劳动人民的革命的精神气魄，成为社会主义革命和建设的纪念碑。

建筑艺术在其内容与形式的结合上，和其他艺术种类既有共同点，又有显著的区别。

作为在三度空间中存在的具有体积、平面、线条、色调、材料等因素的立体作品来说，它与雕塑有某些接近之处，所以有些美学家同样把建筑归入“造型艺术”。建筑与雕塑一样，都以其可视性的形体直接诉诸视觉，适应着视觉活动的一般规律；同时，建筑一般总给人以坚固结实之感，建筑与雕塑都能引起一种触觉的联觉。但是，建筑又与雕塑有显著的区别。建筑的优美或壮美的形式所体现的形式感，可能唤起有关人的性格的以至形体的联想。例如，把杭州的西湖说成美女，就是一种联想的产物。但园林或建筑的结构、面或线等形式美的运用，主要服从建筑物本身的特定目的，不直接模仿人体或自然现象的形状，不像雕塑那样可以具体地再现特定的对象。和建筑艺术一样，雕塑的造型也要讲究均衡、对称、变化、和谐……但是在建筑艺术上，这些形式美的规律的运用，具有较大的概括和宽泛的性质。建筑材料的合乎规律的结合，给人以韵律和节奏的感觉，这使建筑与音乐发生内在的联系。从谢林起，把建筑称作“凝固了的音乐”，乃是一种强调它的节奏感等音乐属性的见解。这种见解有一定的依据，所以它得到了许多哲学家和艺术家的承认。但是这种见解只强调了建筑与音乐的联系而忽视了二者的区别，因而不能全面地反映这两种艺术之间的辩证关系。由于建筑直接诉诸视觉，它有确定的空间，所以不能像音乐那样伴随时间性条件更加自由和可变地反映人的内心的思想情感。建筑和音乐相似，同样不以直接模仿一定的自然物的形状为目的，但是建筑直接服从人的一定的实用目的，材料必须首先按照人对建筑物的实际需要组织起来，它不能像音乐那样充分自由地运用流动的物质材料（音响）的规律。

建筑艺术和别种艺术一样，它们之间固然存在着相互影响的关系。但是，建筑艺术的发展首先取决于它的本质特性——实用与审美的统一。随着人的各种需要不断丰富，建筑的品种、样式也日益多样化。建筑艺术的审美特性，特别受其所使用的物质手段的制约。现代科学技术的进步引起了建筑材料、设计、施工方面的重大革新：预制构件、薄壳结构、玻璃钢、塑料制品等新建筑材料和技术的运用。只要不违反民族传统，新条件就可能使现代建筑日新月异，富于表现力，呈现出绚丽多彩的风格。

（二）实用工艺

所谓实用工艺，是指除建筑以外人类所有的日常生活用品的制造工艺。人类在制造这些实用物品的时候，逐渐发现和发展了它们的审美因素。最原始的石器的加工，使之整齐、光滑、结构匀称……开始只不过为了物品的实用。因为这些与美相联系的物质作用于人的感觉，本来是为了实用的目的；只是到了后来，物质材料和形体结构才逐步成为人所感受的形式美的因素。这种足以引起愉快感的因素，逐步为人们所认识之后，对实用工艺的美化的要求发展了；而那些有意识地加于实用物品之上的装饰性，表明了其审美因素比重的增长。考古发掘出来的古代陶器上的装饰花纹，揭示了古代人类审美意识的发展，揭示了由实用到审美的历史的渐进的和转化的过程。在生产力发展的基础上，物质材料与制作工具的不断进步，为制作越来越精美的实用物品提供了条件。实用物品的审美化，也越来越普及、广泛，并且逐渐形成一些失掉实用意义、专供玩赏的工艺美术品，即我们现在所说的特种工艺品。这种特殊的工艺品，在早期也许是首先为那种虽不供日常实用但却供另一种功利目的而制造的作品，如政治性的表示等级地位的礼器、陪葬用的明器等。这种演变,可从古代的不同用途的青铜器上推断出来。

满足人们的审美需要的实用工艺，在培养人们的审美意识的作用方面，有它那不可被代替的特殊作用。它极其广泛地、经常地以至不知不觉地对人们发生影响。因此，我们应当重视实用工艺在美育中的意义，不断研究和提高实用物品的审美功能,更好地美化社会生活。

实用工艺和建筑艺术相似，二者都以实用与审美相结合为其特点。除了特种工艺品之外，实用工艺品虽然带有一定的装饰性，但它总是从属于实用的，是以实用为主的。因此可以说，只有当它的装饰服从而不是脱离实用目的时，当装饰物不是在实用之外硬加上去的东西时，即装饰性与实用目的具有密切的联系时，它所唤起的美感才具有特殊的有效性。由最简单的磨光、染色到对形式美规律的更复杂的运用，以至利用绘画、雕塑等艺术的手法，说明了工艺品的装饰性与适用目的互相制约。过多的繁杂的装饰，将妨碍工艺品的实用价值，因而工艺品的装饰性总是以服从适用的要求为前提，才是正确意义的适当的形式加工，不然美的可能转化为丑的。

实用工艺品的审美因素也与建筑一样，主要在于其形体结构所表现的造型美，而不是自然形状的直接模仿。这种造型美所引起的美感，在工艺品的欣赏上往往与视觉和触觉上的快感相联系，甚至可以说有相辅相成的效果；但却不能仅仅归结为快感。实用工艺品的审美功能，主要

清代玉雕

是利用作为静止的物质产品的结构形式，相应地表现出一定时代的趣味、爱好，一定的思想感情，从而唤起带普遍性的美感。

实用工艺品不仅在其特性上与建筑艺术相类似，而且经常与建筑艺术有密切的联系。有相当数量的实用工艺品，是与建筑艺术直接配合在一起的（如室内的用具和装饰等）。当然，实用工艺品与建筑不论在效用或审美功能上又都有区别。作为艺术品来看，实用工艺品一般不具备建筑物那样宏大的体积，因而它比较适于表现精巧、优美的风格；它在形态方面比建筑较少拘束，因而形态的多样性与艺术风格的多样性，都可能为建筑所不及。

实用工艺品以自己的形状结构来产生艺术效果，因而它与雕塑艺术有许多共同之处。一部分特种工艺品，实际上具有雕塑的性质（如玉雕、牙雕中的人、鸟兽、花草）。但它一般不能像雕塑那样再现现实生活，表现深刻的社会生活内容，这是它的局限性。违反这种固有的局限性，硬要在实用工艺品上附加一些社会政治内容，比如在一些日用品上印上标语口号或政治题材的宣传画以取代装饰性图案，其效果与愿望往往是相反的——令人遗憾地破坏了它那特定的审美功能。对于实用工艺品的制作，除了首先服从实用的需要之外，在审美方面也要遵守形式与内容相统一的原则，即在形式美所能概括性地表现的内容所容许的范围内，发挥制作的创造性。

实用工艺品的制作直接受物质材料和生产技术的制约。在古代，实用工艺品依赖手工业的发展，人的双手的技巧是工艺品制作的前提，实用工艺品大都是所谓民间艺术。中国传统的实用工艺品，凝结了劳动人民的高度智慧和技巧。随着现代科学技术的进步和新的物质材料的发现和利用，实用工艺品的制作，在继承前人优秀传统的基础上，也将不断地革新和发展；其造型美所构成的魅人的艺术境界，可能在已有的丰富性上更加丰富多彩。但作为艺术创造的工艺品的制作，手工艺具有机制工艺所不可能代替的美的独特性。

（三）绘画

绘画是一门运用色彩、线条和形体，在二度空间的范围内，反映现实美、表达人的审美感受的艺术。把握绘画艺术的特点，需要将其特殊的造型性，通过视觉感受以及所使用的特殊物质手段统一起来考虑。

存在于二度空间的绘画形象，虽然远比其他种类的艺术（例如美术工艺的纹饰）更为具体确定，更带视觉的精确性，但它采用物质材料作为媒介手段，因此它所能表达的内容和表现的方式，都有某些区别于其他种类艺术（例如小说）的特殊性。关于人物性格的刻画，必须通过神情、动作等可视的因素表现出来，否则就不能成为视觉的对象。为了使绘画形象摆脱客观事物单纯的外形模仿而不至流于自然主义，中国古代画论中曾提出了“以形写神”的现实主义基本原则。这种强调神似、辩证地对待形与神的关系的原则，首先是针对绘画艺术再现生活的特殊性而提出的。在一切文学样式或戏剧样式中，独白的因素以及用语言（描述或人

顾恺之《洛神赋》（宋摹本局部）

物对话等）对性格的刻画，在造型艺术里都丧失了它们在其他艺术样式中的意义。由于绘画用固定不变的物质材料反映现实，文学样式或戏剧样式所直接描绘的时间过程在绘画里受到很大的局限。为了使固定不变的绘画形象能够反映某些可能反映的时间过程，引起欣赏者关于事件前因后果的联想，绘画和其他造型艺术的特性成为艺术家、美学家所重视的问题。莱辛在《拉奥孔》里，曾经提出了造型艺术家要善于选择能够反映事件前后联系的某一瞬间，从而使固定不变的艺术形象在欣赏者头脑里引起对事件过程的想象。画家概括生活现象的方法，常常与他能否通过刻画生活中某一可视的瞬间来概括在这以前和以后性格的发展和事件的过程有密切的关系。

物质材料在绘画等造型艺术里，较之于他种艺术（特别是文学样式）有特殊的作用。马克思曾经指出："颜色和大理石的物质特性不是在绘画和雕刻的领域之外。"[①] 物质材料对于造型艺术的实际意义，不仅表现在一般物质体现的工具作用（例如文学作品也需要纸张），而且物质材料在对造型形象起媒介作用的同时，材料本身固有的特性也直接构成形象

① 马克思:《一八五七年至一八五八年的经济学手稿》,《马克思恩格斯论艺术》（一），第 113 页。

的感性形式，成为直观因素的一个组成部分。例如，雕塑中青铜、大理石、花岗岩、黄杨木等不同的物质特性，有助于塑造不同性格的人物所具有的象征意义的表现。对于文学样式来说，物质材料（例如纸张）除了一般的工具作用之外，这种意义并不重要。一切造型艺术，特别是其中的建筑艺术、工艺美术，由于造型形象的创造本身就是由某种物质特性所构成的，物质材料本身的美是构成作品审美价值的重要条件。因此，如果说文学作品可以写（或印刷）在任何纸上而其艺术形象的价值不变，那么对于造型艺术来说，由于它的形象塑造是与每一根线条每一点色块的具体运用相联系，艺术创造是与物质材料的直接加工联系在一起的，所以任何复制品都不能在艺术形象的意义上完全代替原作。物质材料在造型艺术中的这种特殊作用，也决定了造型形象在物质材料上的破坏即是艺术作品本身的消亡，而不易像文学样式那样可以由印刷品的代替和复制而世代相传。曹子建的《洛神赋》可以经过重新印刷，其艺术形象的价值不至因而有所改变，而顾恺之早已消亡的《洛神赋》，即使是宋代的摹本，也远不能代替原作。

就造型艺术而论，将绘画与雕塑相比较可以更好地掌握其内容与形式方面的特殊性。绘画和雕塑的共性在于，二者都是通过静止的和固定

马远《寒江独钓》

的物质材料作为媒介手段，塑造首先诉诸视觉的形象来反映现实。但是，二度空间中存在的绘画形式和三度空间中存在的雕塑形式，无论在取材上、反映现实的手段上以及反映现实的角度上，都有明显的差别。首先，绘画取材范围广泛，包括自然风景、人物、社会生活各个方面。由于绘画的二度空间性，它不但能够再现人物的具体背景，而且能够把对立的社会力量的代表人物直接安置于面对面的冲突之中，社会的阶级矛盾、人物的内心冲突以及他们与周围环境的关系，在绘画里得到远比雕塑更为直接和具体的反映。而雕塑，特别是不便于和不必要直接模拟生活实况的圆雕，则按照其形式的特长和局限性，不对人物行动的环境作直接的描写。而且，人与人的关系的描写，在雕塑中，特别是在肖像雕塑中，往往间接地也就是曲折地体现于构成关系之一方的人物动作、姿态、神情的直接描写。由于绘画的二度空间性和色彩的鲜明性，静物和风景的体裁在绘画里占了不小的地位。这方面题材的绘画较之其他一切艺术样式，都更适合于对象的特点（静物和风景就不是戏剧或小说描写的主要对象），从而形成了题材的广阔性。

由于绘画通过色彩、线条和形体来模拟客观事物，它虽然没有雕塑的三度空间的实体性，但是绘画里的形体，因为比雕塑更便于支配色彩、光线，在某些方面可能比雕塑更近似客观事物的外貌，所以从某个方面来说，它更能引起欣赏者“似真”的感觉。虽然绘画形象的欣赏和雕塑形象的欣赏一样，都与视觉对客观事物的感受有密切联系，欣赏者通过对形象的感性知觉能够迅速联想到未经直接描写的客观事物的某些外貌特征，可是由于视觉对形象的欣赏，常常和视觉对客观事物的外形的感觉经验联系在一起，它的思想内容是借具有普遍性的知觉形象表现出来的，所以语言不同的民族，都能够毫不困难地欣赏别的民族的绘画。由于绘画的描绘手段要比雕塑更为广泛，绘画艺术比雕塑艺术在如何再现现实方面有更大的可能性。大部分可见的客观事物都可以成为再现的对象，而且反映客观事物的具体性，也远比其他艺术样式更为确定。

绘画作为一种造型艺术，与非造型艺术——例如语言艺术相比较，有明显的区别。但是，在审美感受的物质体现这个根本性质方面，它们还是相通的。绘画艺术受造型的客观局限，不便于像诗一样自由地表现艺术家更内在的美的感受，不过这种差别是相对的。在中国画里，例如唐宋以来的风景画，与同时代的风景诗的共性是十分明显的。如果比较一下所传的马远绘画《寒江独钓》和柳宗元的诗《渔翁》，就可看出，作为人们对自然美的陶醉之情的抒写，简直有“异曲同工”的艺术美。即使是那些偏重自然现象的再现的作品，中国的艺术家在绘画领域中，力求自由地抒发带有个性色彩的审美感受，也是相当普遍的。齐白石用水墨画叶而与色彩画荷相配合，这对学生腔式的绘画来说，是于理不通的。但它却因而更动人地夸张了对象那盎然的生气。中国绘画强调“画中有诗”的优良传统，表明了从事中国画的艺术家，虽然不一定都能说出艺术作为审美意识的物化形态这个本质特点，但他们在艺术实践上，努力通过可视的画面表现出这一特点，从而灵活地、更合目的地抒发自己对客体的主观感受。这种表现，几乎打破了画与诗的界限。这是我们民族绘画的突出特点，也是它的突出的优点。

（四）雕塑

雕塑的特点，是以物质实体性的形体，塑造可视而且可触的艺术形象，借以反映现实生活和表现艺术家的审美感受和审美理想。雕塑的三度空间的实体性是其他一切种类艺术（包括二度空间的绘画）所难以企及的特殊属性。这种属性使雕塑形象不仅使人直接了解形象处于空间中的具体性，而且使欣赏者从不同角度和距离接近雕塑形象的时候，常能出现这样的情况：由于观赏者视角和距离的转换，同一对象的精神面貌会出现某种“多面的”复杂的变化——从不同角度和距离观赏某一侧面，可能获得不尽相同以至对立的感受，达到单纯与丰富的对立统一。

上面在谈论绘画时，曾经提到造型艺术的一些共性，当然也包括雕塑在内。雕塑与绘画相比，在取材上受到更大的限制——例如对人物活动于其中的具体场合，不便于作直接的描写，而要求形体像传统戏曲中的角色，从角色特定动态把某一场合的特殊点暗示出来。除了一些带有情节性的浮雕之外，一般地说，雕塑不宜直接再现人物之间、事物之间以及人物与环境之间的复杂关系，直接表现事件发展的过程。它只宜选择那些具有概括性的一瞬间的表情和形体动作，使欣赏者从这静止的形象中，联想到它的前因后果，从而间接地把握住与这一物化形态相联系的潜在内涵。雕塑之所以能够做到这一点，客观上在于，不论人的表情或动作，都是对于一定条件下的环境刺激所作出的反应。这种环境与反应之间的逻辑关系（即因果联系），使观众有可能从特定的表情或动作中“看到”那虽未直接出现却似乎存在的其他情景和事物，以及其合乎情理的变化过程。如果缺乏这个条件，那么雕塑就不具备可理解性。从艺术创作方面来说，雕塑家不只必须选择出那些最有表现力的表情和动作，并且还必须照顾到雕塑区别于招贴画之类艺术形式的那种永久性——与不同条件的审美活动的特殊性相适应的要求，以适当的手法和技巧，把形象处理得足以与变化着的观赏者的感受的特殊性相符合，以便再产生调动欣赏者的联想和想象的感染作用。因为区别于一般绘画的雕塑形象，它那再现生活的局限性与特长，更大程度上是从个别见一般、从局部见全局的，这就迫使雕塑家不得不尽可能使造型具备一种特殊作用——从有限中见“无限”。与绘画相比较，这种作用是相对的，某些绘画的形体也具备这样的可能性。但以形体的独立性见长的雕塑形象，不只必须与诗的时间性有所区别，也必须与绘画的空间性有所区别。在雕塑的结构里，对比手法的运用较受限制。它不便也不必像绘画那样，直接表现美与丑的对立，往往是直接反映美而把与之对比的丑留给观众去“补充”。这并不是说，绘画就不容许运用寓意、暗示、象征性等手法，只不过是说，雕塑取材、结构的独特性，迫使它追求小中见大等艺术的力量。雕塑家罗丹的《思》，在一块粗糙的石头底座上雕出一个陷于沉思的少女头像；在这个非常单纯的结构里，隐喻着思想与物质、理想与现实的矛盾关系；然而这一切，不是形象自身直接描绘出来的，而是它给观众留下发人想象和思索余地的广阔天地所造成的结果。

一如上述，雕塑难于作复杂的描绘，而要求形象的单纯性。就一定意义来说，单纯就是美。单纯既是雕塑的一种局限性，又是它的特长。为此，雕塑家就要对现实生活进行更集中、更概括的反映。单纯不是单调化，单纯并不与丰富、完整相矛盾。就一个雕塑所摄取的某一形体动作来说，它舍弃了其现实原型中的大量的东西。形象比起现实生活来，它既不“全面”，又不“丰富”，但就其表现力来说，它却可以“一以当十”，使欣赏者从点到面，形象地感受和理解其丰富的内容。由于取材方面的局限性，雕塑和绘画同样追求“神似”；唯其“神似”，才能使单纯性与典型性相统一，使得作品耐人寻味，也才能使单纯性不至于走向一般化、类型化。雕塑形象的单纯性，其表现与电影中的特写镜头接近，有利于突出表现特定人物的精神面貌或风采的某些侧面。因而人们常常选用雕塑作为歌颂可纪念的人物的一种艺术手段，但是却不能把单纯与丰富对立起来。《维

罗丹

纳斯》雕像上那许多细微的起伏变化，引起雕塑家把某些局部当成山谷来观赏，可见单纯与单调不是一回事。历史地发展起来的雕塑艺术，其取材范围也有广阔性。不能说雕塑只是歌颂英雄人物的艺术。雕塑与建筑组合，表现其内容极其广泛的特点之一，是植物的装饰纹样的浮雕或透雕。以中国的民间泥塑或木雕艺术来看，从人物到鸟兽鱼虫，都是它的反映对象；而就它们的艺术魅力而论，则各有千秋。憨态可掬的小老虎、活泼可爱的幼鹿，内容的深度固然和纪念性的人物塑像大有差距，但在满足人们多方面的审美需要来说，后者也不是前者所可取代的。那种囿于某些传统观念，奉某些雕塑品种为正宗，而轻视群众喜闻乐见、富于民族特征的雕塑的观点，至少是片面的。

雕塑由于它所使用物质材料的特点，使得与触觉相联系的质感和量感，具有了审美的意义。然而，触觉与视觉这两种感觉功能对雕塑美的反映，前者常常从属于后者。甚至可以说，前者不过是构成后者的一种心理因素——联想。“抚摸这座像的时候，几乎会觉得是温暖的。”[①] 罗丹的这句话，着眼于《维纳斯》的触觉感受。但还不等于说，雕塑的美感主要通过触觉。“你做叶子的时候，要使它的尖端向你直射过来，这样，观众便有立体的深度感觉。”“千万不要看形的宽广，而是要看形的深度……千万不

①《罗丹艺术论》，沈琪译，第6章。

要把表面只看作体积的最外露的面，而要看作向你突出的或大或小的尖端，这样做就会获得塑造的科学。”[①] 罗丹支持者所复述的这些他的老师对他的教导，局部地体现了雕塑艺术区别于其他艺术在造型方面的重要特征，也就是雕塑艺术的审美特性的具体标志。

王朝闻《刘胡兰》

雕塑和其他艺术一样，它那审美作用的独立性，是以它那不能为其他艺术品种所代替的独特性为条件的。正如对于其他艺术品种一样，我们在这本书里只能约略地涉及它们的某些重要特性，不能作更系统、更全面的论述。而且，当我们论证它的审美特性时，不能否认这种特性的相对性，不能忽视这一种艺术与另一种艺术作为审美对象的联系。诚然，雕塑的重要特点是较有永久性、以静示动、以无声示有声……但也不能认为其他艺术不必有永久性。正如我们可以相对地把音乐当作建筑来欣赏一样，也不能忽视雕塑造型与音乐结构的联系。即使是一件不着色的雕塑，它的形体结构也可能是美的。它为什么可能具备形式美的特征呢？因为它那个别组成部分之间的矛盾，如对立

①《罗丹艺术论》，沈琪译，第6章。

而又统一的比例，形体个别部分承受光线的不同而在视觉方面所引起的强弱变化……这一切虽然是无声的，却也具有一定意义的节奏感或旋律性特征。就这一意义来说，雕塑与音乐等艺术之间，具有不可忽视的美的一致性。

（五）音乐

音乐以在时间上流动的音响为物质手段，表现人的审美感受，从而形成一定的“音乐形象”。

音乐是审美意识的一种特殊表现形态。现实美作为音乐的反映对象，它不是直接被再现，而是一种通过人的主观感受上的折光，间接地得到表现的。因此，所谓“音乐形象”，和绘画、雕塑中的视觉可见的形象不同，它不具有客观对象的一定形状、色彩等特征的确定性；音乐利用特定音响的变化与特定情感起伏的复杂对应关系，间接和曲折地反映社会生活的复杂斗争与人的思想情感变化的关系，通过调动欣赏者的审美感受能力，运用联想和想象而在内心唤起一定的情感意象。音响的流动性和时间性，使得音乐在反映生活的复杂变化、发展过程和审美感受的丰富性方面，比造型艺术有其优越之处——更不受反映对象的具体性的拘束。

音乐的主要内容，是作为对现实生活的主观感受的思想情感。但是，并不是任何自然的情感流露，都可以成为音乐作品的内容。情感成为音乐的内容，必须不是纯粹个人的、偶然的，而是带有社会普遍性的、可引起共鸣的，同时又必须与一定的音响变化相适应，符合乐声的规律性。

音乐利用自然的音响作为物质手段，但它既不是自然音响的简单模拟，也不同于语言的自然物质外壳。在音乐中，音响是具有不同内容、色调的情感的体现物，它不是杂乱的无意义的声音；某些音乐作品中对一定自然音响的模拟，也必须与特殊的主观感受相结合才能具有音乐的意义。音乐的音响与语言的声音固然有同一的客观根源，但作为人的思想的物质外壳的声音，其内容与表达手段之间的联系带有偶然性——同一个思想内容可以用极其不同的语言去表达。因此，民族语言不一致便难于传达思想。如果以语言为构成因素的歌唱，过分强调语言而忽视音乐，譬如说，单靠语言来言情甚至说理，那么，这样的歌唱也像违背雕塑造型的特殊功能，强制它作口号宣传一样，不能不丧失音乐的审美价值，也不能证明作者有非表达不可的真挚感情。音乐的音响与以音响为物质手段的语言不同，特定的音响与特定的情感内容具有某种必然的不可割裂的联系。它的这种内容与表达手段关系上的确定性，使得音乐具有普遍可传达性；民族语言不相通的人，也可以通过音乐发生共鸣。

音乐的物质传达手段是音响，这种音响有旋律等等特殊性。它必须按照一定的规律组合和运动，才能构成“音乐语言”。“情动于中，故形于声；声成文，谓之音”。“成文”，就是指声音构成了“音乐语言”，音乐语言的主要因素是音量、音色、拍子、节奏、和声、旋律等。音乐家基于特定的创造冲动，相应地运用这些因素的配合以造成富有感染力的音乐形象。

音乐的声音高低、节奏、拍子与数的关系有直接的联系（如声音的振动的次数、发声器的长短比例等），因而从古希腊的毕达哥拉斯起，就曾把音乐与数学联系起来加以研究。音乐固然具有数的关系，但它终究是用感官来感知的，不像数学那样用概念来把握数的关系。

正因为音乐中这种概括的数的结构和节奏关系，使诉诸听觉的音乐和诉诸视觉的建筑艺术有着一定的联系。建筑在线、面、体所构成的节奏感和概括性方面，与音乐有内在的联系；但建筑终究是空间的造型艺术，它不能像音乐那样便于直接表现内心的复杂状况，例如情绪的冲突。

音乐一般可以分为声乐和器乐两种基本形式。声乐用人的声音结合语词作为表现手段，成为歌唱艺术。歌唱与诗有着不可分割的联系，它把语言的意义与音乐的抒情因素结合了起来，因而声乐的歌词往往就是诗，它比器乐具有较为确定的认识内容。中国古代声乐艺术有着极深厚的传统，积累了丰富的经验及理论。中国声乐在把语言的自然声韵与

芭蕾舞《天鹅湖》剧照

音乐的曲调高度结合上，达到了相当高的艺术水平。中国的民族声乐艺术，在近代戏曲及说唱艺术中，与这些艺术的其他特殊因素相结合，得到更进一步的发展。器乐，一般有弦乐、管乐和打击乐之别。器乐与声乐在历史的发展中孰先孰后的问题，姑且勿论；但它不只是作为声乐的伴奏，也是一种独立的音乐形式。它没有直接的语言艺术的因素，因而更带概括性，艺术境界更加广阔。器乐由于物质的发声材料的多样性，音量和音质等方面的特点，在表现情感的复杂、深邃、强烈方面，比声乐有更大的可能性。而近代工业的发展，更加扩大了器乐的表现能力。但是，无论器乐或声乐本身，都有各自的特长和局限性，因而既不能像有些资产阶级哲学家（如叔本华等）那样，抬高器乐而贬低声乐，也不能轻易肯定中国旧乐论中所强调的"丝不如竹，竹不如肉"的论断。

无论声乐和器乐，由于它的艺术媒介和直接表现内心情感的特点，具有强烈的时代性，带有突出的民族色彩。各民族由于长期社会生活和艺术实践的发展，形成了一系列的音乐语言，在特定的音乐语言中，渗透了该民族长期的审美经验所形成的习惯与好尚。中国各民族音乐，有自己悠久的历史传统和独特风格。它将在各自民族传统的基础上，吸取其他民族音乐的优点，发挥自己的特长，进一步发展为适合社会主义时代精神的新的民族音乐。

（六）舞蹈

与音乐有密切联系的舞蹈，以人自身的形体动作为物质手段，通过形体的有韵律的活动，抒发人的内心情感。尽管它也以反映现实生活见长，但区别于戏剧表演对动作的模仿性。

舞蹈艺术也带综合性，它的形体与音乐或雕塑有某些共同特点，而又不能归属于其中任何一种艺术。它作为一种特殊的艺术种类而自成一体，有其自己的特长和局限性。例如，舞蹈与雕塑都直接诉诸视觉，存在（或活动）于三度空间中，舞蹈动作在短暂停顿时（例如“亮相”）具有雕塑的意义是很明显的事实。但是舞蹈以其不可分割的连续出现的许多动作，出现于流动不息的时间过程，一方面它那存在于一定空间之中的造型性，不能代替雕塑那种形体上的高度凝练集中的概括境界（例如动作的虚拟性所造成的动态的逼真性），另一方面舞蹈这种以动示动的艺术，较之雕塑却更便于表现人的情感及其起伏变化的具体过程，可能较迅速地引起欣赏者的情感激动。

舞蹈与音乐既有显著的区别，又有特别密切的联系。音乐直接诉诸听觉，而舞蹈则直接诉诸视觉。以音响为传达手段的音乐，没有视觉形象的限制，可以着重表现复杂而强烈的内心情感。而舞蹈则由于运用动的形象视觉性特征，较之音乐更便于掌握和表现情感的外在形态。音乐与舞蹈，二者互有短长，又可以互相补充。中国古代关于诗、歌、舞三种艺术相互关系的看法值得重视。我们在前面引证过的《毛诗序》中的那段话，指出了在咏志抒情方面的同一性以及表达这种同一性的内容在手段方面的差别和相互补充的作用。

我们认为，舞蹈虽然具有造型艺术的一些特点，似乎是一种动的造型艺术，而其实它本质上更类似音乐。它宜于偏重表现和抒情，而不宜于强调模拟和再现。不尊重舞蹈艺术的这个本质特点，就难以创作出感人的作品，难以发挥舞蹈独特的审美功能。一些模拟得逼真而缺乏表现力的作品，其所以打动不了观众的心灵，原因就在于片面强调模拟而忽视表现。如果把这种失败归之于演员演技的幼稚和不卖力气，那是不公平的。

人们通常在谈论舞蹈与音乐的联系时，往往只是注意到舞蹈离不开音乐（即使是最简单的音乐成分，如节拍）的伴奏，这是不够全面的。即使对于伴奏这种外在现象，我们也应当从舞蹈与音乐的内在联系的表现上去理解，即把它看作是二者在表现和抒情上的同一性的外部表现。在一定意义上可以说，没有伴奏的舞蹈，其本身就是一种无声的音乐，因为舞蹈动作本身就具有音乐的节奏以至旋律性。所以，在舞蹈创作上，必须充分注意造型方面的音乐性在舞蹈形象塑造中的重要作用。

如果把舞蹈与戏剧相比较，就可以更好地看出它的本质特征。二者同是诉诸视觉形象，同样以人的形体动作为传达手段，但舞蹈的形体动作与戏剧的形体动作却有很大的区别。包括强调形式美和程式化的戏曲在内，戏剧的形体动作从属于戏剧冲突，服从于一定的人物性格和规定的情景，而舞蹈动作却不以直接再现这一切见长，它所服从的主要是情感表现方面的规律。人们把芭蕾舞剧当成音乐剧来理解，却不按一般戏剧那样强调戏剧冲突的要求来对待它，就是因为它那区别于戏剧而更接近于音乐这一原因。至于舞蹈、音乐占了重要比重因素的中国戏曲，与芭蕾舞剧的接近之处，则是一种将戏剧、音乐与舞蹈结合起来的特殊剧种。中国戏曲表演艺术中的程式动作，是把戏剧动作与舞蹈动作高度结合起来的产物。它本质上既是从属于人物和情节的一种舞台动作，同时又具有表现人的变化中的情感、情绪的舞蹈的性质。在中国戏曲中，戏剧动作被夸张而舞蹈化以符合音乐歌唱的韵律，而舞蹈的活动力求符合戏剧剧情的内容。因此，中国戏曲的程式动作与一般戏剧动作和一般舞蹈动作既有联系又有区别，不能单纯地从舞蹈角度来要求戏曲动作，也不能以一般的戏剧动作来要求戏曲程式和舞蹈艺术。

舞蹈艺术有着鲜明的民族特色，深刻地受特定民族的特殊风尚和特殊审美趣味的制约。我国的舞蹈艺术，经过几千年的发展，特别是近代戏曲艺术的综合和发展，积累了系统的经验，具有很高的艺术水平。依据这种深厚的民族传统，从社会主义时代生活内容的要求出发，对这种传统在继承的基础上加以改造发展，并批判地吸取其他民族一切优秀的舞蹈成果所体现的规律性因素，必将发展成为一种适应社会主义时代需要、为群众喜闻乐见的新的舞蹈艺术。

（七）语言艺术

语言艺术（文学）以语言或它的书面符号——文字为物质手段，构成一种表象和想象的形象，从而反映现实生活，表现艺术家的审美感受。

语言艺术的物质手段，与日常语言，特别是理论语言有所不同；它是经过艺术加工的，更凝练也更富于形象性的语言。语言作为人类意识的体现物，既具有词义性（作为概念的符号），又具有指物性（作为表象的符号），还以其语音方面（语气、语调、声音节奏）的变化直接表现人的情感。这最后一点，与音乐中的音响有类似之处。理论语言偏重词义或语音的概念内涵；日常语言比较芜杂、粗糙；只有文学语言，它经过了艺术的加工，精练而生动，突出的长处是它的表现性和形象性。

语言艺术与诉诸视觉和听觉的艺术不同，它以直接唤起表象和想象的方式作用于欣赏者的再创造。相对地说，它的物质材料首先作为意义和表象的符号起作用，但也不像一般的理论语言那样，强调语义而不大强调语音、语调等方面的审美价值。

就语言艺术不受视觉形象和听觉形象所特有的限制来说，它的表现方式更为自由，它反映的范围更为广阔深邃。从可能性上看，甚至可以说它是一种最自由、最带普遍性的艺术种类。

文学运用形象的语言，通过描写、叙述、比喻、暗示、象征等等手法，可以在人的头脑中引起某种视觉形象和听觉形象。这种形象虽然在其清晰性和确定性方面比不上造型艺术和音乐，但它在表现生活和人的思想情感的复杂性及其发展过程等方面，却为这些艺术种类所不及。

关于语言艺术与造型艺术，特别是诗与画的联系与区别，早就引起了人们的注意。中国古代艺术家常说的“诗中有画”“画中有诗”，确实看到了语言艺术与造型艺术的内在联系。当然，直接诉诸人的想象力因而便于叙事抒情的诗，与直接诉诸视觉而便于状物的画是有区别的。18世纪德国启蒙主义者莱辛对诗与画的区别作了详细的考察，提出了真的艺术与美的艺术的区别，在美学史上有很大的影响。譬如，他指出，诗不直接诉诸视觉，因而可以直接描写美和丑的斗争，而在直接诉诸视觉的绘画中，则不宜于如实描绘过于丑恶的形状；这是为后来所公认的、符合客观事实的论断。

语言艺术中的诗，与音乐艺术有着特别密切的联系。在古代，诗、歌、舞的统一，说明了语言艺术与歌唱艺术之间存在着共同点。歌唱艺术是语言的自然声韵与音乐曲调相结合的产物。最初的诗都是以歌唱的形式流传的。那时候，语言的思想内容与感性声调的音乐形式在创作和欣赏中占有同等重要的地位。文字的出现，促进了诗与乐的逐渐分化，由唱的诗变成了阅读或朗诵的诗。但是，诗总是以语言所引起的表象为主，而自然声调的音乐性，则居于比较次要的、辅助的地位。这说明语言艺术不仅与音乐有深刻的联系，同时也有它自己的独特之点。诗比音乐具有较明确的认识因素；片面地强调诗的音乐化，显然是不对的。在诗的艺术中，抒情诗虽可直接创造明确的景象，但它以抒发艺术家内心的情感为主。从某种意义说，抒情诗是更接近音乐的，所以它对语言声韵的要求也更加严格。与抒情诗不同，叙事诗则更偏重于具体再现现实社会生活的真实图景，带有更加明显的认识作用。在叙事诗中，出现了在文学中重要的、而为抒情诗所没有的因素——故事情节。叙事诗的进一步发展，摆脱了韵文的形式，产生了以散文描述为主的小说。

在近代语言艺术中，小说是一种影响最大的文学体裁。作为评书演出的话本这种书面的语言艺术，在一定意义上说，它是通过听觉的欣赏对象。但话本自身，和小说之间没有根本性的差别。不论是小说还是话本，都发挥了语言艺术便于描绘广阔的现实生活画面，便于刻画人物的性格和内心活动的特点。因为它们可寓评价于描绘或叙述，这就较之其他艺术种类更便于表达作者对社会生活的认识和审美评价。小说不像诗那样要求语言的音乐性，从而使小说可以更自由地运用语言，更便于表达再现对象自身所具备的种种复杂的内容。不过，这种差别是相对的，小说语言也和一切语言艺术中的语言一样，都要力求准确、精练、生动，富于形象性。

语言艺术的一个特殊品种是戏剧文学。戏剧文学在戏剧中有相对的独立性，如《西厢记》《牡丹亭》等，读者可以不通过演出，而通过剧本阅读可以从中享受到文学的美。但是，戏剧文学在本质上毕竟是戏剧艺术的一个组成部分，所以又必须结合演出来衡量它那审美价值的高低。

（八）戏剧

综合艺术是戏剧的重要特征。戏剧艺术本身具备着语言、美术和舞蹈等各种艺术样式的因素。中国戏曲则还包括音乐、舞蹈等艺术种类的特点和因素。由于各种艺术的综合性质，戏剧艺术要遵循极为复杂的、互相制约的许多艺术部门的特征，它本身具备着多方面的审美价值。例如，话剧人物活动于固定空间的布景组成的舞台上，可以使观众觉得是在观赏动的画面；而中国戏曲则是以表演自身构成虚拟的背景见长，人物形象更接近雕塑。亮相在三面可以观看的舞台上，更具有雕塑的意义。

演员的独白虽然不等于诗朗诵，但就一定意义来说，与富于表现力的诗朗诵可能异曲同工。中国戏曲演员的唱工艺术，可以作为歌唱艺术来独立欣赏 …… 但是，戏剧艺术这些多方面的因素，还不足以说明戏剧本身的本质特征。以动作为主的戏剧的语言更带有动作性。戏剧艺术的综合性，不是许多艺术部门的简单拼凑，而是使它们有机地结合起来，从属于戏剧性，从而产生一种新的质，使戏剧成为一门独立的艺术。

从反映对象来说，构成戏剧内容的基本特征是行动中的人物的冲突。因而近代以来，许多戏剧家和哲学家都认为，戏剧的本质特征在于直接、集中地反映社会的矛盾冲突；没有冲突就没有戏剧。由于戏剧艺术在再现现实的尖锐斗争时，其形象具有高度的集中性和完整性，即令出现了在某些方面的因素优于戏剧的电影之后，它在艺术上仍然不丧失其对观众的强烈的吸引力，以及在思想上所能产生的作用。

从反映形式来看，戏剧艺术当然要利用其他艺术部门的某些艺术媒介，但戏剧本身也有自己特殊的艺术媒介。例如，动作和对话在话剧艺术中居于支配的地位，而其他艺术媒介如绘画所用的色彩、线条等都从属于前者，为行动中的、有思想的、特定的人物性格和冲突的再现服务。

作为统一整体的戏剧艺术，一般地可以分成两个相互制约、相互区别的基本部分，即戏剧文学和舞台艺术。戏剧的表演的创造性基于剧作的规定性，演员和导演的再创造所依据的是剧本的文学内容。但光有剧本的文学性不能构成完整的戏剧；戏剧需要演员在特定的空间，用形体动作以及对白等表演手段，把剧本的内容通过演出者的感受和理解具体地体现出来。舞台艺术作为戏剧艺术的不可分割的一部分，对戏剧文学又提出了特定要求，例如语言的动作性等，使戏剧文学具有区别于其他文学体裁的特点。

剧本文学的特点在于，通过角色本身的言行集中地反映社会生活中的矛盾冲突，而不在于一般的客观描述和脱离角色行动的主观抒情。戏剧所反映的冲突，不应当是抽象的实践原则的冲突，而应当是与人物的个性紧密相联系的，它自身就带有行动性。这样的戏剧冲突是有“个性”的，而不是一般化的。在西方戏剧史上，对剧本文学的特征曾经发生“情节论”和“性格论”的争论。古代希腊戏剧崇尚情节，亚里士多德在《诗学》中提出，在戏剧的六个因素中，情节是最主要的。随着西方社会生活的发展，戏剧艺术进一步发展，人物性格成为剧本文学的中心。把情节与性格割裂和对立起来，这是资产阶级文艺复兴以后个性解放的要求在戏剧艺术中的反映。其实，性格与情节是不可分的。在成熟的戏剧里，人物性格是在情节的发展中展示出来的；如果角色没有性格，戏剧也就不会有特定的情节发展；同时，如果戏剧没有特定的情节，人物性格在戏剧里也就没有特定的表现形式。人们通常评论剧本“有戏”或“没戏”，指的就是作品是否通过富于戏剧性的矛盾冲突、曲折起伏的情节，集中表现出鲜明、独特的人物性格。

戏剧艺术另一个组成部分是舞台艺术。它包括表演、舞台美术、灯光效果等一系列复杂的因素。其中，表演艺术是整个舞台艺术的中心。在戏剧发展的初期，剧作家与演员往往是不分的，即兴的演出往往形成剧本的不确定性，剧本与演员的关系是直接的。随着戏剧艺术的进一步发展，表演艺术也得到丰富和发展。尽管演员的创造不能不更大限度地受剧本的制约，但并不因此而破坏表演艺术的相对独立性。

剧本不等于戏剧的完成，演员服从于剧本是一种再创造。这种再创造是在剧本所创造的角色的性格、关系规定性的基础之上进行的。演员的再创造，不仅要有对角色的理解、想象和体验，而且要有相应的、符合戏剧表演特性的表现技巧。关于演员的艺术，近代戏剧史上曾发生过“表现派”与“体验派”的争论。这种争论，深刻地反映了艺术创作原则的分歧。“体验派”偏重于如实地反映人物的内心世界和精神面貌，提倡每次表演都要进入角色，作活生生的直接体验；“表现派”则强调演员对生活的冷静的观察，以便经过多次体验、排练以后，创造出“理想的范本”，表演时必须严格遵循“范本”的一切规定。这两种观点都有各自合理的一面，但在理论原则上，也都有片面性的局限。对生活的情感的体验与冷静的观察，是任何艺术创作不可分割的两个有机部分，演员的体验与表现，在戏剧演出这种再创造活动中，是互相依赖、不可分割的两个方面。

戏剧艺术还可以与音乐、舞蹈结合起来，成为歌剧和舞剧或歌舞剧。在歌剧或舞剧中，情节的因素比较简单，以便于更充分地发挥歌唱或舞蹈艺术的特长。

在整个戏剧艺术中，中国戏曲占有特殊地位，它是把戏剧的内容与歌舞的形式高度结合起来的一种特殊的戏剧艺术种类。

中国戏曲服从着戏剧艺术的一般规律，它比话剧更带综合性。这种艺术几乎具有一切艺术部门的因素，具体的剧种自身都有不尽相同的着

梅兰芳《贵妃醉酒》剧照

重方面。戏剧情节、歌唱和舞蹈这三者的复杂结合，使中国戏曲具有独特的风格和一系列艺术上的特点。用戏曲的惯用语来说，这叫作"唱、念、做、打"。中国戏曲由于它的歌唱和舞蹈的因素而接近于歌剧和舞剧，它必须遵守音乐、舞蹈艺术的基本规律；但与歌剧、舞剧比较，戏曲中的歌唱舞蹈受到情节的更多的限制，其情节内容要比歌剧、舞剧复杂丰富得多，而且往往是伴奏服从演唱，而不是演唱迁就曲谱。中国戏曲中的舞蹈，十分强调形式美，但它具有生活动作的真实感，是在生活动作程式化的基础上产生的一种特殊的戏剧动作。中国戏曲中的歌唱，包括某些剧种特有的"帮腔"，与戏曲动作密切配合，对戏剧冲突的表现，具有对话、独白的性质。中国戏曲除歌唱外，仍然保留宾白（独白和对话），甚至也有（特别是地方戏）重对白而不重唱的。但这种对白本身，具有区别于话剧对白的特征——较为浓厚的音乐性，而不同于话剧的对白。中国戏曲在舞台美术方面，由于长期强调表演艺术的表现力的结果，在表演经验不断积累的基础上，形成了在国际剧坛上独树一帜的显著特色——人物活动场所的假定性、虚拟性。

话剧是一种在近代才普遍兴起的戏剧形式。它从诗剧发展而来，既没有舞蹈动作程式的限制，也摆脱了诗体韵律的束缚，而以散文对话和以生活动作作为直接基础的戏剧动作，集中反映现实生活中比较尖锐的矛盾冲突，富有浓厚的近似对象原型的生活气息。虽然话剧的语言和表现手法比戏曲、歌舞剧更接近生活的本来面貌，但并不是说出现在话剧里的生活和语言，可以不经过服从戏剧特征的艺术加工。相反，在某种意义上说，话剧更要求重视艺术语言的锤炼。它在讲究戏剧的情节结构、表演技巧的同时，要求语言自身的表现力——例如强调潜台词。

（九）电影

电影艺术是利用现代摄影技术手段，以戏剧和绘画艺术为基础，综合和吸取了各门艺术的一些表现方式和方法而发展起来的一门新的艺术种类。

电影艺术的主要特点，是强调接近于绘画的造型因素的表现力。电影发展的初期，是无声的黑白默片，后来才出现有声片和彩色片。包括所谓主观镜头在内，影片以诉诸视觉的形体和明暗、远近、色彩，并以其特有的动的画面的组合（蒙太奇），能动地和逼真地再现生活的图景。但是，电影终究不是一般的视觉艺术。虽然电影必须遵守视觉艺术的一般规律，但它既要服从情节发展的逻辑，又要服从艺术家的认识的逻辑，这种两重性的要求，规定着那些有机地连续在一起的画面的联系。因而电影的画面不仅具有平面的绘画和立体的雕塑的表现力，不仅需要依靠角色的对话和动作，以及音乐的配合，而且它那一系列互相连续的画面，在观众的感受上起着互相作用的特点，例如因为这种连续而丰富以至改变某一画面的内容。电影的个别画面不应是一般的绘画的连续排列，更不是任意的拼凑、混合。影片的每一画面，它与其他画面之间的那种密切联结、互相依赖，是构成电影艺术表现力的重要特征。在影片里，某一画面本身的独立性是很小的。与绘画的插图不同，它更带局部性，更缺少独立性，其表现力始终依赖于相互联结的整体，从属于蒙太奇的内在逻辑。因而电影画面的意义及其对观众的视觉感受的作用，跟一般绘画以及雕塑相比，都有显著的区别。

电影与戏剧不但有历史渊源上的关系，而且故事片本身也具有以戏剧性感人的戏剧性质。然而，电影毕竟不是戏剧。由于电影可以通过拍摄和剪接等技巧加以处理，从而形成了电影独特和巨大的表现能力。电影对时间、空间的反映比戏剧自由得多，它对人物所处的环境，以及人物心理状态的细致变化的刻画等方面，比戏剧所受的限制小得多。它的能动性的表现之一，是特写的画面。不过，观众对于对象的某些组成部分在着重点方面的选择，远不及戏剧观众那样自由。但是，如果是审美价值高的优秀影片，由于导演、摄影师的高明的处理，以及经过剪接所造成的逻辑性、节奏感的作用，就会使观众觉得自己的审美活动是在合乎需要的诱导之中进行的，从而感到愉悦。

电影与小说都可以有更大的自由表现人物及其所处的复杂而广阔的环境；就这种反映内容的广阔性与表现方式的灵活性而言，电影接近于小说。不过，小说是作家把所要再现的对象以及自己的感受用语言来描述，因而小说中的形象带有间接性，而电影则把反映对象的真实形象直接再现出来；由于电影镜头的转换，拍摄角度、距离等条件的充分利用，它把在小说中的语言描述，变为视觉形象的显现，从而使摄影机具备了代表人的感觉、体验、理解的眼睛和心灵的性质，产生了为小说所不能比拟的表现力。同时，由于电影艺术家对生活的感受与理解，是通过直接可视可感的具体形象的特殊组合表现出来的，它就较之任何论证性的语言更便于说服欣赏者。一般的艺术，都应当使欣赏者觉得仿佛是他身临其境的直接面对着现实生活，由他主动地进行理解和判断，而不自觉其受着艺术家的影响。因为电影的个别形象是按照电影的逻辑组合起来的，形象更带有艺术家的主观性，所以对观众的认识活动更带有选择的规定性，所以它具备着为其他艺术所缺乏的诱导性。由于观赏条件和时间的限制，电影的人物塑造与情节结构都需要比小说更加集中、紧凑、凝练，比戏剧更不受固定舞台条件的限制，它更便于发挥主动性，例如可以更带跳跃性地变换场景，使故事情节的发展具有区别于小说或戏剧的独特的表现力和魅力。

作为审美对象的电影艺术，蒙太奇是其特有的一种重要的表现手段。蒙太奇以人们的联想和理解能力为依据，运用画面的分切与组合，能动地揭示对象的内在联系和意义。两个（或两个以上）画面分别单独地看来是一回事；而将它们按照一定的形式连续起来，就可以产生一种不同于它们单独存在时的含义，也就是产生一种独特的而且是新的质。蒙太奇可以通过画面的对比、比喻等手法，极其简练、形象而又深刻地揭示事物的本质，含蓄而又鲜明地表现艺术家对生活的态度和评价。电影运用蒙太奇的手段，把与主题密切联系的细节、场景有机地穿插、结合在一起，使电影在感染力方面具有独特的深度和强度。

特写镜头在电影艺术中的重要地位，还表现在它使艺术家拥有这样的自由：把他认为值得突出、非强调不可的对象——形象的某一细节——作夸张的刻画。只要不是特写的滥用，它能把观众的注意力集中到人物细致的面部表情或富于特征性的动作上来，充分利用和调动欣赏者形象感受中的理解力，使画面造型具有深刻的心理学的效果和强烈的艺术感染力。

总之，电影艺术对于一个电影艺术家来说，既然需要有画家的直观能力、诗人的想象力、戏剧家的构思能力，那么更需要的，是如何掌握电影艺术自身所特有的规律和技巧的美学素养。

第三节 艺术风格与流派

从本书开始，到此为止，我们对现实美和对现实美的反映过程及其成果——艺术作品，进行了分析性的考察，即对它们所包含的各种因素和方面分别地加以论述。而实际存在的任何艺术作品，都是上述各种因素的有机的总和；从这种有机的总和上去把握艺术作品的整体特点，可以说是艺术风格问题。艺术风格既具有多样性，又具有一致性；在某种风格一致的基础上，形成了一定的艺术流派。因此又可以说，艺术的风格和流派，本质上就是艺术美在多种形态上的表现。因而关于风格和流派的问题，直接关系到艺术的丰富与繁荣，具备如何满足人们审美需要的多样性的实际意义。

一、艺术风格的本质

艺术风格作为一种表现形态，有如人的风度一样，它是从艺术作品的整体上所呈现出来的代表性特点，是由独特的内容与形式相统一、艺术家的主观方面的特点和题材的客观特征相统一所造成的一种难于说明却不难感觉的独特面貌。古人论文的所谓"八体"[①]，就是论者对其所

① 刘勰:《文心雕龙·体性》。所谓的"八体"，即："一曰典雅，二曰远奥，三曰精约，四曰显附，五曰繁缛，六曰壮丽，七曰新奇，八曰轻靡。"

研究过的语言艺术的概括性表述。

具有鲜明的独创风格的艺术作品，能够产生出巨大的艺术感染力。它不只给人留下强烈的印象，而且使人们从这样的作品中发现其他任何作品所不能代替的美。在艺术的欣赏与批评中，对于作品的风格的把握，是一个必不可少的环节。只有具体把握住了作品的风格，欣赏者和批评家才能真正把握住作品所特有的美，对作品作出具体的、适当的分析和评价。“贾生俊发，故文洁而体清；长卿傲诞，故理侈而辞溢；子云沈寂，故志隐而味深……”[①] 这些论断，正是从作者那与人不同的个性着眼，来论证风格的独特性的。

风格问题的重要意义，是由艺术的本质所决定的。艺术作品既然是以感性具体的、具有典型性的形象来反映现实生活，因而艺术作品必然要具有鲜明的个性。艺术作品的这个本质特征，要求它的创作者——艺术家必须保持对现实的具体的把握和独特的表现方式。而真正独创的风格，正是艺术家对于现实的独创性的反映的结果；它意味着艺术家向我们揭示出现实的某一个新的方面及其内在意义。无限丰富多彩的现实，只有通过多种独创风格的艺术家的作品才能在艺术中得到充分的反映；由客观世界的多样性所决定了的艺术欣赏者的多样的审美需要，也只有多种独创风格的作品才能和它相适应。

由此可见，要掌握艺术作品的风格，必须从反映主体的个性特征和反映对象的客观特征两个方面去分析，并在分析的基础上加以综合。

艺术风格与创作个性密切相关，它是后者的自然流露。在第三章中已经讲过，所谓创作个性，就是一个艺术家区别于其他艺术家的主观方面各种具有相对稳定性的显著的特征；它存在于艺术家身上，而通过他所创造的艺术作品表现出来，即所谓“诚于中而形于外”。从“沿隐以至显，

① 刘勰：《文心雕龙》。

因内而符外”[①] 这个意义上说，艺术风格也就是创作个性的具体表现。不言而喻，艺术作品既然是艺术家的创造，那就不能不受艺术家主观方面所特有的种种条件的总和的制约；艺术作品中不能没有艺术家的“我”。别林斯基说：“一个诗人的一切作品无论在内容和形式上怎样分歧，还是有着共同的面貌，标志着仅仅为这些作品所共有的特色，因为它们都发自一个个性，发自一个统一而不可分割的我。”[②] 这就是说，艺术家能够成功地反映到他的作品中去的东西，只能是在他所特有的思想、情感、个人气质、生活经验、审美理想规定的范围内，能够为他所深刻感受、体验和引起他的创作冲动的东西。而且艺术家在反映现实的同时，不论自觉与否，总是要表现出他自己的精神面貌，表现出他对于现实的独特的感受、认识和情感，表现出他那与众不同的艺术素养。主观条件不同的艺术家即使反映同一的对象，他们的作品也具有各自不同的特色。刘勰说：“…… 才有庸俊，气有刚柔，学有浅深，习有雅郑，并情性所铄，陶染所凝，是以笔区云谲，文苑波诡者矣。”[③] 这里说的就是造成不同艺术风格的主观条件。

然而真正的风格，并不是艺术家的主观任意性的表现，而是艺术家个人的主观特性与作品对客观现实的真实反映相结合。这就是说，真正的风格，是作为创作主体的艺术家的主观性与他的作品对现实的反映的客观性两者的统一。在具有真正的风格的作品里，我们看到艺术家对现实的反映一方面具有不可重复的独创性，另一方面这种独创性又正是客观真实的深刻的揭示。脱离现实的真实反映的“独创性”或“风格化”，不过是艺术家的主观任意性的表现，它不可能形成与艺术的真实性相一致的风格，而只能产生虚假的、肤浅的以至歪曲现实的“风格”。

---

①③ 刘勰：《文心雕龙·体性》。

②《别林斯基论文学》，第 137 页。

电影《李双双》剧照

风格不能不受艺术作品所反映的客观对象的制约。小说《红岩》具有雄伟、瑰丽的风格，这是和它所表现的惊心动魄的革命斗争生活相联系的，是在对高大、雄伟、坚贞的英雄性格的深刻理解中自然流露出来的。电影《李双双》在风格上的轻快明朗和富于风趣，也是和它所描写的建设社会主义新农村中特定人物的性格相结合的。这说明了艺术风格和题材之间的内在联系。如果脱离了题材、主题等方面的特点而任意地去追求、炮制某种风格，其形象就违反了艺术的真实，其风格就不免是矫揉造作，和人们在生活中所形成的审美需要不相适应的。

艺术的特定体裁，对风格也有一定程度的制约作用。不同的体裁从不同的方面去概括生活，各有着与它自己相适应的特殊内容，因而带来了风格上的差异。陆机在《文赋》中说："诗缘情而绮靡，赋体物而浏亮，

李思训《江帆楼阁图》

碑披文以相质，诔缠绵而凄怆。”[1] 这说明在一定历史时期所出现的某些文艺体裁，由于它们所把握的生活在形式方面的特点和所表现的内容有所不同，因此在风格上形成不同的特征。在一些文艺体裁中，精心结构、鸿篇巨制的长篇小说和短小精练、风趣盎然的小品散文，激越高昂的革命进行曲和优美轻快的抒情歌曲，富于幽默、讽刺的漫画和雄伟壮丽的革命历史纪念碑，这些不同的体裁由于反映了生活的某些不同方面，在风格上也表现出不同的特点。

肯定题材、艺术体裁等因素和风格相关，这并不否定艺术家的创作个性在风格形成中的支配作用。主观条件不同的艺术家，用同一艺术体裁去表现同一的题材，也总会流露出创作个性上的不同特点。唐代的吴道子与李思训同时在大同殿上画嘉陵江山水，前者的风格雄强、自由、奔放，后者的风格灿烂、缜密、富丽；但“李思训数月之功，吴道子一日之迹，皆极其妙也”[2]。这说明风格上的差异，主要决定于艺术家和创作个性的差异。

从艺术家自身来看，艺术家的独创的风格的形成，主要是由艺术家那与众不同的生活实践与艺术实践所起的作用。艺术风格的独特性，是艺术家个人独创性的集中表现，是艺术家的创作达于成熟的重要标志，更根本的是对艺术家的生活实践和艺术实践的一种检验。一个艺术家的作品具备了独创的风格，意味着他对丰富多样的现实生活的审美性质的特征有了不同于别人的新的发现，并且相应地在艺术上得到了成功的表现。这种成就丰富了人类艺术创造的宝库，推进了艺术的发展，即所谓开一代文风。而风格平庸的作品，意味着艺术家对客观现实还没有达到真正独到的感受和认识，因而没有独创性的客观根据，也提不出独创

---

① 陆机：《文赋》。

②《唐朝名画录》。

地加以表现的主观要求。

二、风格的多样性和一致性

多样性是艺术风格的必然特性。艺术所反映的客观世界本身的多样性，艺术家思想情感、生活经验、审美理想、创造才能的多样性，群众对艺术的需要和爱好的多样性，规定了艺术风格的多样性。艺术作品只有具有多样的风格，才能适应对无限丰富多样的客观世界的反映，满足群众对于艺术的多样的需要和爱好。我国古代许多有关艺术史的著作表明，艺术繁荣的时代，往往伴随着艺术风格的多样化发展。

风格的多样性不仅表现于不同的艺术家的作品中，而且也表现于同一艺术家的作品中。伟大的作家所反映的生活包括了一个广阔的天地，他的创造才能具有多方面的适应性。他所创作的作品虽然有着一种主导的、占优势的风格，但并不排斥他创造出具有多样风格的作品。布封曾说："随着不同对象，写法就应该大不相同"，"一个大作家决不能有一颗印章，在不同作品上都盖上同一的印章，这就暴露出天才的缺乏……"[①] 胡应麟对杜甫的艺术风格的评价是："正而能变，大而能化，化而不失本调，不失本调而兼众调。"[②] 这里所说的"本调"与"众调"的关系，体现了艺术风格的一致性与多样性的对立统一。一般说来，沉郁是杜甫作品中占主导的风格，但并不能用这一种风格来说明杜甫全部作品的艺术特色。杜甫的艺术风格是丰富多彩的，有"欲倾东海洗乾坤"那样的豪放，有"朱门酒肉臭，路有冻死骨"那样的深沉，也有"落日照大旗，马鸣风萧萧"那样的悲壮和"细雨鱼儿出，微风燕子斜"那样的轻灵……虽然在杜甫作品中的基调还是那种积极的忧国忧民的沉郁的精神。其次，一个作家的

---

①《布封文钞》，第 14 页。

② 胡应麟：《诗薮》。

艺术风格的发展，常常包括了一个漫长的过程，在不同时期，由于艺术家的思想情感、生活经历的变化，构成了产生不同风格的作品的可能性。

在风格的多样性之中之所以又显示出一致性，乃是由于艺术家的主观条件自身的构成因素的对立和统一。就同一个艺术家的作品来说，他的作品的多样的变化，最终不能不为他所具有的创作个性所制约；就不同艺术家的作品的风格来说，他们的作品的风格的多样的变化，不能不为他们所共同生活的某一时代、阶级、民族的审美需要和艺术发展所制约。艺术发展史表明，具有各自不同的创作个性的艺术家，无论在任何时候都不可能超出他们生活的时代、阶级、民族的共性，这就规定了他们的作品的风格个性不能不带有一致性。

辩证地把握一致性与多样性的统一，对于正确认识艺术风格的问题具有重要的意义。只承认多样性而否认一致性，必然导致否定风格的时代性、阶级性、民族性；相反，否认多样性而只承认一致性，在创作上必然导致千篇一律，阻碍艺术的繁荣和发展。

风格的时代性，决定于某一时代的社会物质生活条件所产生的某种占主导地位的审美需要和审美理想。

在原始社会，生产力很低下，还没有阶级。在这个时期出现的艺术（如洞窟绘画、陶器、装饰品、神话等），以其特有的风格，富于魅力地反映了人类社会的童年。虽然它们不可避免地带有某种幼稚和粗糙的痕迹，但却表现出一种生动、素朴和富于幻想的特色。这种特色具有不可为后代任何卓越的艺术产品所代替的独特性和独立性。奴隶社会的精神文明，建立在残酷剥削奴隶劳动的基础上，它为少数奴隶主所占有。奴隶的劳动创造，是被迫按照奴隶主的需要去进行的。在这个时期产生了许多显示奴隶主的精神威力的巨大象征性的艺术。如庞大的金字塔建筑，中国殷周的部分青铜器——司母戊大方鼎、大盂鼎等。在这些艺术品中，带着某种沉重和威严的因素，体现了奴隶主对于永恒的统治权力的幻想。到了奴隶社会的繁荣时期,适应着生产力的发展,社会政治制度的加强,形成了富有生气的、乐观自信的艺术风格。例如希腊雕刻,充分显示了这种特色。奴隶社会中的艺术虽然是为奴隶主的需要服务的,但这些艺术品的产生却是以奴隶的大量劳动为基础的,因而它们在表现奴隶主的审美理想的同时,又直接或间接地显示了奴隶阶级在劳动中的巨大的创造能力。封建社会以地主土地占有制为基础,地主在经济上残酷地剥削农民,并且在政治上、精神上对农民加以奴役和控制。封建社会统治阶级的艺术以庄重、威严、豪华的气势来炫耀封建君主的权威、战功、宴乐等等。这些艺术品以严格的规范、色彩、仪式的区分来体现封建的门第、等级关系的观念。在漫长的封建社会中,不同时期由于审美需要和审美理想的变化,在艺术风格上也发生着相应的变化。例如在中国诗歌的发展中,"彩丽竞繁,而兴寄都绝"的"齐梁体",是和齐梁时期过着空虚腐朽的享乐生活的贵族、大地主的审美需要和审美理想相适应的;"骨气端翔,音情顿挫,光英朗练,有金石声"的盛唐体,是与唐代处于兴盛时期的封建阶级的审美需要和审美理想相适应的。而在封建社会各个时期,都有许多民间艺术——民间传说、民歌、民谣以及进步的文人作品。这些作品,在不同程度上具有反抗封建压迫、追求解放的因素,呈现出一种纯朴、清新、刚健的艺术风格。在资本主义条件下,金钱关系统治一切,劳动力本身成为商品,劳动产品与劳动者对立,转化为压迫工人的力量——资本。但资产阶级在上升时期具有反封建的革命精神,它曾经有力地推动了艺术的发展,出现过像文艺复兴时期这样的艺术高峰。其艺术风格一扫中世纪艺术的沉重、压抑、阴郁、神秘、烦琐的作风,表现出一种乐观地肯定着现实生活的轻快、自由、明朗、生动的特色,并且反映着资产阶级对个性解放的无畏的执着和追求。19世纪以来的资产阶级的批判现实主义和积极浪漫主义的作品,在风格上也有着重大的新的创造。20世纪以来,资产阶级艺术的风格虽然也还有某些合理的、可以为我们所借鉴的因素。但总的来说,日益流于阴暗、颓废、没落、荒诞。这种恶俗的风格表现了资产阶级的低级趣味和精神上的崩溃。

在社会主义条件下,随着经济政治制度的革命变革,劳动人民在历史上第一次成为社会的主人。艺术的社会性质发生了根本的变化,劳动人民成为艺术的主要的反映对象和服务对象。在社会主义艺术中鲜明地反映了群众的劳动和斗争,表现了革命的思想感情,体现了革命群众的审美理想和审美趣味。作家、艺术家的风格个性不同,但各种艺术作品都呈现出一种我们时代所特有的清新、豪迈、明朗、乐观的风格共性。其根本特征在于,它渗透着资产阶级艺术所不可能有的共产主义的理想和情操。新中国成立以来我们的许多优秀的作品,尽管因为种种原因,不能不出现这样那样的缺点,但是许多作品却从不同的方面和在不同的程度上显示了我们社会主义时代的艺术的崭新的风格,对社会主义艺术的新风格的发展作出了一定的贡献。

风格的民族性,决定于某一民族的社会物质生活条件、文化传统的特殊性所产生的审美要求和审美理想的特殊性。它同某一民族的共同的语言和心理特点紧密相连。我国传统的绘画(国画),分明具有和西方绘画显著不同的民族风格。这种风格是在我们民族的漫长的历史过程中形成的,它渗透着我国人民对绘画这种艺术的特殊的(同时也是共同的)审美要求和审美理想。风格的民族性,同风格的时代性以及阶级性相比,具有很大的稳定性和持续性。即使是处于同一历史发展阶段上的各民族,由于物质生活条件和文化传统不同,它们的艺术风格也就不同。例如,同是文艺复兴时期的艺术,意大利、英国、德国的艺术风格就各不相同。泰纳在《艺术哲学》中对意大利绘画与德国绘画的差异的分析,也很好地说明了这一点。一个民族的艺术家所创造的作品,如果缺乏鲜明的民族风格,它就不可能在人民中间得到广泛的流传。但是,某一民族的艺术所特有的风格却不是一成不变的;它随着民族的社会生活的变化而变化,同时也不能不受到其他民族的影响。我们今天的社会主义的艺术的风格,既必须是中华民族的,各兄弟民族各具特色的,却又可能和必须是体现了社会主义时代的审美需要、审美理想的。

风格的阶级性,决定于一定物质生活条件所产生的一定阶级的审美要求和审美理想。前面已经说明,在不同时代,随着处于统治地位的阶级发生了变化,每个时代中处于主导方面的艺术风格也就具有不同的阶级性。特别是在无产阶级革命时代的新文艺,由于它们体现了无产阶级的审美理想,形成一种区别于历史上一切阶级的艺术的崭新风格。从旧社会的艺术领域内部来看,人民自己所创造的艺术(民间艺术)的风格,不同于统治阶级的艺术家所创造的艺术风格(这是在任何国家的艺术中都可以见到的)。但由于社会各阶级并不是相互隔绝的,而是相互依存而生活在同一社会之中的,因此对艺术风格的阶级性必须作历史的具体的分析。以明朗、刚健、清新为基调的民间艺术的风格,往往表现出受到统治阶级的审美趣味的影响;而处于上升时期的统治阶级的艺术的风格,也常常在一定程度上表现出人民固有的审美趣味。

风格的时代性、民族性、阶级性不是互不相关的,而是有机地统一在一起的。这是同一艺术作品的风格的三个不同的方面。在作理论分析时,我们可以在思维中把这三个方面抽象出来逐一加以考察。但在作品中,这三个方面却是不可分割地统一在一起的整体。一定的时代总是活动着一定民族和阶级的时代,风格的时代性,是透过特定民族、特定阶级的艺术风格而表现出来的;一定的民族总是生活于某一时代和为一定阶级所组成的民族,民族的风格不可能离开时代的阶级的风格而存在。

从艺术家个人的风格看来,它所具有的客观的社会意义,取决于它在怎样的高度上体现着某一时代、民族、阶级的审美要求。艺术家的个人风格,如果与时代、民族、阶级的生活和审美理想相脱离,就会成为不可设想或毫无意义的东西。伟大的艺术家的风格,从来都是某一时代、某一民族的进步社会集团的审美理想的最好的体现。对于我们今天革命的艺术家来说，创造能够充分体现社会主义时代的精神，同时又具有我们民族的特色的无产阶级艺术的新风格，是一项艰巨而重要的任务。只有具备这种新风格的作品，才能最好地反映我们伟大的时代。

三、风格的类型与艺术流派

在文艺批评和艺术理论史上，很早就出现了对于风格类型问题的研究。风格类型是艺术评论家从大量不同风格的作品的比较研究中总结出来的，是对各个不同作品的风格进行归纳、分类，研究了它们的共性的结果。这种共性来自不同作品所表现的思想情感和所反映的生活的近似，来自艺术家的素养和表现手法等方面的近似。例如，刘勰《文心雕龙》中所归纳的“八体”，肖子显在《南齐书文学传说》中把齐梁时期文学风格分为三个类型，司空图在其《诗品》中将诗分为二十四品等等，都是他们对风格类型的研究成果。

风格区分为怎样的一些类型，这些类型具有怎样的意义，决定于某一时代、阶级的社会生活、审美理想和艺术发展的状况。因此，不能设想可以有某种适用于一切时代的风格类型存在。即使有某些类型在各个时代都同样存在着，但它们所包含的具体内容在各个时代是不同的。风格类型的区分，只是就大体情况而言。企图把多种多样的艺术风格纳入某些有限的风格类型中，是不可能的和有害的。但风格类型的区分，如果符合于客观实际，可以概括地指出某一时代几种基本风格倾向，这是有益的。

从另一个角度来看，风格类型也就是艺术流派。一般说来，艺术流派是由一批风格相近的艺术家所形成的；他们或者由于其思想情感、创作主张（当然也要体现于创作实践）上的共同点，或者由于其气质上的接近，或者由于取材范围的一致，或者由于表现方法、艺术技巧方面的类似，而与另一批风格相近的艺术家相区别。一个艺术流派可以包括从事不同艺术种类和体裁的艺术创作的艺术家，也可以只是一个艺术种类或一种体裁内部的某些艺术家。它可以只存在于一个时代、活跃于一个时期，也可以有相当长远的继承性和延续性。

当一个流派比较突出地反映了某一时代的社会思潮和审美理想，并在表现方法上有所创新时，它就可能成为在该时期占统治地位的流派；对各种艺术种类都产生重大影响，或者说，它可以囊括各门艺术。这样的流派往往被概括为某种主义，例如西方 17 世纪以来的古典主义、浪漫主义、现实主义、自然主义，等等。然而这种差别只有相对性，不就是水火不相容的对立。

古典主义产生在 17 世纪初期的法国。它的基本特点是推崇理性，崇尚自然，以古希腊罗马的艺术为最高典范，以庄严崇高的风格为最佳

普桑《阿卡狄亚的牧人》

德拉克罗瓦《自由引导人民》

风格。古典主义在它产生和发展的过程中曾起过积极的进步的作用，借用古希腊罗马传说中的英雄故事表现新兴资产阶级革命的理想和热忱，在追求风格的庄严崇高的美这一方面，取得了重要的成就。但是，古典主义到了末期，逐渐流入僵死的公式主义，脱离了丰富生动的现实生活，终于在 18 世纪末和 19 世纪初为突起的浪漫主义流派所取代。浪漫主义是在同已经僵化了的古典主义的斗争中发展起来的，它鼓吹创作自由，主张大胆表现艺术家的个性、理想和热情，形成了一种和古典主义不同的崭新的风格，是当时艺术发展中的一次大革新、大解放。浪漫主义在新的历史条件下捍卫和表现了资产阶级反封建的进步理想，以它那充满鲜明的个性和奔放的激情的新的风格，给文学艺术带来了一种新的美。但是，由于受到资产阶级不可避免的阶级局限和历史局限，浪漫主义所

米勒《拾穗者》

追求的理想带有脱离现实的抽象空洞的弱点；越到后来就越陷入了理想与现实的不可解决的矛盾之中，流入神秘主义和悲观主义，或成为肤浅平庸、矫揉造作的“理想化”。到了19世纪中叶，现实主义的流派就起来反对已经日益衰颓的浪漫主义流派，日益成为占主导地位的流派。这个流派以面向日常的现实生活，冷静地分析批判现实为特征，极大地发展了精确地再现现实的艺术手法，产生了一系列不仅具有艺术审美价值，而且具有历史文献价值的优秀作品。但是，它对于现实的分析批判，在根本上是从资产阶级和小资产阶级的民主主义的立场出发的，因而超不出资产阶级狭隘的视野，看不到决定人类历史发展的客观的物质原因，不懂得人类历史发展的规律性。正因为这样，竭力探求社会生活的本质的现实主义，在它的发展过程中逐渐地蜕化为自然主义。自然主义产生

雷诺阿《煎饼磨坊的舞会》

于19世纪后期的法国，它用生物学的观点来看人，把人看作是消极的为环境和遗传所决定的动物，因此文艺应该像自然科学研究生物那样，只限于纯客观地观察和记录事实，而不应对生活作主观的分析和评价。它把艺术家对生活的分析和评价同艺术对生活的客观的真实的反映互不相容地对立起来，实际上就是把生活现象的记录视为唯一的真实。尽管自然主义者中的

毕加索《梦》

个别人物（如左拉）也曾写过某些有一定价值的作品，但总的来看，自然主义潮流的出现，标志着企图深入探求社会生活本质的现实主义流派的衰落。

在近代文艺史上发生过重大影响的流派，主要就是以上所说的古典主义、浪漫主义、现实主义、自然主义。20世纪以来，在西方资产阶级文艺中又产生了以各种主义命名的名目繁多的流派。仅就绘画而言，在印象主义之后，20世纪以来的流派就有所谓野兽主义、立体主义、表现主义、超现实主义、抽象主义等等。对这些流派，我们应作具体的历史的分析，不宜作简单化的肯定或否定。对于表现了资本主义腐朽性的一面必须加以批判，对于符合现代的审美趣味的发展和具有合理、进步因素的一面则不能一概否定。

关于风格、流派以及二者的关系问题，在美学中占有重要地位。限于条件，我们只能作如上粗略而又很不成熟的论述。但下面几点是可以肯定的：作为审美对象的艺术，其风格、流派的多样化，是和不同的审美需要相适应的；任何风格或流派的存在，不能不受特定的审美需要的制约；作为艺术独创性特征的艺术风格，其特殊性体现着特定艺术流派的一般性；特定的艺术流派一旦形成，它将反过来影响艺术个性的变化；风格或流派的兴衰，是和特定的社会条件有机地联系着的，它们自身的发展变化并不是孤立的现象；对于风格、流派的特殊性和一般性的认识，必须充分占有材料，从艺术作品和艺术家的实际出发，脱离实际或经验主义的罗列现象，都无助于对这一问题进行深入的理解。

第六章

艺术的欣赏和批评

艺术欣赏是人们对艺术作品的具体把握，是审美活动的主要形态之一，也是艺术发挥和实现它的社会功能的重要环节。艺术批评则是以欣赏为基础，进一步对艺术作品作出科学的分析和评价，以指导艺术创作和艺术欣赏。艺术作为社会的意识形态，它在社会生活中的发展和它对社会生活的反作用，离不开欣赏和批评。本章将对欣赏和批评的主要问题加以探讨。

第一节 艺术欣赏

文艺作品，作为社会生活的反映，是观念形态的东西；而作为欣赏的对象，它本身又是一种客观的对象。欣赏活动既和欣赏对象的性质、特点相联系，又和主体的生活经验、思想感情、欣赏能力相联系。因此，欣赏活动必须从欣赏主体与欣赏对象的相互关系中去加以考察。

一、艺术欣赏的性质和特点

（一）艺术欣赏是艺术反作用于现实的重要环节

人们的全部艺术活动，包括艺术创造和艺术欣赏这两个前后联结、相互制约的方面。从艺术家认识生活，创造艺术作品，到欣赏者对艺术作品进行欣赏，进而推动欣赏者去参加变革现实的实践，就实质来说，便是艺术反映现实并反作用于现实的过程。马克思说过："生产是消费；消费是生产。消费的生产。生产的消费。""每一方表现为对方的手段；以对方为媒介；这表现为它们的相互依存；这是一个运动，它们通过这个运动彼此发生关系，表现为互不可缺，但又各自处于对方之外。生产为消费创造作为外在对象的材料；消费为生产创造作为内在对象、作为目的的需要。没有生产就没有消费；没有消费就没有生产。"[①] 撇开消费的

① 马克思：《〈政治经济学批判〉导言》，《马克思恩格斯选集》第 2 卷，第 95 页。

方式和目的不谈，马克思在这里所说的生产和消费的关系，同样也适用于创作（艺术生产）与欣赏的关系。如果艺术作品没有经过艺术欣赏，艺术的社会功能就还是潜在的，还没有实际的实现。因此，艺术欣赏是欣赏对象与欣赏主体之间相互联系的纽带，也是艺术家与群众、艺术与现实之间相互联系的纽带，是艺术反作用于现实的必要环节。

然而，正如艺术不同于科学认识和道德规范而具有自己鲜明的特质一样，艺术作品通过艺术欣赏而反作用于现实的方式，也具有显著的特殊性。这一点需要通过对艺术欣赏的特点的分析来加以说明。

（二）欣赏活动的特点

欣赏活动的特点，首先表现在它是一种感觉与理解、感情与认识相统一的精神活动，因此欣赏者通过艺术作品的欣赏而提高认识、受到教育的过程，表现为一种所谓"潜移默化"的过程，不同于纯粹抽象的理论思考或是在直接的实践意志的驱使强迫下接受某种道德教训。欣赏者对作品所揭示的生活的本质的认识，或是对艺术家所作的说明、判断、评价的接受，始终是和欣赏者对艺术作品所反映的具体生活现象的直接感受和情感反应不可分的。在整个欣赏过程中，对待反映于作品中的生活，只有那些为欣赏者的感觉和感情所肯定和接受了的东西，才能成为他在理性上所肯定和接受的东西。艺术欣赏活动所具有的这个特点，使得欣赏者在欣赏活动中不仅认识了事物的本质，而且生动具体地把握了丰富多彩的感性世界，激发了和对事物的理性认识相一致的情感态度，推动欣赏者走向实践。例如我们阅读了《红岩》这部小说，不仅在理性上认识了伟大的共产主义战士的崇高的精神品质，而且生动具体地感受到了这种品质，激起了我们崇敬、热爱和在实践中学习这种品质的感情。

感觉和情感在欣赏活动中有着极为重要的作用，但它们是同我们对事物的本质的理解和认识结合在一起的，两者的分裂必然要破坏艺术的欣赏。资产阶级的美学家常常夸大感觉和情感在艺术欣赏中的作用，把艺术欣赏归结为神秘的直觉活动，否定艺术欣赏的认识作用和教育作用。他们看不到或不愿看到在艺术欣赏中感觉与理解、情感与认识是不可分地统一在一起的，而且只有当感觉是伴随着理解（正确或不正确的理解）的感觉，情感是伴随着认识（正确或不正确的认识）的情感，才能有真正的欣赏活动存在。

其次，就革命文艺对群众的思想感情的作用而论，由于它是把阶级功利倾向和思想内容融化在能够激起人们美感愉悦的审美形式之中，这就决定了欣赏活动中的教育性和娱乐性二者的统一关系。艺术作品的感染力之所以不同于其他意识形态的地方，就在于它能够寓教育于娱乐之中。鲁迅说过："文艺之所以为文艺，并不贵在教训，若把小说变成修身教科书，还说什么文艺。"[①] 艺术作品对欣赏者的这种特殊的精神作用，曾经为古今中外的许多美学家、艺术家所指出，所阐释。公元前罗马的贺拉斯曾经提出了文艺"寓教于乐，既劝谕读者，又使他喜爱，才能符合众望"[②]。教育与教训不同，艺术作品对欣赏者寓教于乐的特点，决定了艺术欣赏活动给人以道德和知识的教育，与提高人的审美能力、审美趣味二者之间内在的、必然的联系。艺术的教育作用只能通过欣赏者对作品发生兴趣，在欣赏过程中得到一定的审美愉快，才能得到充分的发挥。同时，由于各种艺术作品的性质不同，艺术欣赏的教育性与娱乐性的关系也不同。有些作品教育性强些，有些作品娱乐性强些。但是，无论哪一种艺术作品，甚至包括惊心动魄的悲剧，也都必然带有一定的审美愉悦性。任何具有严肃的创作目的的艺术，只有当它首先适应了群众的审美需要和审美能力、审美趣味，适应群众的这种主观爱好与接受的可能，它才能赢得群众，提高群众，教育群众。

① 鲁迅：《中国小说的历史的变迁》，《鲁迅全集》第 8 卷，第 331 页。
② 贺拉斯：《诗艺》，《文艺理论译丛》1958 年第 2 期，第 63 页。

（三）艺术欣赏的主客观条件

艺术创作与艺术欣赏，就艺术活动的总体来说，是对立而统一的两个方面。就对现实的认识活动来说，艺术创造是艺术家对现实的直接认识，艺术欣赏是透过艺术作品对现实的间接认识。就两者的过程来说，艺术创作是把大量的生活现象概括成独特的典型形象，造成可供欣赏的艺术作品，是从面到点；艺术欣赏则是从具体感性的艺术形象出发去把握普遍的社会内容，发挥艺术的社会功能，是由点到面。就创作和欣赏的目的来说，创作是为了给群众提供一定的欣赏对象，即能够给群众以一定的思想教育和审美愉悦的艺术作品；欣赏是为了从艺术作品中获得一定的思想教育和审美愉悦。所有这些，都是艺术创作与艺术欣赏两者之间客观存在的固有的矛盾。这些矛盾的统一，从根本上来说，是授者与受者、教育与受教育的对立和统一。只有当文艺作品的内容和形式都符合于广大群众受教育和审美的要求，需要和适应相统一，教育者和受教育者互相依赖，互相成为条件，欣赏者有了合乎需要的对象，文艺才能密切联系群众，从而发挥教育群众的作用。这就是说，只有当文艺作品把作者从生活中得来的感受和理解、感情和思想寄托在独创性的形象的形式中，内容和形式和谐一致的艺术形象使欣赏者觉得是可亲的，作者的感受和欣赏者的感受是息息相通的，欣赏活动和创作活动二者之间，才能作为互相依存的关系而被表现出来，才可以说“后者是生产者，前者是消费者；后者是演员，前者是以自己的共鸣和热情奖励着演员的听众。”[①]如果艺术品对现实的评价不高于普通群众的认识，其审美价值又低于群众的欣赏水平，这样的作品就不能满足群众的需要，不能成为迫切需要的对象，艺术品与欣赏者之间不能构成密切的关系。可见并非一切艺术创作都能很好地解决授者与受者、教育与受教育的矛盾，成为广大群众

---

①《别林斯基论文学》，第249页。

喜闻乐见的欣赏对象。为了较好地解决这个矛盾，要求艺术家在进行艺术创作的时候，首先要自觉地认识到艺术欣赏的一般规律和特点，认识欣赏者的审美需要、审美能力、审美理想和审美兴趣，从而在艺术创作和艺术欣赏之间，在艺术作品和广大欣赏者之间建立起相互适应的关系。

艺术欣赏以艺术作品为对象，没有艺术作品就不可能有艺术欣赏。但是，作品之所以能够被欣赏，也是因为欣赏者具备了相应的主观条件的缘故。艺术欣赏活动是作品作用于欣赏者思想感情的过程，同时也是拥有一定审美能力的欣赏者对于艺术作品进行感受和理解的过程。具有一定审美价值的艺术作品要求欣赏者具有与之相适应的审美能力。马克思指出："对于没有音乐感的耳朵说来，最美的音乐**毫无**意义，音乐对它说来不是对象，…… 因为我的对象对我的意义（它只是对那个与它相适应的感觉说来才有意义）恰好都以我的感觉所能及的程度为限。"[①] 由于欣赏者和欣赏对象之间存在着这样一种依存关系，艺术作品的客观价值能不能成为现实，这一方面要取决于艺术作品能否反映并满足欣赏者的欣赏需要，另一方面，也要取决于欣赏者能不能欣赏以及在怎样的程度上感受和理解作品的意义。正如马克思所说的那样："如果你想得到艺术的享受，你本身就必须是一个有艺术修养的人。"[②] 艺术作品的客观价值虽然不以人们的主观意志为转移，欣赏者之间个人条件的差异不能影响艺术作品的客观价值，但是艺术作品的客观价值在没有被欣赏者领悟以前，也只能是一种潜在的价值。某些大艺术家的作品之所以在他们死后才得到普遍的欣赏和承认，常常是因为在这些艺术家在世的时候，由于种种社会历史的原因，使得广大群众的欣赏水平还达不到能够理解他们的作品的程度。

①② 马克思：《1844 年经济学 — 哲学手稿》，第 87、108—109 页。

个人欣赏能力作为一定历史条件下的社会审美水平的表现，是受后者的制约的。艺术欣赏和艺术创作一样，两者都是社会审美意识长期发展的结果，都是一定历史阶段社会审美意识、审美水平的表现。在一定的历史阶段的社会条件下，既发展了以特殊方式进行创作的审美活动，同时也发展了以特殊方式对这种艺术作品进行欣赏的审美能力。所以，个人欣赏文艺的主观条件也具有特定的社会性质。

（四）艺术欣赏与审美能力、审美趣味的提高

人的审美能力和审美趣味的发展和提高，受特定的历史条件的制约。作为历史发展的产物，审美能力在不同的历史时期有不同的水平。例如，原始人和现代人欣赏音乐的能力就很不一样。从根本上说，审美能力受审美对象所制约，它是审美对象的特性所规定的审美主体的特殊"本领"。这种特殊"本领"的获得，正是从审美对象作用于审美主体的审美活动过程中，从欣赏活动中达到的。马克思说："艺术对象创造出懂得艺术和能够欣赏美的大众，—— 任何其他产品也都是这样。"[①] 因此我们说，审美能力只有在具体的审美活动（其中艺术欣赏活动占很大比重）中才能得到培养和发展。人们对某一种类艺术作品的高度欣赏力是由各种不同的审美能力所积极参与的结果。例如对绘画的高度欣赏力要依赖于其他各种不同艺术种类的欣赏力；这些能力，也只有在多种欣赏活动中才能逐渐地发展起来。经验主义者休谟曾经说：审美能力"虽然人和人之间敏感的程度可以差异很大，要想提高或改善这方面的能力的最好办法无过于在一门特定的艺术领域里不断训练，不断观察和鉴赏一种特定类型的美。"[②] 显然，审美能力只能结合着审美活动来加以研究，不能把它看成某种固定不变的东西，而应当把它看成为可以在审美活动的过

① 马克思：《〈政治经济学批判〉导言》，《马克思恩格斯选集》第2卷，第95页。

② 休谟：《论趣味的标准》，《古典文艺理论译丛》1962年第5期，第9页。

程中不断丰富和提高的东西。各种类型的艺术既有待于不尽相同的审美能力的人加以欣赏，同时各种类型的艺术的欣赏也训练、培养、提高着各种不尽相同的审美能力。音乐对听觉、绘画对视觉的审美能力的训练、培养、提高有其不可混淆的特殊的作用。

如前所述，审美趣味既然是以主观爱好的形式表现对事物的客观评价和认识，因此审美趣味的提高，其主要的也是最有成效的方式，就是能引起审美愉快的艺术欣赏。中外古今的艺术史表明：各个不同时期的艺术风格的变化，最为集中地反映着各个不同时期审美趣味的变化。而反映在文艺作品中的这种变化，通过文艺欣赏活动而作用于欣赏者的审美趣味的变化；欣赏者审美趣味的变化又反过来促进着文艺作品中审美趣味的变化。当欣赏者在欣赏活动中感到客观的艺术形象多少适应了他的欣赏能力，表现了他的欣赏趣味，从而肯定了自己的时候，他才能够受到形象的感动而产生愉快。人们欣赏文艺而感到愉快，一方面因为他在这一活动中提高了自己的思想感情以及审美能力和审美趣味，另一方面也因为他感到自己的审美能力和审美趣味在欣赏对象中得到了肯定。

在阶级社会里，任何阶级都从它的阶级利益出发，创作符合于本阶级利益的审美趣味的作品来影响欣赏者。社会主义的艺术目的在于运用对革命有利的文艺形式，提高群众的道德修养和认识水平，并提高群众的审美能力、审美趣味，逐渐地改造非无产阶级的陈旧和落后的审美趣味，从而反作用于群众的社会实践。

（五）各类艺术欣赏活动的特殊性

在艺术种类一节里，曾经谈到了欣赏需要的多样性作为一个客观因素影响着各种艺术样式的全面发展。在这里，将对不同艺术种类欣赏活动的特殊性加以比较和研究。但是，由于艺术形式的多种多样，不仅在大的种类上可以加以区分，而且在每一个种类（例如绘画）中，仍然存在着各种具体样式，甚至在更小的范围内（例如版画），也还有具体形式的差别

（例如可分成铜版、石版、麻胶版、石膏版等等）；艺术形式的这种多样性对于欣赏活动的影响几乎是无法穷尽的，因此，就必须在纷繁复杂的现象中找出各种艺术样式的特殊性对于欣赏活动最基本的影响。

马克思曾经指出："对象**如何**对他说来成为他的对象，这取决于**对象的性质**以及与之相适应的**本质力量**的性质；因为正是这种关系的**规定性**形成一种特殊的、**现实的**肯定方式。**眼睛**对对象的感觉不同于**耳朵**，**眼睛**的对象不同于**耳朵**的对象。每一种本质力量的独特性，恰恰就是这种本质力量的**独特的本质**。"① 马克思这段话不仅对于理解艺术种类多样化的客观原因有重要的指导意义，而且对于理解欣赏者感受和理解不同种类艺术作品的特殊性也有指导意义。对于欣赏活动来说，不同种类的艺术作品在欣赏活动中所引起的差别，首先是由艺术作品的媒介因素的不同而作用于欣赏者不同的视、听感觉开始的。例如，绘画总是首先诉诸视觉；音乐总是首先诉诸听觉；戏剧、电影等综合艺术也总是同时诉诸视、听感觉等等。因此，在盲人面前不存在被感受着的绘画，在聋人面前不存在被感受着的音乐，他们欣赏戏剧或电影，也只能感受其可能感受的或视或听的某一方面。从这里出发，探讨各类艺术欣赏活动的特殊性，只能首先结合着艺术作品诉诸欣赏者感觉的特殊方式来进行，必须充分认识各类艺术诉诸欣赏者视听感觉的特殊性。

从艺术作品诉诸欣赏者的感觉特点来考察，各类艺术的欣赏的特殊性就可以分为视觉的（造型艺术）、听觉的（音乐）和诉诸表象的（语言艺术）三种基本的类型。

历史上曾经有人提出除视、听感觉以外，其他感觉器官也能感受和欣赏艺术作品，例如狄德罗就曾认为盲人可以用手来代替眼睛，用触觉来代替视觉对雕塑进行"欣赏"。可以设想，盲人如果生来就是盲人，他

① 马克思：《1844 年经济学 — 哲学手稿》，第 86—87 页。

的触觉没有被任何的视觉经验所补充，那么这种触觉就只能感受到对象外形的凹凸起伏以及物质材料的自然属性等等，而不能使触觉引起视觉的联感。在盲人的实际感受中，很难设想能够组成像视觉那样，对于雕塑各部分在空间并列中的次序有一个完整的“面”与“体”的感受。如果说，触觉还能对某些艺术作品进行一定的感觉的话，那么其他感觉（如嗅觉、味觉等等）尽管在自然美的欣赏中，它们可能起到某些作用，但对于艺术欣赏来说,则是没有重大意义的。

在艺术种类这一节中曾经谈到，对于绘画的欣赏是和视觉对于客观事物的认识经验结合在一起的。视觉不仅在认识客观事物中起着巨大作用，在艺术欣赏中也具有重要的地位，而且它的作用远不只是对造型艺术而言。对客观事物的视觉经验，是艺术欣赏中极大多数艺术样式的（特别是造型艺术）正确感受和认识的前提。视知觉作为人认识客观事物最重要的手段，能够使人分辨出事物具体的空间特征和空间关系（例如形状、大小、方向、幅度、运动、整体与部分的关系以及物体本身不同部分的关系）。在对物体特征及其空间属性的分析和综合的基础上所形成的视觉印象，不仅比较充分地反映着客观事物的现象，而且还作为一种必不可少的因素来参与作品中艺术形象（特别是视觉形象）的感受和欣赏。可以说，任何形象在艺术欣赏中的再现，都是欣赏者日常生活中视觉经验参与的结果。视觉的丧失，直接影响到人对客观世界的感性的认识；因而，对其他一切种类的艺术欣赏也有很大消极影响。例如，文学作品读给一个先天盲人听，语言符号所构成的艺术形象没有欣赏者视觉经验的参与，就难以在他的头脑中组成一个感性的、如实的形象。绝大多数的艺术样式，不论是建筑、工艺、绘画、雕塑、戏剧、电影、舞蹈还是文学或音乐，都无不和视觉经验发生直接的联系。甚至在音乐欣赏中，某些再现因素仍然也要依靠欣赏者的视觉经验才能通过想象而得到复现。听觉在音乐欣赏中的作用十分重要。正如没有视觉就没有绘画的欣赏

德拉克罗瓦《肖邦与乔治桑》

一样，没有听觉就没有音乐的欣赏；虽然一般的听觉不就是音乐的听觉感受，但前者无疑是后者的基础。欣赏者日常生活中所培养起来的听觉的敏感性，常常影响着音乐听觉感受的敏锐程度。听觉经验对造型艺术欣赏活动中的某些联想、想象也起着不可忽视的作用。欣赏者对于形象的概括性的感知，总是以各种感觉经验的相互作用为条件的。

说各种艺术都必须首先诉诸欣赏者的视、听感觉，并不等于说欣赏者对视觉或听觉艺术的感受仅仅局限于视、听感觉的固有范围。我们知道，直接构成绘画形象的物质材料只是形状和色彩，直接组成音乐形象的物质材料只是音响，但欣赏者所见到的或听到的并不仅仅是形状、色彩和音响。由于一切感觉都和思维相联系，因此，色彩并不只引起对色彩的感受，音响也并不只引起对音响的感受。例如，人们可以在色彩构成的绘画形象上感受到阳光的温暖、雨水的润湿、严冬的寒冷、鲜花的芳香、绿林的喧哗等等。例如，宋人的《听琴图》、法国浪漫主义画家德拉克罗瓦的《肖邦与乔治桑》等作品，视觉形象可能唤起欣赏者听觉的联想。当然，对于毫无音乐欣赏经验的欣赏者，这些作品也就只能是寂静无声的。

每一种艺术样式对生活的反映，都不能穷尽生活的各个方面。因此，

赵佶《听琴图》

无论在哪一种艺术样式里，生活现象的某一方面是直接反映的，而另一些方面则是被间接反映的。某种可视可听的感性材料所构成的艺术形象的直接性，诉诸欣赏者的想象力，通过欣赏者相应的想象和联想活动，可以过渡到对于形象间接性的感受。因为在每种艺术样式中，生活的某些方面是直接反映，而另一些方面只是间接反映。欣赏者主观想象活动在领会作品间接内容上起着很大的能动作用。同时，由于构成各种艺术样式直接性的感性材料不同，规定了欣赏者想象活动的特殊方面，也构成了艺术形象各自不同的间接表现方面。例如，在造型艺术中，表现人物的情感和思想的活动是借助于形象的可见因素（表情、动作）得到体现的，欣赏者正是从直接的感性因素出发，去把握间接的理性内容；而在文学样式里，由于语言是思想的直接现实，人物形象的情感和思想活动；在造型艺术里表现成间接的，在这里的表现是直接的。反之，人物形象的外部风貌，在造型艺术里的表现是直接的，在文学里的表现则是间接的。当然，文学语言也能描述事物的外形，即所谓"状物"，但它总不能像造型艺术那样直接呈现为空间并列中的具体形象；造型艺术和文学样式的这种区别不能不对欣赏有很大的影响。无论在哪一种艺术样式的欣赏活动里，一方面存在着艺术形象的直接感受的鲜明性、具体性，同时也存在着形象间接感受的隐约性和不稳定性。人物的思想活动在文学样式里的表现是具体的、确定的，而人物的外貌的具体特征却带有很大的不确定性（这种情况在不同画家对于同一文学形象所作的插图中表现得十分明显）；与此相反，人物外貌在造型艺术里的表现，常常是确定的，人物的思想和情感活动的表现比起来却是不确定的。具体的艺术形象的直接性，虽然不同于生活的原型（例如绘画形象和被画家"模仿"的原物的区别），但因为它是对象的"模仿"，其结果，在某些特征方面，总能和对象近似。而艺术形象的间接性，因为有赖于欣赏者的想象活动而起完整性作用，因此，形象在欣赏者头脑中的再现，就和欣赏者个人的生活经验有关系。艺术形象直接反映着的客观事物，和欣赏者的生活经验的特殊性相结合，各类艺术形象直接再现的生活的不同方面，引起欣赏者的再创造（关于这点，下面将要着重谈到），这就有可能使某种艺术所没有或不能直接再现的生活方面，对欣赏者说来却得到了间接的表现，使有限的艺术形象对生活的再现不局限于它的直接性而具备了更为广阔的间接表现的领域。

以语言符号作为媒介因素的文学样式，在各种艺术中占着特殊的地位。不少美学家曾经把它和"感觉的艺术"分开，而把它看作是"思想的艺术"。虽然文学样式可以读，也可以听，但是它既不能直接出现如同造型艺术那样的视觉形象，也不能直接出现如同音乐那样的听觉形象。在其他一切艺术样式里，首先诉诸欣赏者的感觉因素（例如色彩、线条、音色、音响等等），在文学样式里都由语言来加以描写，因此其他艺术样式中所具有的色彩、线条、音色、音响这些感觉因素给予欣赏者感受上的愉快，在文学样式里是通过欣赏者相应的想象而产生的。在其他艺术样式里的视觉形象或听觉形象，在文学样式里，则是由欣赏者的想象力受到语言的刺激而引起的。因此，在文学样式里，欣赏者的想象力比在其他艺术样式中，可能得到更为充分的发挥。

关于音乐的本性虽然还有很多问题需要进一步加以探讨，但是这无碍于人们去分析音乐诉诸欣赏者具体感受的独特途径。音乐，首先是通过情绪的感染作用去影响人们的感情和理智的。欣赏者对音乐的感受就其本质来说，首先是情绪的感染和情感的激发，除了通过这一途径之外，不可能用其他方法去感受和理解音乐的特殊内容。正因如此，音乐在揭示人们丰富的内心世界方面有巨大的可能性和直接性。欣赏者对于音乐内容的理解，如果不是停留在作品外表结构的知觉上，则总是在情绪上受到感染而达到对音乐所表现的情感和思想的理解。由于音乐的内容不像绘画那样富有视觉形象的直观性和具体性，也不能像文学样式那样具有明确的语言概念，因此对于音乐的领会比起文学和绘画来，思想或视象常常不太确定。同一个音乐作品，特别是在无标题的器乐作品里，不同阶级和不同欣赏水平的人，常常依赖各自不同的感受，从而解释他所感受到的音乐内容。而且为音乐所感动的欣赏者，总是难于用语言来精确而具体地表述这种感动。但是这种情况并不说明，音乐的内容是无法正确解释的，是毫不确定的。不确定和无法解释的只是音乐的这种特殊内容难于用语言词汇来加以完全的表述，但这一点不能否认这种特殊内容诉诸欣赏者情绪感受的具体性、明确性。如果说在声乐中，乐曲和歌词之间的“合拍”的可能性是因为二者都在表达某种共同的情感和思想，那么不难设想，二者的区别就在于它们各自表达感情和思想的独特方式。

这里只着重谈到绘画、文学、音乐这三种最基本的艺术样式和欣赏活动的关系。至于其他一些更为复杂的艺术样式，例如戏剧、电影等等，实际上有的或是同时具有视觉感受和听觉感受的因素，有的或是同时具有视听感受和语言文学的因素，它们的欣赏特殊性基本上都从属于这三种基本的艺术类型，有的是这些类型的综合。

如前所述，各种艺术样式都有它独特的内容和诉诸欣赏感受的独特方式，某种艺术样式都只能直接反映客观对象的某一个独特方面，只能通过欣赏者的想象活动，领会作品的间接方面。离开了欣赏者的想象活动，艺术形象本身不可能全面表现客观对象。在无论哪一类艺术的欣赏过程中，艺术形象诉诸欣赏者视听感觉的直接性以及由此而发生的、必须由欣赏者的想象活动来加以掌握的艺术形象的间接性，使有限的艺术形象在欣赏者面前展开着由感觉的有限性通向形象的广阔性的道路，这就是欣赏者想象的道路。如果没有欣赏者的想象来充实和扩展形象诉诸感觉的有限性，那么无论哪一种艺术形象都将失去它那广阔、深入反映生活的可能。

二、艺术欣赏中的再创造与再评价

（一）艺术欣赏中的再创造

艺术欣赏基本上是一种认识活动。作为欣赏对象的艺术作品，既是艺术家认识生活的成果，也是欣赏者再认识的对象。欣赏者的认识是以艺术家对生活的认识为出发点的，但是艺术家对生活的认识，在艺术作品中并不以抽象概念出现，只能体现在艺术形象之中，因此，欣赏者的认识活动直接受艺术形象的特性所制约。这种制约表现在：艺术形象唤起欣赏者相应的感觉经验、情绪记忆和形象记忆，并规定欣赏者的感觉、想象、体验、理解等认识活动的基本趋向和范围，进而向欣赏者展示出艺术形象所包含的艺术家的思想感情，使欣赏者受到教育。但是，欣赏者欣赏艺术的活动，决不是单纯地、被动地接受教育，而是始终活跃着欣赏者的主观能动性的认识活动。它是被动中的主动，制约中的能动。欣赏者是通过感受、想象、体验、理解等活动，把作品中的艺术形象“再创造”为自己头脑中的艺术形象，并且通过“再创造”对艺术所反映的现实生活进行“再评价”。

“再创造”是一种在感受基础上的想象活动和体验活动。欣赏者作为社会上特定阶级的成员，他在进行艺术欣赏之前，对社会生活原有一定的认识，具有一定的思想感情、趣味好尚、生活经验和艺术修养，所有这些在艺术欣赏过程中都起一定的作用。因此，基于想象和体验的“再创造”，一方面受作品的艺术形象的制约，另一方面又受欣赏者的主观条件的制约。作品的艺术形象为欣赏者受教育提供了必要的诱导，它具有广泛的适应性；欣赏者的主观条件影响着欣赏者怎样想象、怎样体验，以及怎样接受教育和接受教育的程度。这就是说，作品的艺术形象本来具有客观的规定性，但是，由于欣赏者主观条件的差异，呈现在不同欣赏者头脑中的艺术形象往往是各不相同的，因而他们对艺术形象所包含的生活评价的领会往往也各不相同。生活经验丰富并有一定艺术修养的欣赏者，可能很好地把握艺术形象及其思想内容，甚至发现作者主观尚未意识到的作品的社会意义；主观条件较差的欣赏者，对作品的内容可能把握得也差一些。所以，艺术欣赏中的“再创造”具有在欣赏者的头脑中补充形象乃至变动形象的特点。正是在这种“再创造”的精神活动中，欣赏者才能更深刻地感受和体验着艺术形象，并且发现或者发掘出艺术形象的思想内容,感到由衷的喜悦,在娱乐中接受教育。

欣赏者“再创造”的心理活动形式，主要是体验和想象。在人们的实际生活里，没有体验就不能进入别人的心境，不能发现别人内心的秘密；这对于欣赏活动也是适用的。欣赏者的体验对于深刻感受形象有极重要的作用。在艺术欣赏中，欣赏者的体验以自己的形象记忆和情绪记忆为主观条件，体验到他自己根本没有经历过的反映在作品中的生活，体验到作品里的人物的生活、思想、情感，从而对这一切产生爱憎的感情，作出这样或那样的理解和判断。欣赏者靠自己的体验仿佛参与这一形象的“创造”活动,这样就不仅使欣赏者仿佛进入了作品直接反映的生活，而且为他准备了对作品所直接反映或没有直接反映到的生活的认识创造了条件。如小说《红岩》所表现的革命英雄主义和革命乐观主义体现在各个方面,也体现在“渣滓洞”秘密监狱联欢会的“春色满园关不住,一枝红杏出墙来”这副对联之中。这种古代的现成诗句出现在上述的场合下，就具备了完全不同于旧时代这诗句的原有意义。但是，对于读者说来，这种意义却只有首先通过对《红岩》所描写的革命者的生活斗争的体验才能得到理解。深刻的体验不仅是艺术感受的主观原因，也是认识艺术的思想内容的主观条件。对于生活经验不同的欣赏者来说，同一作品对他们将引起不尽相同的体验。不论这种差异多么显著，但是，“读者倘没有类似的体验”,作品“也就失去了效力”[①]。

欣赏者在生活中积累起来的各种感觉经验是想象的根据。想象这一心理能力，也就是艺术能够引起欣赏者的审美感受的主观条件。欣赏者个人的生活经验在欣赏活动中的重要作用，在很大程度上表现为它在想象活动中的作用。个人生活经验受着一定阶级以及极其丰富的社会生活所制约，个人生活经验在欣赏活动中的作用，同样是社会生活的一种间接反映。通过想象，欣赏者以自身特殊的生活经验（包括审美经验）去充实艺术形象，这也就是艺术形象能够普遍作用于欣赏者的重要原因之一。如果欣赏活动根本没有相应的想象，欣赏者在静止的雕刻中感觉不到大理石上的“体温”和“动作”；没有想象，多么善于运用蒙太奇技巧的电影，也将失去两个组合在一起的画面之间所产生的一种新质；没有想象，多么优秀的诗句所运用的文字符号也就只有抽象的意义，而无所谓广阔的艺术境界。

欣赏者的想象活动是由艺术形象所唤起的，这种想象的范围和趋势为艺术形象所制约，艺术形象既是想象的出发点，也是想象的落脚点。欣赏者的想象基本上是在艺术形象规定的基础之上的“再创造”。但是，由于不同欣赏者的生活经验、欣赏经验是有差别的，因此他们之间对于同一艺术形象的体验和想象可能具有明显的个别差异。不过，这种差异只要不是从对作品的任意曲解而产生的，那么它们在本质上就只是对具有多方面的丰富内容的作品的不同的感受、理解和“补充”。对于艺术欣赏来说,这种差异没有什么坏处,而是有好处的。

欣赏中的想象不同于创作中的想象。创作的想象不但必须在艺术家的头脑中构成一个可感知的形象，而且还要借物质材料把它转化为可供欣赏的客观对象。而欣赏的想象则只是在欣赏者的头脑中构成一个

① 鲁迅:《花边文学·看书琐记》,《鲁迅全集》第 5 卷,第 430 页。

由既定的作品所引起的表象，它处处要受既定的形象的制约。欣赏者的生活经验同创造形象的艺术家的生活经验又常常有很大的不同，不同欣赏者的生活经验也不一样；因此想象所得的结果常常是不确定的、相歧异的。所以鲁迅曾说：“读者所推见的人物，却并不一定和作者所设想的相同”，“巴尔扎克的小胡须的清瘦老人到了高尔基的头脑里，也许变了粗蛮壮大的络腮胡子”，《红楼梦》里的林黛玉，民国人所想象的往往是“剪头发，穿印度衫，清瘦，寂寞的摩登女郎……但试去和三四十年前出版的《红楼梦图咏》之类里面的画像比一比罢，一定是截然两样的”①。但是，欣赏者的想象活动既然不能不受艺术形象所制约，所以虽然巴尔扎克的小胡须老人到了高尔基头脑里变了样，而“那性格、言动，一定有些类似，大致不差”。这就是说，尽管欣赏中的想象常常是不确定的，但它终究有为艺术形象所规定的想象的趋向和范围，这也是欣赏者能接受特定作品的内容并与之共鸣的客观条件。

欣赏者的体验和想象，是艺术形象使欣赏者能够在自己头脑里浮现着一种逼真的表象的必要活动。我们知道，任何艺术作品对现实的反映都不同于现实本身；反映在艺术作品中的形象并不具有实际生活的实体的性质。列宁在转述费尔巴哈的话时说：“艺术并不要求把它的作品当作**现实**。”② 同时，艺术作品由于画面的边框、雕像的台座、舞台的帷幕等等把它们和它们所反映的客观事物分隔开来，这一切使我们意识到我们所面对的是艺术作品而不是实际生活自身。要使欣赏者似乎忘记他自己是在欣赏艺术，进入作品所反映的生活之中，这不仅需要依靠艺术作品自身的条件，也需要依靠欣赏者相应的体验和想象。哪怕是最单纯的艺术形象，都必须借助于欣赏者相应的体验和想象，才能“以其形体的可

---

① 鲁迅：《花边文学·看书琐记》，《鲁迅全集》第5卷，第429—430页。

② 列宁：《哲学笔记》，《列宁全集》第55卷，人民出版社1990年版，第48页。

感觉性跃然纸上，使人感到他的存在，相信他的半幻想式的现实性”[①]。如果离开了欣赏者相应的体验和想象，欣赏者没有以自身丰富的生活经验作为艺术形象的“再造”心理的基础，即使是一幅简单的静物画，它同样不可能在欣赏者的实际感受中再度地浮现着一种“半幻想式的现实性”的形象。这也就是说，任何艺术形象给予欣赏者以某种“如真”的映象，以至读者读到对话便好像目睹了说话的那些人，这是由于欣赏者依靠着自己的生活经验对艺术形象作了体验和想象的结果。当然，欣赏者对于艺术作品与实际生活之间的距离感（即不把作品当成真正的现实），在欣赏过程中仍然是存在着的。事实上，发生开枪惩罚舞台上的恶人的事件十分少见，即使人们在信以为真的时候，他还是能清醒地意识到他面对的是艺术作品而不是面对着实际生活。但这种距离感不是在破坏欣赏，它恰恰是能够使人们维持着对作品的一种静观的态度，从而专心致志地感受和认识作品所反映的生活内容。

作为认识活动的欣赏活动，它的心理因素是多方面的。被艺术形象所唤起的欣赏者的生活经验（包括欣赏经验），由于各种感觉器官的暂时联系，视觉和听觉之间往往可以相互作用而彼此沟通（甚至可以联系到其他的感觉，如触觉、嗅觉、味觉等）。视觉形象可以唤起听觉形象，听觉形象可以唤起视觉形象，颜色可以有声音，声音似乎有形体，“声音感动于人，令人心想形状如此”[②]。艺术欣赏中这种所谓“通感”能力，离开了欣赏者的生活经验和欣赏经验也是不可能成立的。要是欣赏者根本缺乏相应的感觉经验，对于艺术的这一切创造性的表现手法，就很难判断它是否巧妙或拙劣，合理或不合理，有用或无用。造型艺术中形式感的得以利用，不仅和艺术家的感觉经验有联系，而且也和欣赏者的感觉经验

① 高尔基：《给费定的信》，苏联《文学报》1938 年 3 月 26 日。

②《礼记注疏》。

相联系。离开了欣赏者的感觉经验，形象的形式感的被利用就失去了它那必要的意义。人们在生活中所见到的静或动的事物，那些首先诉诸视觉的形体的特征，经过反复的感受，成为较之生活原型更单纯更带综合性的一种概括，这种概括一旦形成，它就可能成为观照新的对象时一种作用于感受的敏感的力量。当人们面对新的感受对象时，某种感觉经验就成为迅速感受这一新的对象的形体特征的一种条件。例如，人们看行云和流水所积累起来的感觉经验——流动感，就是后来面对造型艺术中的卷草形的纹样时，敏锐地受到其波状形所引起的活泼性所感染的一种主观条件。波状形那种活泼的动势所唤起的审美快感，只顾它本身的特点而不联系欣赏者的感觉经验所引起的联想体验或想象，不能得到合理的解释。忽视体验、想象等心理活动在欣赏中的重要作用，不仅不能解释分明是生活的再现而不是生活本身的艺术形象，为什么能够产生强烈的真实感，而且也不能正确解释欣赏中的复杂现象(例如“无声似有声”或“无画处皆成妙境”之类)，甚至也不能正确解释为什么艺术创作中各种能动地反映生活的创造性艺术手法的合理性。

(二)艺术欣赏中的再评价

欣赏活动是对艺术家所已创造出来的形象的一种再创造，同时也是对艺术家在作品中所已经评价的生活的一种再评价。只有经过再评价，欣赏者才能对艺术作品所反映的生活、所蕴藏的社会意义作出自己的结论，从中受到教育。艺术家的主观评价是结合他自己的思想感情对客观生活所作的评价，而欣赏者的再评价则是结合欣赏者的思想感情对作家所反映的生活加以重新认识的结果。对艺术形象说来，这种评价是直接的，可是对作品所反映的生活实际说来，这种评价是间接的。尽管它是间接的，归根到底它仍然是对于生活的一种认识和判断。这种评价，可能和作者的评价完全一致，也可能高于作者或低于作者的评价；可能违反作者正确的评价，也可能在欣赏者自己的头脑中纠正作者错误的评价。不论结果多么复杂，这种再评价都将成为欣赏者接受不接受作品思想内容的必经过程。

欣赏者的认识可能低于作家的认识；但也有这样的情况：有时艺术家反映了生活中某些方面的现象，却又忽略了或者根本没有意识到它的本质意义。而艺术形象作为生活的反映，能够包含多方面的意义，为欣赏者进行再评价提供客观根据，因而认识能力较高的欣赏者就可能从中理解到它所蕴藏着的这种意义。这种情况常常发生于今天的读者对古代的作品的评价之中。这样的状况也表明：形象的客观意义为形象本身所具有，为欣赏者所发现，但未必为作者本人所充分认识和理解（如《红楼梦》所体现的而又为曹雪芹所未曾充分认识到的封建社会必然解体这一巨大主题）。如果反映在作品里的作家对生活的判断是不正确的，欣赏者甚至可以推翻既定判断。当然，欣赏活动不同于批评活动，欣赏者的再评价是同再创造中的想象、体验不可分割地结合在一起的，在欣赏过程中，再评价始终不扬弃形象的再创造。但是，这并不妨碍欣赏活动中的理性认识因素的积极作用。由于欣赏者对作品所反映生活的再评价，他对作者的评价的理解将更深刻，因而艺术的思想内容对他说来就更有积极影响。

艺术的教育作用不仅表现在欣赏者在欣赏过程中被作家的思想所感染而有所提高，而且也在于欣赏者在接受过程中能动地思索作品的意义，把自己所发现的作品的客观思想拿来丰富和改造他自己的意识。内容正确的作品和认识正确的欣赏者两者的关系表明：欣赏者的再评价是他的认识能力的表现，也是他接受作品的正确思想的条件之一。不论作品的思想多么正确和深刻，只有当欣赏者的认识和作者的认识相接近或者说基本一致的时候，它才能作用于欣赏者；只有当欣赏者比较深入地认识了形象的现实意义，形象所包含的思想才能转化为欣赏者自己所掌握了的思想。欣赏者的认识能力，在再评价活动中的能动作用，既是欣赏者的认识能力得到培养和提高的表现，也是艺术的教育作用在客观上得到扩大和深入的表现。

欣赏过程中的再评价不能脱离理性的思维，但它在形态上常常表现为不假思索的迅速的情感反应。欣赏者的理智活动包含在这种情感的反应里面，因此欣赏者往往不容易明确意识到这种思维过程。在这里，感受和理解是辩证地联系在一起的。

在欣赏活动中，再创造和再评价是感受和理解艺术形象过程中的两个互相联系的不同方面。这两方面在欣赏活动中互相作用不可分割，彼此交错。欣赏者依靠他自己对形象的感觉以至体验、想象而在自己的头脑中构成一定表象的过程，也就是他逐步深入思索形象的意义的过程。通过这个过程，欣赏者最后把作者对其所反映的生活的评价当成自己所掌握了的评价。这就是说，当欣赏者通过自己的体验、想象而深入作品所反映的生活境界之中，伴随着心理活动而形成深入的感受的时候，当欣赏者不只觉得形象是他观赏的客观对象，而且感到这一对象仿佛就是他自己对生活的反映的时候，欣赏者和作者对作品所反映的生活的认识就接近了，而且作者对生活的判断便成为更可信服的判断。欣赏者不仅仿佛也是形象的“创造者”，而且也就是作者对生活评价的“合作者”。在再创造和再评价这两者相统一的基础上，欣赏者才能够与作者的思想和艺术形象发生共鸣，从而有效地（而不是假定地）完成艺术的教育作用。

欣赏活动中的“共鸣”现象，是指在再创造和再评价统一的基础上，欣赏者的思想感情同作品的作者的思想感情达到了基本一致，甚至契合无间，爱其所爱，憎其所憎，发生了思想情感的交流。托尔斯泰说：“这种感觉的主要特点在于：感受者和艺术家那样融洽地结合在一起，以致感受者觉得那个艺术品不是其他什么人所创造的，而是他自己创造的，而且觉得这个作品所表达的一切正是他早就已经想表达的。真正的艺术作品能做到这一点：在感受者的意识中消除了他和艺术家之间的区别。”① 这些话的合理因素在于，它描述了欣赏中的共鸣现象的形态特征。“是弹琴人么，别人心上也须有弦索，才会出声，是发声器么，别人也须是发声器，才会共鸣。”② 可见，共鸣需要一定相同或相近的思想感情和心理经验为基础，否则就不可能发生共鸣。作家或作品中所表述出来的思想情感与欣赏者的思想情感相一致或相接近，必须有其现实的依据和基础。一般地说，艺术家与欣赏者之间，必须具有大体一致或接近的阶级立场、政治倾向性、社会理想、生活经历，即使是不同阶级、思想不尽相同的两者之间，在某些生活方面或某一问题上，也有相一致或接近的地方，否则就无法彼此理解，更谈不上对之发生共鸣了。艺术作品所表达出来的对生活的反映和评价，为欣赏者所接受并引起相当的思想情感（共鸣），在同时代同阶级的艺术作品与欣赏者之间，表现得最为明显。我们读《红岩》时对作品中那种汹涌澎湃的革命热情的强烈共鸣，便是明证。鲁迅在谈到高尔基的作品时说：“因为他是‘底层’的代表者，是无产阶级的作家”，“中国的旧的知识阶级不能共鸣，正是当然的事”。③ 但是，在某些特殊历史条件下，共鸣范围又可以包括到不同时代的作品与读者之间。这种情况之所以发生，特别是古代优秀的文艺作品之所以能够为现代人所欣赏，并可能对它发生共鸣，一方面与古代优秀艺术作品的进步性有关，另一方面也和欣赏者对作品的理解的能动性有关。社会生活是历史的发展，现代人不但可能理解古代人的作品，并且由于历史的联系，在某些问题上，思想感情也可以在一定程度上相通。但是，再一方面，作为阶级的人的思想感情总是受他一定时代的支配，不同时代阶级的人至少在思想

① 托尔斯泰：《艺术论》，第 148 页。

② 鲁迅：《热风·“圣武”》，《鲁迅全集》第 1 卷，第 423 页。

③ 鲁迅：《集外集拾遗·译本高尔基〈一月九日〉小引》，《鲁迅全集》第 7 卷，第 637 页。

上就有一定的距离。因此古代优秀的文艺作品为后来的不同历史时代的欣赏者所喜爱，引起一定程度的共鸣，并不等于后来的欣赏者对作品的理解和古代人完全一致。例如，现代人对《离骚》的理解，决不会等同于司马迁在《史记》中对它的理解。不同时代和不同阶级的欣赏者，不能不是从自己所处特定的时代和阶级的各种条件出发，根据自己所属的时代和阶级的思想情感去理解古代作品，接受其某一些思想因素。由于古代优秀作家的世界观往往既有进步方面又有落后方面，所以古代作品总是精华与糟粕并存，现代人也往往只能与其作品的某一方面发生共鸣。而且所谓共鸣，本身也就包含有一定的矛盾；不同阶级的欣赏者对同一作品所发生的共鸣，也就具有不尽相同的具体内容。同一部《红楼梦》，有人看到了它所反映的封建统治阶级的荒淫无耻以及封建社会必然崩溃的历史规律，同情于那些被封建恶势力迫害的人物，并在思想上批判它的消极方面，例如色空观念等；但也有人则可能偏偏去欣赏它的消极方面。不同时代、不同阶级的人们对同一作品发生共鸣的现象是存在的，但我们必须历史地、具体地分析发生共鸣的原因和共鸣的内容。既要反对对共鸣作超阶级、超时代的错误解释，也要反对对共鸣作简单化的庸俗社会学的错误解释。

第二节 艺术批评

艺术批评是以艺术欣赏为基础，按照一定社会和阶级的利益和理想，根据一定的批评标准，对艺术作品的是非、善恶、美丑所作的理论上的鉴别和论断。对于艺术欣赏和艺术创作来说，艺术批评比美学和艺术理论起着更直接的指导作用。它和一定时代的、民族的、阶级的审美观念、审美理想、艺术趣味、艺术风尚互相影响，也给美学和艺术理论提供加以概括的思想资料。

一、艺术批评的本质特征

（一）艺术批评是艺术欣赏的深化

艺术作品用形象反映生活的本质特征，决定了批评必须以形象所引起的具体感受为出发点。艺术批评离不开艺术欣赏，离不开对作品的具体把握，从观念出发而不从形象出发的批评自身就应当受到批评。但它不同于艺术欣赏，它应当是艺术欣赏的深化和发展。批评家由接触而深入艺术对象的过程，首先是欣赏的过程。批评家只有通过深入的欣赏活动，才能预计到艺术作品在广大读者中所可能产生的精神影响，从而使批评具有深广的社会基础。只有当批评家的欣赏能力、欣赏趣味、欣赏需要既代表了广大群众而又高于一般群众，只有批评能够成为群众欣赏需要的集中表现，它对欣赏才可能具有普遍的指导意义。

作为批评家个人的一种批评能力来说，欣赏能力对批评家的特殊修养具有重要意义。批评家高度的鉴赏力和判断力以至审美趣味，也要在欣赏活动中不断得到检验、训练和提高。某一艺术种类的专业批评家的鉴赏力和判断力，是在某一种艺术种类的欣赏活动中得到特殊训练的结果。艺术作品中深刻的内在意义，特别是那些内容比较含蓄、丰富的艺术品，常常要经过反复欣赏才能品鉴入微。因为艺术的社会思想内容是渗透在感性的形象之中的，如果批评家不具有高度的艺术修养和判断能力，也就不可能获得对艺术作品的深刻感受。由于欣赏能力对于批评活动有着这样的意义，因此某些在艺术分析上独具创见的批评在较大程度上要取决于批评家的审美能力，体验和理解对象的深度，以及在此基础上的个人的独特感受。

艺术批评和艺术欣赏虽有密切联系，但两者在性质上又有显著区别。艺术欣赏是对艺术作品的审美感受，艺术批评应当是对艺术作品进行逻辑思维的科学判断。艺术批评的目的和成果主要不是单纯再现欣赏过程中的具体感受，而是根据一定的欣赏实践，并通过一定的理论分析，对艺术作品客观的社会价值和美学价值作出评价。在对艺术作品进行欣赏时，其特点是在个人主观的喜爱中体现对一定作品的客观评价，其客观评价还采取主观喜爱的形式。在艺术批评中，这种评价则更侧重于作品客观价值的理论论述。当然，由于艺术批评建立在对具体作品的欣赏基础之上，它与欣赏者个人爱好有着内在的联系，批评家可以选择他最喜爱的作品或他最喜爱的作品的某个方面、某种因素加以评论；但是艺术批评按其本质来说，主要不在表现批评家个人的爱好，而是要判定为他所爱好或不爱好的作品所具有的历史的客观的艺术价值。

总之，艺术批评不局限于对作品的具体感受、想象和体验，而是在欣赏的基础上着重对作品进行科学的分析、判断和研究。正是在这个意义上，别林斯基才说："批评是哲学意识，艺术是直接意识。"[①] 批评这种理论形态的本质特征，决定了批评的过程必然是对欣赏中感受到了一系列的感性材料进行分析、综合、推理、判断的过程。

批评的任务主要在于引导和提高欣赏者的鉴别能力，所以它不应当再去把一般欣赏者都能领会到的作品的具体内容加以介绍，而是要在辛勤的探索中，把作品中为一般欣赏者所不易理会的深刻意义和它在艺术上的独特创造揭示出来。对文艺作品的社会价值和美学价值作出为一般欣赏者所不易作出的准确判断和准确评价。正如前人所谓"舍易见之粗，而论难识之精"[②]。这就要求批评家既要对作品有深刻的感受，又要在此基础上对欣赏中的具体感受进行集中概括。只有把具体的感性材料提高为逻辑概念，艺术批评才能比艺术欣赏更深刻地把握艺术作品，在对艺术作品认识深化的基础上得出正确的判断。因此，艺术批评比艺术欣赏更需要对作品的理解力。而要形成这种理解力，除了最重要也是最基本的思想政治修养以外，也还需要其他方面的修养。批评家要对作品反映的生活作出正确评价，就要对现实社会生活有深刻的了解和正确的理解（关于这一点，下面还要详谈），同时也需要掌握社会先进的审美意识和群众的审美需要。而社会的审美意识、审美需要，总是在理论上集中表现为一定时代的美学理论和美学思想。批评家总是依据一定的美学思想来对具体作品进行分析、评价的。不论这种理论是否成为体系，也不论批评家是否意识到这一点。批评家自觉运用美学理论来进行艺术批评，将有助于提高批评的理论水平，更深入地揭示出作品的本质；这种艺术批评自身就具备着美学的价值和性质。

①《别林斯基论文学》，第 258 页。

② 葛洪：《抱朴子》。

艺术批评与美学理论有相同之处但又有区别。美学理论是对一定时代的社会审美意识、审美趣味和艺术现象作哲学的研究和概括，因此它是一门系统理论的科学。艺术批评则是在这些系统的理论原则指导下，对具体艺术作品作具体分析。从美学理论到艺术批评之间有许多中间环节（如具体的艺术部门的理论等），抹杀这两者的区别，把美学理论的一般原则直接硬套到具体作品上去是错误的；反之，以对具体艺术作品的具体分析的艺术批评来代替系统的美学理论的研究也是不对的。

艺术批评必须是在艺术欣赏基础上的深化和概括，但并不是一切在欣赏基础上深化和概括而成的文艺批评都是好的批评。因为欣赏的深化和概括不能不受批评家的立场、观点、方法所制约。如果一个批评家的立场、观点、方法是错误的、反动的，那么不论他的艺术修养和欣赏能力如何高，都不可能对艺术作品作出科学的评价。对我们今天来说，批评家只有掌握了马克思主义的立场、观点和方法，才有可能对作品作出符合实际的科学的评价。

（二）艺术批评与社会现实

现实生活是批评活动的客观基础。艺术批评虽然是以艺术作品作为它直接评价的对象，但它同时又是以现实生活为其间接的评价的对象。文艺批评既然是以文艺作品已经反映或尚未反映的现实生活为它的根本条件，那么，不只文艺作品是社会生活的反映、认识和评价，而且关于文艺作品的批评，也是对社会生活的反映、认识和评价的一种特殊方式。文艺批评经常体现着批评家对于社会现实的一定态度，文艺批评的重要性也在于它在对文艺作品、艺术现象的分析和评价本身，显示着批评家对现实生活、社会现象的分析和评价，因而文艺批评就不可能不带有评论社会的性质。各阶级不同的文艺批评，不但表现在文艺思想方面的分歧，也表现在对待社会生活的态度方面的分歧。

由于批评的直接对象——文艺作品本身就是现实生活的一种反映

形式，因此，批评家如果不是从现实出发，艺术作品将是无法被正确认识并得到正确评价的。毛泽东指出："文艺工作者要学习社会，这就是说，要研究社会上的各个阶级，研究它们的相互关系和各自状况，研究它们的面貌和它们的心理。只有把这些弄清楚了，我们的文艺才能有丰富的内容和正确的方向。"[①] 这不仅对于文艺创作来说是必要的，对于文艺批评工作来说，也是必不可少的前提。高尔基认为产生"没有才能的、烦琐的"文艺批评的根源之一，就是批评家"对于日常的现实是不大认识的"，是"批评家从来没有根据那由直接观察澎湃的生活过程而得到的事实去评价主题、性格和人们的相互关系"的结果[②]。马克思主义经典作家的文艺批评，总是以对现实生活的理解为基础、为条件、为标准，从而取得对文艺作品作正确而深刻的剖析。马克思称赞巴尔扎克对现实关系的深刻理解，正在于马克思是从他对资本主义社会的深刻的科学分析和精辟的理解出发，来评价巴尔扎克的。恩格斯在批评哈克奈斯的《城市姑娘》的时候说："您的人物，就他们本身而言，是够典型的；但是环绕着这些人物并促使他们行动的环境，也许就不是那样典型了。"[③] 他认为这一作品尚未全面反映当时英国工人运动，正是从英国发展着的工人运动这一客观现实加以考察的。不论是正确的或错误的文艺批评，不论它是否明确提出现实的根据，都是在根本上表现了批评家对现实生活正确或错误、深刻或肤浅的认识。很难设想，一个对现实生活缺乏正确而深刻认识的批评家，能对本身是现实生活反映的文艺作品作出正确而深刻的判断。正因为文艺批评与当前的社会现实有着生动的联系，所以当它运用正确的立场观点去评价文艺作品的时候，不仅可以帮助读者正确认识文艺作

① 毛泽东：《在延安文艺座谈会上的讲话》，《毛泽东选集》第 3 卷，第 809 页。

② 高尔基：《苏联的文学》，第 53 页。

③ 恩格斯：《致玛·哈克奈斯》，《马克思恩格斯选集》第 4 卷，第 462 页。

品，而且也可以帮助读者去正确认识社会生活。反之，如果批评家脱离了现实来写论文，这样的批评当然就既不易指导读者去正确认识作品，也不能指导读者正确认识社会生活。

二、艺术批评的标准

（一）批评标准是艺术批评的基本问题

文艺批评总是反映着一定社会和阶级对文艺的要求；作为批评内在尺度的批评标准，是一定社会和阶级对于文艺的要求的集中反映。

批评标准是衡量艺术作品思想艺术价值的尺度，一切批评家都持有一定的批评标准。无论自觉不自觉，对一个作品的评价不可避免地以一定形式体现了这种内在的尺度。鲁迅说过："我们曾经在文艺批评史上见过没有一定圈子的批评家吗？都有的，或者是美的圈，或者是真实的圈，或者是前进的圈。没有一定圈子的批评家，那才是怪汉子呢。"① 不同阶级或不同倾向的艺术流派之间的分歧，常常表现在不同批评标准上的分歧。所以鲁迅说：对于批评家"我们不能责备他有圈子，我们只能批评他这圈子对不对"②。

历史上对于艺术作品的评价，一般都是从两个角度出发，或者说从两个方面进行的：一是考察艺术作品对社会生活的作用和影响的好坏，这就是社会评价，特别是政治的、道德的评价；二是考察艺术创作本身的成败、得失，这就是艺术评价。当人们这样从不同角度或方面考察艺术作品时，实际上就是把体现于艺术同现实的关系中的真、善、美分别地加以考察；对真与善的社会的功利的评价，往往看得比对艺术作品的美的评价更重要。

①② 鲁迅：《花边文学·批评家的批评家》，《鲁迅全集》第5卷，第348、343页。

这是因为，艺术作品既然通过对人的精神世界的影响反作用于现实，影响到社会生活各个领域的实践活动，那么，人们从这种社会作用的效果上去衡量和评价它的好坏、利弊，就是不可避免的。而这种社会功利评价，在阶级社会里，不能不以各个阶级的经济利益、政治需要和道德规范为标准，要求艺术表现出或符合于、至少是无害于这些标准，把符合于这些标准的艺术作品当作是好的或较好的，反之则是不好的。孔子删诗，以“思无邪”为准则；柏拉图以奴隶主的统治利益为尺度，主张把荷马的史诗《伊利亚特》和《奥德赛》中不符合他的“理想国”要求的章节一律删除；中国封建统治者以对于其统治利益的危害为根据，诋毁《水浒传》和《红楼梦》为诲盗诲淫，这些都是从社会功利价值的角度，以阶级的利益为标准衡量艺术作品的鲜明例子。

无产阶级对于艺术作品也不能不考察它的社会作用，进行社会评价。这种社会评价不同于其他阶级的社会评价的地方，在于无产阶级是以是否符合社会发展的根本规律、符合最大多数人的根本利益为社会功利标准的。但是，我们应该看到，由于艺术的特殊性质和反作用于现实生活的特殊方式，艺术作品的社会作用、社会效果如何，是一个十分复杂的问题。因此，在对具体艺术作品进行社会评价时，要注意避免简单化和庸俗社会学的倾向。在这个问题上，从抽象的理论原则出发，或以局部的反应代替全面的考察，或把暂时的具体政策作为判断标准，都会妨碍对作品作出客观的公正的评价。

虽然对于艺术作品的社会价值和艺术价值可以分别地进行评价，并且往往把社会价值放在优先的地位，但是，客观的社会评价离不开对艺术作品内容的正确的考察、判断和掌握。不理解艺术的特性，不能正确理解和掌握作品的具体内容，是在社会评价方面产生简单化和庸俗社会学倾向的一个重要原因。

在考察和判断艺术作品内容的时候，艺术的真实性是一个重要的范畴，也是一个重要的标准。艺术对现实的反映，不应当是照相般机械的、静止的、一次完成的反映，因而艺术的真实性，不是指对生活现象的自然主义的记录和复制，而是指对社会生活本质的正确和深刻的揭示；同时这种对生活本质的揭示，不是对某种事物的本质的抽象概念的简单图解，而是通过现象的复杂性和多样性来表现本质。因此，在分析艺术作品的内容、使用真实性这个概念的时候，切忌以抽象的本质概念当作判断艺术形象的标尺。本质是单纯的，现象是复杂的，艺术是在本质与现象的统一中反映和表现生活。忽视艺术反映的这个特点，要求艺术形象等同于本质概念，就使得在一些批评中出现“难道生活是这样的吗”之类的无理指责，并对艺术作品作出错误的判断。

在考察和判断艺术作品内容的时候，倾向性也是一个重要的范畴。所谓倾向性，广泛地说，是指表现艺术家所反映的生活现象自身的社会意义的同时，也表现了艺术家对它的主观的态度；一般运用中往往只指艺术家的政治立场和观点在作品中的表现。如果说艺术的真实性是指形象的客观性方面的把握，那么，倾向性则是从艺术家的主观性方面去把握。但这二者在艺术作品中是密切联系着的。优秀的艺术作品总是把艺术家本人的倾向，即他对生活的态度和评价融于对生活的生动具体的真实描绘之中。因此，如何从看来是非常客观地具体描绘中去准确地把握艺术家的主观态度和倾向，是进行艺术批评时应该十分认真对待的问题。这里需要注意，在不同艺术作品里，真实性与倾向性的关系是相当复杂的。同时，还需要注意，艺术作品的倾向性与它的客观社会效果之间的关系，也不是简单的。

对于艺术作品内容的真实性和倾向性的分析，实际上既关系到社会评价，又关系到艺术评价。因为对艺术的真实性和倾向性的要求，不能停留于是否正确地反映了生活本质和是否具有正确的态度和判断那样一般的评价上，而且要求作家对丰富的现实生活有独特的发掘、把握、发现和表现，即拥有独特的感受和认识。真实性和倾向性如果不与内容的特殊性结合起来，就不是一件好的艺术作品。这就涉及了典型性的范畴。典型性是评价艺术作品的一个重要标准。关于典型性的要求，在前面的章节中已经作了论述，这里还需要提一下：在艺术批评中运用典型性的范畴时，应当考虑到各类艺术作品的特点，要避免简单化（例如把典型当作类型来理解）。

文艺批评除分析作品的内容之外，还要分析作品的形式。对形式的分析，其批评的标准包含两个基本的方面。首先是作品的形式是否与内容相适应，是否鲜明有力地、深刻地和独创地表现了作品所要表现的独创性的内容。其次是在物质材料的运用上，是否充分地发挥了某一物质材料的特长和符合于形式美的要求。对于某一作品的形式的分析，其方式方法是多种多样的，所涉及的问题也是很多的，但基本上不外于上述两个方面。

某一作品的形式所具有的价值的高低，首先要看它是否成功地表现了内容。脱离内容的表现，就无从确定作品的形式的价值的高低。而所谓成功地表现了内容，处处都需要联系着内容去作具体的分析，没有什么一成不变的公式。在这里，最重要的是要善于抓住艺术家的独特的匠心和创造，给予深入具体的分析。此外，作品的形式的价值不只表现在它与内容的适应上，还表现在相对独立于内容的形式美上。如诗歌的韵律，绘画的色调，音乐的节奏……这一切既从属于表现特定内容的需要，同时它自身也有相对独立于内容的形式美。这是作品的形式的价值的一个不可忽视的方面，在对形式的评价中同样应该给予具体的分析。忽视或不懂有关形式的批评，不是严格意义的艺术批评。

由于艺术作品的形式是为内容所决定的，因此在文艺批评中对内容的分析评价占有主导的地位。但这决不是说可以忽视对形式的分析评价，或认为形式的完美与否是无关紧要的东西。相反，由于艺术那特殊的内容只有通过那特殊的形式才能表现出来，形式的好坏处处都同内容的表现密切相关，而且形式自身还有它的相对独立的美的价值，因此对形式的分析评价有着不可忽视的重要意义。脱离内容的特殊性去分析形式的得失是错误的，片面强调内容的重要性而忽视形式的反作用也是完全错误的。在实际上，一切成功的文艺批评都是把形式与内容统一起来，从形式与内容的辩证联系中去把握和评价作品的价值。当某一作品的形式还未得到具体的透彻的分析的时候，对这一作品的评价就还是不完全的。某些带政论性质的批评，只着重于分析作品的内容的意义。这种批评，在它对内容的意义的分析是正确和深刻的情况下，是有着它的特殊的价值的，但还不能说是严格意义上的文艺批评。至于有些批评，既完全忽视了作品的形式，同时对内容的分析又是肤浅的和简单化的，这种批评就没有什么价值可言了。

（二）批评标准的客观性和历史性

批评标准是根据一定的社会思想观点和美学观点提出的，同时又是适应一定历史时期广大群众的欣赏需要、审美趣味以及文艺发展的需要而必然形成，并随历史的发展而发生变化的。批评标准视其是否符合人民群众的利益和文艺的客观发展规律，而有进步与落后、科学与反科学、革命与反动的区别。

文艺批评史上常常看到对一部文艺作品的批评众说纷纭莫衷一是的现象，正如刘勰所说的“夫篇章杂沓，文质交加。知多偏好，人莫圆该”[①]。但是承认欣赏中这种个人偏好的复杂现象，并不等于否认批评的客观标准。文艺作品是批评的客观对象，它的社会价值和艺术价值不以批评家的主观意识为转移。文艺批评标准反映着一定时代、一定阶级对文艺的必然要求，具有它的客观社会历史根源。

① 刘勰：《文心雕龙·知音》。

在批评标准的客观性问题上，唯心主义美学和唯物主义美学存在着根本的分歧和斗争。美学史上主观唯心主义者从感觉主义出发，认为以感觉为基础的鉴赏力不可能有任何共同而普遍适用的客观标准。形形色色资产阶级唯心主义批评家，都否认批评标准的客观性。客观唯心主义者如柏拉图、黑格尔等，虽然承认文艺作品有客观价值，承认艺术批评有客观的标准可循，但是他们把艺术的本质看作是理念的模本或显现，因而认为批评标准只能根据抽象的绝对理念来确定。这种理论按其本质来说，同样从根本上否定了批评标准的现实基础。

与形形色色的唯心主义者相反，唯物主义美学从艺术是客观现实的反映这一根本原则出发，认为艺术作品的客观价值在于它反映现实生活的深度和广度。如狄德罗认为“艺术中的美和哲学中的真理有同样的基础”[①]。莱辛也反对那些根据个人主观感受、欣赏趣味来判断作品客观价值的主观批评。他说：“真正的批评家并不是从自己的艺术见解来推演出法则，而是根据事物本身所要求的法则来构成自己的艺术见解。”[②]中国古代现实主义文艺观也具有朴素的唯物主义思想，肯定现实是文艺的源泉。如刘勰根据自己对文学创作规律的理解，明确地提出了“一观位体。二观置辞。三观通变。四观奇正。五观事义。六观宫商”的批评标准，认为“斯术既形，则优劣见矣”[③]。

批评标准是一定历史时期的社会实践和艺术实践向艺术作品提出的准则，社会历史条件不同，时代的审美理想不同，艺术发展的水平不同，批评标准也就产生相应的变化。每一时代阶级的艺术都有其相适应的批评标准，随着社会斗争与艺术实践的发展变化，批评标准也或迟或

①《狄德罗文集》第5卷，第168页。

② 莱辛：《汉堡剧评》，《文艺理论译丛》1958年第4期。

③ 刘勰：《文心雕龙·知音》。

早地发生变化。

普列汉诺夫曾正确地指出："如果某一阶段的历史和当时的状况必然在这个阶段中产生这些或那些审美趣味和爱好，那么科学的批评家也会产生他们自己的一定的趣味和爱好，因为这些批评家不是从天上掉下来的，因为他们也是历史所产生的。"[①] 批评标准的历史性也是为世界文化史所证明了的。例如，在古希腊史诗和悲剧等艺术样式繁荣的基础上，亚里士多德提出了"程序、对称、明确"以及悲剧"动作与情节的整一"的规范与准则。中世纪的文艺批评则从当时占统治地位的神权思想出发，把艺术看作是宗教的附属品，因而提出了艺术要隐喻宗教教义的批评准则。到了文艺复兴时代，代表新兴资产阶级的人文主义者要求打破中世纪神权的束缚，提倡个性解放，于是在文艺批评上就要求艺术以再现自然、表现人的个性为标准。而在19世纪，欧洲资产阶级确立了自己的统治地位，社会矛盾日益加深，文艺创作中各流派的相继出现，在批评上就相应地出现了浪漫主义和现实主义的批评原则。中国古典文艺批评的原则也是随社会历史的发展和文艺本身的发展而变化的。在形式主义盛行的齐梁六朝时代，批评常偏重于形式的探索（如沈约），在唐代现实主义文艺发展的基础上，白居易便提出了偏重于内容的批评。由此可见，批评标准从来就是历史的、具体的。抽象的、超历史的、永恒的批评标准是不存在的。

三、艺术批评对艺术欣赏、艺术创作的作用

（一）艺术批评指导艺术欣赏

艺术批评是由艺术创作、艺术欣赏发展起来的，但艺术批评一旦形成，它就不能不反作用于艺术创作和艺术欣赏。

① 普列汉诺夫：《俄国批评的命运》，《世界文学》1960年11月号。

艺术批评的主要作用之一，就是通过对于艺术作品作理论的分析、研究、判断和评价，来帮助读者和观众正确地理解和欣赏作品，分辨作品的好坏，接受其中有益的影响，清除其中有害的影响。批评在使欣赏者对于作品感受和理解更深一层的基础上，提高欣赏者的鉴别能力。

欣赏者之间的不同欣赏感受通过批评来交流意见，有助于他们对艺术作品作出正确判断。正因为批评的论断建立在社会的普遍欣赏感受的基础上，反映了广大欣赏者的思想观点和审美趣味，因此它才可能反过来给予广大欣赏者以普遍性的影响。广大群众之所以需要批评家，是因为艺术作品的社会功利性常常由于艺术的感性形式的特殊性而不易被欣赏者所发现。正如普列汉诺夫指出的，欣赏者“在欣赏他们觉得美的对象的时候，社会人几乎从来不考虑到他们对于这个对象的概念联系在一起的功利性，在极大多数场合，这种功利性只能被科学的分析所发现。”[①] 特别是某些内容反动的作品，可能因为它也带有某种艺术感染力，欣赏者“倘不小心，被它诱过去，就会坠入陷阱”[②]，因此“像看老虎一样要设立铁的栅栏”[③]。具有社会责任感的批评家，能够从理性认识的高度，对艺术作品作出较之一般群众未能作出的深刻的、正确的逻辑判断，从而揭示作品的客观价值，帮助欣赏者对艺术作品进行欣赏。

正确的批评通过逻辑的判断，揭示艺术作品的客观社会内容，因而可以帮助欣赏者更明确、更直接地提高道德观念和认识水平。如果说，欣赏活动作为一种能动的意识活动，它不仅认识了艺术，也间接地认识了生活的话，那么批评也是如此，而且由于批评对作品作理性的把握，对它所反映的生活作理论的分析研究，因而更能帮助欣赏者在对作品作深

①《译文》1959年12月号。

② 鲁迅：《且介亭杂文·随便翻翻》，《鲁迅全集》第6卷，第108页。

③ 鲁迅：《准风月谈·关于翻译（上）》，《鲁迅全集》第5卷，第234页。

入理解的基础上，提高对现实生活的认识。无产阶级的艺术批评不仅是帮助广大欣赏者提高对艺术作品的欣赏能力和鉴别能力的强有力的武器，而且也是帮助广大欣赏者正确认识生活，培养共产主义新道德新风尚的巨大推动力量。

艺术批评不仅集中地反映了一定时代广大群众的审美理想，而且积极地影响着群众的审美趣味的发展。艺术批评由于集中了一定民族、一定时代、一定阶级长期历史发展的审美经验，对于广大群众审美趣味的提高，可以产生巨大的作用。同时，在进步的和落后的、崇高的和低级的、健康的和颓废的审美趣味的尖锐斗争中，艺术批评能够发挥有力的战斗作用。

（二）艺术批评集中欣赏要求，指导创作

艺术创作的直接目的是为广大群众提供欣赏对象，因而满足欣赏的要求就常常成为创作的目的而在创作活动中发生作用。艺术批评作为欣赏与创作之间重要的中间环节，反映了欣赏者的需要，集中了欣赏者的要求，帮助艺术家提高创作的思想、艺术，从而沟通创作与欣赏的关系。批评是以欣赏者当前的和发展着的需要，去评价本身就是为了满足欣赏需要的文艺创作，通过批评调整欣赏与创作之间的关系，使二者之间不协调的关系趋向于协调。不是任何个人的任何需要都应当适应，只有从人民群众的根本利益出发，反映广大群众的健康的审美趣味和理想，批评才能帮助艺术家正确掌握群众对艺术的需要，同时也使他们不至于在形形色色的欣赏要求之前迷失方向。

艺术批评根据现实的需要，从理论上指导创作，但这并不意味着艺术批评是凌驾于艺术创作之上的。它们之间的关系，是一种相互帮助、相互促进的关系。批评可以指导并推动创作，而创作的进一步发展，也必然更进一步地促进批评水平的提高。批评和创作的这种对立统一的关系，在不同的社会条件下有不同的阶级实质。在资本主义社会，资产

阶级的批评家和艺术家经常是互相吹捧或互相攻击，这种情形是为资产阶级个人主义本性所决定的。而无产阶级的批评家和艺术家，应该把批评和创作当成社会主义文艺的两个不可分割的部分，共同为社会主义、共产主义革命事业奋斗，因而他们在无产阶级集体主义精神指导下，互相批评，互相提高。

无产阶级的艺术批评在积极扶植、帮助好的艺术创作和批评思想内容反动的作品这两个方面，都应当发挥其应有的作用；对思想内容有缺点或错误的作品，应当本着实事求是的精神和与人为善的态度，进行科学的分析，细致的说理；对于部分群众中存在的落后的、不健康的欣赏趣味，不应该迁就甚至附和，而应该善于进行纠正，善于向正确的方向引导。

我们的艺术批评，不仅在提高作品的思想性方面有巨大的作用，而且在提高艺术性方面也应该作出应有的贡献。艺术批评在对艺术发展规律进行科学研究的基础上，对各艺术部门的具体创作特点，可以加以总结，而在坚持内容决定形式的原则下，对艺术的媒介的特性、各种手法和技巧，都应当进行科学的研究，以便更好地促进艺术创作水平的提高。我们的艺术批评还必须坚持党的“百花齐放，百家争鸣”的方针，在政治方向一致的前提下，鼓励题材、体裁和艺术风格的多样化，提倡不同艺术观点展开争鸣，不搞“一家言”，以利于通过自由竞赛、自由讨论，促进社会主义的文学艺术的繁荣。

艺术批评、艺术欣赏、艺术创作之间存在着相互制约相互依存的关系。创作是欣赏的对象，欣赏的需要推动着创作，批评促进创作水平和欣赏水平的普遍提高，批评的水平又因创作和欣赏的水平的提高而得到提高。在这种相互推动的基础上，使艺术对现实的反作用得到更好的发挥，促进欣赏者更加积极地参加改造现实、改造世界的斗争；而正是通过这种斗争，创造出更新更美的现实世界。

后 记

这本书，原是1961年计划要编写的全国高等学校文科教材之一。大约从1961年冬开始，教材办公室先后从一些高等学校和研究单位抽调了二十几位同志，分别参加编选资料，研究、讨论提纲和起草初稿的工作。经过大家的努力，于1964年写出了一个约四十万字的讨论稿。当时打算在广泛征求意见的基础上，再加工修改，争取尽快出版，以适应各方面的需要。不料，讨论稿还未来得及讨论，风云突变，来了个史无前例的文化大动乱，使本书的编写工作中断十余年。待到玉宇澄清之日，人们对美学的兴趣复苏，高等院校也传出了恢复美学课的呼声。这时，本来决定出版此书的人民出版社的同志，向我提出是否将这一中断了的工作继续下去的问题。在京的有关同志认为：一来是社会上有此需要，二来是半途而废实在可惜，希望我重新把这一工作抓起来。但此时组织已散，人各一方，已无法集中同志们一道继续研究了。于是就请中国社会科学院哲学研究所和北京大学哲学系的原来参加过编写工作的几位同志看了一下，并作了一些删改和提出一些改进意见。大家觉得，在此青黄不接之时，把它加工完成，也还有一定的参考价值。最后，大家委托刘纲纪、刘宁和曹景元同志协助我集中一段时间进行修改。这是1979年秋季的事。这次修改，作了较多的删节。但全书的基本论点和章节安排未作大的改动，只有个别小节进行了改写。到了今年，美育问题受到社会的普遍重视，高等院校美学课的开设也提上日程，遗憾的是我国至今还没有出版一部自己编写的美学教材。在今年5月举行的全国第一届美学会议上，许多同志，特别是搞美学教学的同志提出希望把这本书尽快搞出来。教育部的同志一再催促和支持，于是除刘宁同志来不了之外，刘纲纪和曹景元两位同志来协助我作最后的修订工作。这一次，对全书体系结构到章节安排都作了不小改动，部分章节进行了改写或重写。虽然还不成熟（连术语的规范化和文字风格的统一都存在着有待克服的缺点），但在目前的条件下，我们只能做到这样交稿了。也就是说，暂时只好以现在这个面貌和读者见面了。我们期待美学研究工作者和美学教学工作者以及广大读者给本书提出意见和批评，在条件允许的时候，再作修订。

关于本书的编写，有几点需要作些说明：

一、作为教材，其基本要求是，尽可能全面地反映出一门学科的已有学术成果，力求较系统地阐述本学科的基本知识。以这个要求来衡量，这本书与客观要求之间还有相当的距离。

二、其所以如此，首先是因为美学是一门年轻的科学；以马克思主义观点为指导来研究美学，更是尚在探索的过程中；因而直到现在关于它的研究对象和方法，它的许多范畴和原理，都还没有一致的意见和看法。其次，对于美学史的研究，特别是对中国美学史和西方现代美学史的研究，我们一直做得很不够，还处于整理材料甚至缺乏材料的状况，这样就很难企求概括历史的成果。因此，本书只能在现有的条件下按照我们的认识水平，介绍一些有关的知识材料，提供一些学习和研究的线索，以期对初学者能有所助益。

三、这里要特别强调一下，本书的编写虽然力图以马克思主义观点为指导，但这只是我们的主观愿望。我们的理论水平不高和研究得不够，因此，书中提出的许多观点都还只能说是探讨性的。我们深知，要写出一部比较完善、以马克思主义为指导并且具有丰富知识材料的美学教材,尚有待于全国美学界继续共同努力。

四、关于参加过本书编写工作的人员情况是:

1961—1964 年曾先后或长或短参加过讨论稿的研究、编写和资料工作的有(按姓氏笔画为序):丁子林、于民、马奇、王靖宪、* 田丁、* 甘霖、* 刘宁、* 刘纲纪、司有仑、* 叶秀山、* 朱狄、* 杨辛、李永庆、* 李泽厚、李醒尘、佟景韩、吴毓清、周来祥、洪毅然、袁振民、* 曹景元。[①]当时协助我做组织工作的,主要是杨辛、田丁两位同志。

1978—1979 年对讨论稿先后作一些修改和提过意见的有(按姓氏笔画为其次序):甘霖、叶秀山、朱狄、杨辛、李泽厚、李醒尘。

1979 年参加集中修改的有(按姓氏笔画为序):刘宁、刘纲纪、曹景元。1980 年参加最后修订工作的有:刘纲纪、曹景元。

此外,侯敏泽、简平、田士章等同志在 1979—1980 年时期,部分或全部地对本书的编写工作提出过有益的意见,谨向他们表示谢意。

感谢武汉大学哲学系,中国社会科学院哲学研究所、《哲学研究》编辑部,北京师范大学苏联文学研究所,北京大学哲学系等单位对于这一工作的支持。

最后,我想提到:如果没有党的领导和支持,《美学概论》写作组这个临时性的班子不可能成立。参加讨论和编写的成员来自各个方面,三年的相处在相互之间有许多值得怀念的事情。关于本学科的自由讨论,关于写作组中个人的积极性与集体智慧的发挥,对于这本教材的编写起着重要作用。

王朝闻

1980 年 11 月 25 日于北京

① 带 * 号者或多或少地参加过讨论稿的执笔起草工作。